XIN BIAN
YINGYONGWEN XIEZUO
JIAOCHENG

新编

应用文写作教程

张佃波　袁宏　主编

山东人民出版社·济南

国家一级出版社 全国百佳图书出版单位

图书在版编目（CIP）数据

新编应用文写作教程 / 张佃波，袁宏主编 . —济南：
山东人民出版社，2023.11（2024.8重印）

ISBN 978-7-209-14677-7

Ⅰ . ①新… Ⅱ . ①张… ②袁… Ⅲ . ①汉语－应用
文－写作－高等学校－教材 Ⅳ . ① H152.3

中国国家版本馆 CIP 数据核字 (2023) 第 110157 号

新编应用文写作教程

张佃波 袁 宏 主编

主管单位 山东出版传媒股份有限公司
出版发行 山东人民出版社
出 版 人 胡长青
社 址 济南市市中区舜耕路517号
邮 编 250003
电 话 总编室 (0531) 82098914
市场部 (0531) 82098027
网 址 http://www.sd-book.com.cn
印 装 济南万方盛景印刷有限公司
经 销 新华书店

规 格 16 开 (185mm×260mm)
印 张 14.5
字 数 274 千字
版 次 2023 年 11 月第 1 版
印 次 2024 年 8 月第 2 次
ISBN 978-7-209-14677-7
定 价 37.00 元

如有印装质量问题，请与出版社总编室联系调换。

《新编应用文写作教程》

编 委 会

主　编　张佃波　袁　宏

副主编　杨炘迪　崔　斌　赵　玉

编　委　（按姓氏笔画排序）

　　　　　于淑丽　王艳妮　段淑洁　梁立民　褚殷超

前　言

本书是在总结高校体育专业应用写作课程教学经验的基础上，根据体育院校学生的特点而编写的。其主要目的是通过本门课程的教学，使学生对应用文的基本知识、写作技巧有一个大致的了解，学习和掌握近50种常用应用文的概念、特点、适用范围、写作格式和注意事项，提高学生运用语言文字的能力和应用文写作水平。

本书的前身为《应用文写作》一书，于2003年7月首次由山东人民出版社出版，并获山东省高等学校教学成果奖二等奖。20余年来，山东体育学院应用文写作课程教学组不断总结经验，紧跟时代步伐，不断对教材内容进行提升与完善。

本书所选用的例文，大多是体育和教育方面的。其中既有党和国家及地方政府关于体育工作的方针政策，又有体育领域的先进典型和经验，让学生在学习写作知识的同时学习这些文章，能够在培养基本能力的同时，提高综合素质。

此次编写与修订的重点，是增强本书的实用型、时效性，具体体现为以下几点：第一，进一步优化了编写体例，精减了部分文体，增加了学生广为关注和常用的应用文文体，如竞聘词、大学生报告、大学生毕业论文、大学生入伍申请书等。第二，更新了大量例文，这些例文更加符合时代要求，更利于读者学习。第三，在部分章节中增加了拓展阅读板块，修改了思考与练习部分的习题，引导读者在学习中拓展知识面，动手动脑，多写多练。第四，编者按照"课程思政"的理念与要求，将课程思政相关内容有机融入教材中，尤其在新选取的例文中多有体现。

本书的编写与修订，是集体智慧的结晶。张佃波负责全书的框架搭建、章节规划及编写体例的确定工作，袁宏负责统筹、协调及审稿的工作，杨炘迪、崔斌、赵玉在教材修订过程中精益求精，为新教材的修订做了大量编写组织工作，于淑丽、王艳妮、段淑洁、梁立民、褚殷超分工合作，为本书提供了丰富的案例资源和宝贵意见。其他同志为本书的出版做了大量基础性工作，在此一并表示感谢！

本书在编写过程中参考了学界的相关论著，在此谨向这些作者一并表示诚挚的谢意。

因编者水平所限且时间紧张，书中难免有错漏，恳请读者批评指正，我们将及时修改，使本书得以不断完善！

编者

2023 年 8 月

目　录

第一章　应用文写作基本知识

第一节　应用文的分类与作用

所谓应用文，是指人们在日常工作和生活中，用于处理公私事务时经常使用的一种实用性文体。应用文不仅可以用来传递信息、处理事务和交流感情，还可以作为凭证和依据。随着社会的发展，人们在工作和生活中的交往越来越频繁，涉及事务越来越复杂，应用文的功能也越来越多。

应用文写作能力，不是具有一般的语文基础就自然具备了的，同掌握其他知识一样，只有通过学习和反复实践才能获得。要学习撰写应用文，同样需要付出艰苦劳动，掌握必要的理论知识，通过写作实践才能逐步提高，达到满足工作需要的程度。

一、应用文的分类

应用文种类繁杂，文体又在不断演变发展，目前已有的分类可谓五花八门，没有固定的划分标准。本着宜粗不宜细、宜简不宜繁的原则，可将应用文大致分为公务文书和私人文书两大类。

（一）公务文书

公务文书是政府机关、社会团体和企事业单位在处理公务活动中形成和使用的各种内容完整、体式规范的文书，包括通用文书和专用文书两个系列。

1. 通用文书

通用文书指一切机关、团体和企事业单位在公务活动中共同使用的应用文章，包括法定的13种国家行政机关公文；对公文起延伸、补充作用的机关事务文书，如计划、总结、调查报告和简报等；还有其他用于公务活动的日常应用文。这一类日常应用文种类繁多，有用于礼仪应酬的，如请柬、祝词、讣告、悼词和碑文等；有公启类的，如海报、启事和声明等；有契据类的，如协议书、借条和收据等；还有介绍信、证明信等专用书信。

2. 专用文书

专用文书是具有专门职能的机关和团体为特定的目的而写作，并在一定范围内使用的公务文书，具有特定的内容、用途和格式要求。如，财经文书有市场调查报告、经济预测报告、经济活动分析报告、审计报告、经济合同和商品广告等；法律文书有民事起诉状、民事上诉状、民事反诉状和民事答辩状等，外交文书有国书、照会、条约和公报等。

（二）私人文书

私人文书是个人处理自身事宜、表达个人意向，为实现个人目的而写的应用文，如个人的计划、总结、申请、契约、条据、启事、书信、日记和演讲稿等。其中不少的种类与用于公务活动的日常应用文相同，只是应用者和使用的范围不同。

二、应用文的特点

应用文不同于诗歌、散文、小说或戏剧，它是为了公务和个人事务而存在的，用于解决实际问题，因此它具有以下五个主要特点。

（一）使用的广泛性

应用文的使用十分广泛，主要表现为以下几点：

1. 应用文使用的领域非常广阔

应用文是根据人们日常生活和实际工作的需要产生的，这就决定了应用文的写作必然覆盖人类生活的方方面面。大至国家大政方针的发布，小至每个社会细胞的生生息息，几乎都离不开应用文的写作。

2. 应用文使用的人员十分庞大

作为整个社会的一分子，每个人都要承担一定的社会责任，完成一定的社会使命，所以几乎每个人都有使用和写作应用文的机会。这也说明，掌握和运用应用文文体是一种特别的社会需要。

3. 应用文使用的频率相当频繁

各级党务和行政公文每天传递，新闻稿件时时传送，书函信札天天来往等等，应用文使用的广泛性超过了任何其他文体。可以想象，离开了应用文将给社会生活造成怎样的阻碍和不便。

（二）体式的规范性

应用文文体的体式一般都比较单纯而明晰。不同类别的应用文大体上都有其约定俗成的规定性，这种规定性不得随意突破，突破了就叫不合体式。应用文体式的规定性主要表现在如下几个方面：

1. 不得随意改变文种的风格

比如，新闻文体中的动态消息，主要是客观地报道新近发生的事情，忌掺杂个人主观的评论和议论。

2. 不得错用文种的名称

比如，报告和请示，虽同属下级对上级的行文，但报告是"向上级机关汇报工作，反映情况，提出建议"，而请示是"向上级请求指示、批准"，如写请示事项用了报告便属错用文种。

3.不得随意改变相对稳定的文种格式，尤其是公文类应用文的格式

必须严格遵守中共中央办公厅、国务院办公厅2012年4月联合印发的《党政机关公文处理工作条例》（中办发〔2012〕14号）的规定。

（三）鲜明的目的性

应用文为处理具体事务、解决具体问题而写作，最讲究有的放矢，因而其写作的目的性往往表现得极其具体而鲜明。或为了完成某项工作任务，或为了提高工作质量，或为了完善组织程序，或为了传递某种信息，或为了调节生活节拍，或为了规范某种思想行为。

为了达到这种目的性，应用文在写作时往往突出两点：一是强调文章直接作用于特定的读者层面。如，公文类应用文直接作用于相关的单位和群体；合同类应用文直接作用于签约的双方；私函直接作用于相关的个人；等等。这种直接作用发挥得愈充分，就愈有助于实现目的和愿望。二是注重文章有效而具体的反馈。有发函必有复函，有问卷必有答卷，有请示必有批复，有决定必有执行情况的具体汇报，有合约必检查其是否得到了履行。凡此种种，都要求通过反馈来检验是否完全达到了写作的目的。另外，有些应用文虽不像上述文体那样要求全面或具体的反馈，但其作者对社会反响关注非常突出。如新闻类应用文，特别是有些热点新闻，往往直接作用于公众和社会，由此引起关注，给予回答。

（四）语言的直白性

应用文的主要表达方式是说明、叙述和议论，较少使用描写、抒情等方式，这就决定了其语言直白性的特征。应用文文体语言直白性的主要表现：

一是确切。应用文写作要求遣词造句都要直接触及事物的本质，要准确地反映客观事物的实际。而只有确切明晰的语言，才能明白无误地表达文章作者的思想和意图。

二是平实。应用文的语言不尚雕琢，忌夸张，反虚浮。要求实实在在，朴素无华，但非平淡呆板。平实的文字一样可以写得文采斐然，兴味耐读，以其明晰和显豁产生独特的阅读效果，一纸声明、一张诉状、一封家书、一个广告词、一篇演说词，都同样可以写得震撼人心。即使最不带感情色彩的公文类应用文也往往以其朴素文字包蕴的重大思想内容，或给读者以深刻的教育，或对工作以有力的推动。

三是简明。应用文大都比较短小，因而要求用最简练的文字把意图表现过来。要抓住要害，条分缕析，写得清楚，说理透彻，交代问题明白，真正做到教人以知，导人以行。应用文的语言要力避唠叨拖沓、拐弯抹角，使人抓不住要领。

（五）运作的时效性

应用文文体大都是因为客观情况的需要，为了及时处理工作、学习和生活中存在

的问题而写作的，因此，要特别注意写得及时，发得及时，办得及时，争取主动。否则，时过境迁，这些文章就只能作为档案史料保存，只有查考价值，而不再对读者发挥直接的效用。如公文类应用文必须在有效的时限内送达，总结必须在工作告一段落时及时着手。至于新闻类的应用文，更注重时效，更需要抢时间。所谓"抢新闻""抢镜头"，一个"抢"字即形象地表明了时间对于新闻的意义。总之，运作的时效性是应用写作一条带有规律性的特点，失掉时间，就会降低或失掉应用文写作的实用价值。

应用文的种类繁多，内容涉及的范围很广，不同种类的应用文具有各自不同的特点。以上只是从应用文文体的总体上归纳出的几点，各种具体应用文的特点，将在后面各部分分别加以阐述。

三、应用文的作用

应用文使用广泛，各行各业、各类人员都或多或少会用到应用文。那么，应用文的作用究竟有哪些呢?

（一）管理作用

在整个社会的实践活动中，无论从哪个层面来看，都需要管理，才能保证整个社会活动的有序进行、高效运转。中央决策的贯彻，国家意图的实现，政府计划的落实，上级安排的执行，领导层、管理层对各层各级的管理，很多都需要通过应用文来体现。公文类的应用文，凸显了大政方针和各项决策；管理类的应用文则重在规定具体步骤及总体协调。因此，应用文的首要作用体现在它的管理方面，正如应用文的产生是在人类社会有了管理的需要后才出现一样。

（二）规范作用

应用文对社会行为有规范作用，尤其是计划、规章、契约等，其规范作用更为明显。在社会组织的运转中，必然会产生如计划安排、规章条约等文书。这些文书是对组织和人员行为的一种制约，明确了哪些是"规定动作"，哪些情况下可以做"自选动作"，而哪些又是不能被认可或允许的。有些文书则从时间上或者是质量上、技术上做出限制，明确了不同阶段不同的工作任务以及每项工作或产品的质量等级和技术标准。

应用文书一旦形成，便具有一定的权威性。如果这些文书在执行过程中遇有阻力，则违规者必须受到相应的制裁。即使文书内容确有应修正及至废止之处，也只能通过一定的程序完成修正或废止，而绝不能随便处置，这样就维护了文书的严肃性，保障了它的规范作用。

（三）依凭作用

长期以来，人们已然习惯以"文件"作为行为的依凭。这里的"文件"，当然是指应用文体的公文，它是人们办事的重要依凭。当今社会，无论是公文、契约、规章制度、诉讼文书等，一旦形成并经过基本形式的确认，便是相关行为人的行为依据，并据此产生相关责任。而有些文书又是为了记载、反映某些事件的发展过程而撰写的，如会议纪要、大事件、意向书等，都具有很强的记录性。此外，当文书的现实作用结束后，它还可转化为档案资料文献，继续发挥反映社会生活发展轨迹的真实记录作用，为后世提供历史的参照。

（四）沟通作用

社会是一个庞大的有机组织，为了让这个有机组织中的方方面面、各个层次相互了解，便于协调，人们必须通过各种手段联系沟通。应用文就是沟通的主要手段之一。上下级之间的领导与服从，请求与答复；兄弟单位之间的商洽与合作，研讨与通气；主管部门对相关对象的知照与要求，关切与解释等，最终都以应用文体来表现其结果。相关应用文实际上就是保证并促使社会这台机器运转的纽带。即使是在通信手段高度发达的今天，应用文的联系沟通作用仍具有其不可替代性，它以自己的严肃性和权威性在社会生活中凸显奇功。

（五）宣传作用

经济活动都是以取得一定的经济效益为目的而进行的，而在信息极度丰富的当今社会，要想自己的经济活动取得好的效果，进行宣传是不可或缺的，"酒香不怕巷子深"有时似乎有些行不通了。一份好的广告，可以让产品的销量成倍增长；一份负面的经济报道，可以让一个产品滞销甚至让整个生产厂家退市。因此，经济应用文的宣传作用也是相当强大的，我们应该充分利用这一特点支持自己的经济活动，以达到预期效果。

第二节　应用文的构成要素及表达方式

了解了应用文的分类和作用后，还需要进一步了解应用文的构成要素和表达方式，为以后写作应用文打好基础。

一、构成应用文的四大要素

从古至今，众多学者对文章写作提出了各自的观点，著作更比比皆是。有学者认为，写文章要"言之有理、言之有物、言之有文、言之有序"。无论哪种写作，都应该细致研究理（主旨）、物（材料）、文（语言）、序（结构）四个方面。应用文也不例外。见图1-1。

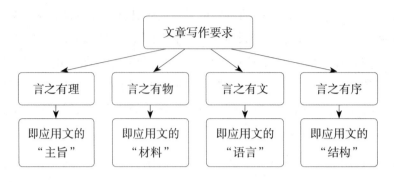

图 1-1 文章写作要求

　　"主旨""材料""结构""语言"构成应用文的四大要素,其中主旨与材料属于其内容要素,结构与语言属于其形式要素,另外还有一个不可忽视的要素就是表达方式。这些要素相互作用,使应用文形成一个有机整体。

　　1. 主旨

　　主旨,即文章的中心思想、基本观点。应用文的中心思想、基本观点应正确、鲜明,看法、主张应全面,提法应妥当,论述应集中,挖掘应深刻,且符合党和国家的方针政策和法律法规,符合客观实际以及所涉及部门的工作实际。

　　2. 材料

　　应用文的材料必须真实可靠,且适合表现主旨。写应用文时,应注意所用材料典型、充实,不足的予以补充,可有可无的应删去,不合适的则予以更换,材料中涉及的人名、地名、时间、情节、现状、后果等有关数据,务必一一核实。

　　3. 结构

　　应用文的结构是指文章的组织构造,即格式、整体框架和内部组织关系。常见的应用文外部结构形态有4种,分别是全文贯通式、全面分块式、撮要分条式和条款式。

　　应用文的结构应充分表现公文主旨,能为思想内容的表述服务,还要注意起承转合的调整、层次位置的改变以及详略的更动等。

　　安排结构的原则包括以下三点:要服从表现主题的需要;要正确反映客观事物的发展规律和内在联系;要适应不同文体的要求。结构安排的要求包括以下三点:一是严谨自然;二是完整匀称;三是清晰醒目。

　　4. 语言

　　应用文的语言是指适应不同的交际目的、对象、内容和领域的需要所形成的语言运用风格,如口语(谈话、演说)和书面语(事务语体、政论语体、科技语体和文艺语体等)。通常,应用文的语言特点有如下3个。

　　准确庄重。应用文表述准确,不含糊其词,没有多余的语气词,词句显得庄重不可侵犯。

　　严谨精练。言语不可以含蓄,不引申或象征,不迂回曲折,一般单句多,复句少，短句多，长句少。

平直质朴。语言一般不带强烈的感情色彩，词语浅显、通俗，只用直笔说明和叙述，结合恰当的议论，一般不用或少用描写、夸张和抒情等方法。

在使用应用文语言时，要注意一些问题，如语言要得体，要注意语体特色和文体特点；语言要准确，要注意逻辑知识的关系，要明辨词义；要注意数字的正确使用，要尽量避免使用模糊词，语言要简洁。除此之外，在运用应用文的语言时还要正确使用标点符号。

应用文特定用语摘录，见表1-1。

表 1-1 应用文特定用语摘录

类别	用语名称	作用	常用特定用语
1	开端用语	主要用于文章开头，表示发语、引据	为、为了、为着、根据、据、遵照、依照、按照、按、鉴于、关于、兹、兹定于、今、随着、由于
2	称谓用语	用于表示人称或对单位的称谓	第一人称：我、本人、我单位、本公司 第二人称：你、你局、贵公司、贵方 第三人称：他、该同志、该公司、该项目
3	递送用语	用于表示文、物递送方向	上行：报、呈 平行：送 下行：发、颁发、颁布、发布、印发、下达
4	拟办用语	用于拟办、审批	拟办：责成、交办、试办、办理、执行 审批：同意、照办、批准、可行、原则同意、原则批准、可办、不可等
5	经办用语	用于表明进程	经、已经、兹经
6	过渡用语	用于承上启下	鉴于、为此、对此、为使、对于、关于、如下
7	期请用语	用于表示期望请求	上行：请、恳请、拟请、特请、报请 平行：请、拟请、特请、务请、承蒙、即请、切盼 下行：希、望、尚望、切望、请、希予、勿误
8	批转用语	用于上级对下级来文的批转处理	批转、转发
9	征询用语	用于征请、询问对有关事项的意见、态度	当否、妥否、可否、是否妥当、是否同意、如无不当、如无不妥、如果可行等
10	结尾用语	用于结尾表示收束	上行：当否，请批示；可否，请指示；如无不当，请批转；如无不妥，请批准；特此报告；以上报告，请批转；以上报告，请审核 平行：此致敬礼；为盼；特此函达；特此证明；尚望函复 下行：为要；为宜；为妥；希遵照执行；特此通知；此复

二、应用文的表达方式

文章常见的表达方式有五种，即叙述、说明、议论、描写和抒情。应用文常用的表达方式有三种，即叙述、说明和议论。

1. 叙述

叙述是展示人物经历和事件发展变化过程的一种表达方式。应用文中的叙述要求直截了当、平铺直叙，抓住主要事实，做概要精当的叙述，不能像文学作品中的叙述那样，追求情节的起伏、一波三折和巧设悬念，更不能使用意识流等现代派的叙述手法来写应用文。

2. 说明

说明是用来解说某一类事物共同属性的一种表达方式，这些共同属性包括事物的概念、特征、性质、状态、程度、种类、结构、位置、功用、变化、成因、程序、步骤、方式、手段等。说明是应用文中使用最广泛的表达方式。说明这一表达方式在应用文中的使用，多表现为从动态角度对人们正在从事的具体社会实践活动提出规范和要求。应用文说明的对象可以分成两大类，即"是什么"与"怎么做"。"是什么"清晰界定具体社会实践活动的对象；"怎么做"则明确指示在从事具体社会实践活动时应采取的程序、步骤、方式和手段。

3. 议论

议论是运用概念、判断、推理等抽象思维形式阐明事物内在联系、揭示事物本质和规律的一种表达方式。议论包括论点、论据和论证过程三个要素。议论在应用文中的使用总体特点较为简单。一般种类的应用文，其行文目的无外乎记录或指导行动，并不在于推演逻辑、讲解事理，所以并不需要议论。部分公务文书需要对被处理事项的现状进行判断，揭示被处理事项的意义与作用，这时就需要以夹叙夹议或直陈判断的形式进行议论。这种议论方式遗漏了议论的关键环节——论证过程，有时还遗漏论据，是一种人为简化的议论方式。

学习应用文写作的方法

唐代大散文家韩愈有一句名言，"业精于勤而荒于嬉，行成于思而毁于随"。凡要成就一番事业，必须付出努力。写作更加需要多练，勤动脑，多动手。

写好应用文，必须要掌握学习它的科学方法。

（一）加强文化修养

写应用文跟写其他文章一样，要有一定的语言基础和写作水平。加之应用写作是一门综合性的学科，作为写作者，只有具备多方面的知识，才能将各类文书写好。尤其现代社会，新兴科学不断出现，科技发展日新月异。如果不加强自己的文化修养，跟上时代节拍，就很难适应工作的需要，写出有一定水准的应用文来。

加强文化修养，首先要加强语言文字修养。语言是交际的工具，无论何种民族，何种语系，都要运用语言来交流感情，传递信息。应用文写作同样要用语言来表达意图。如果应用文写得错别字满天，词不达意，语句不通顺，不仅会闹笑话，还有损于公文、合同、信函等的严肃性，甚至会带来严重的损失。所以，作为一个写作者，平时要不断加强语文基本功的训练，不断提高自己的表达能力，只有这样，才能将应用文写好。

其次，要不断丰富自己的知识。应用文写作，涉及各行各业，如果知识面不广，对其中的事情、问题、对象了解不深，就很难将它写好。这就要求我们知识要"博"、要"专"。"博"就是要对哲学、社会学、自然科学等各领域的知识都有所了解。"专"就是要对本专业的专业知识了如指掌。要做到这一点，这就要求我们要博览群书，不断扩大知识视野，尽量使自己的历史知识、科学知识、社会知识、业务知识不断丰富。有了深厚的知识储备，写起应用文来才能得心应手。

（二）熟悉方针政策

国家的方针政策、法律法规是各行业、各部门都需共同遵守，不能违背的，是做好各项工作的指针。了解有关方针政策，熟悉有关的法律法规，是写好应用文的前提条件。例如，你写一则商品广告，就必须熟悉《中华人民共和国广告法》；写一份建筑合同，就必须熟悉《中华人民共和国民法典》和《中华人民共和国建筑法》等有关法律法规。总之，了解国家方针政策，熟悉各种法律法规，在应用文写作中就能避免一些原则性的错误，避免给单位和个人造成不必要的损失。

（三）掌握文体格式

要将应用文写得规范、正确、符合要求，就要掌握应用文各种文体的格式。掌握常用应用文的格式，是对写作者最起码的要求，也是当代大学生必备的基本素养。本教材选编的文体，大部分都是目前社会生活、工作中常用的文体。所以，我们在学习中，要认真揣摩，严格区分各种文体，不要张冠李戴，误人误己。

第三节　应用文写作常用思路与常见问题

思路是思维的运行轨迹。文章思路，就是作者构思和写文章时有规律、有条理，有方向、连贯的思维过程的"路线"，是作者整体思维、系统思考的结果。应用文的结构和质量主要取决于撰写者的思路。只有明确应用文的写作思路，才能更好地认识和掌握应用文的结构，从而撰写出质量高、效果佳的应用文。

一、应用文写作常用思路

（一）归纳和演绎思路

归纳，是从两个以上个别的、特殊的事物或道理的共同属性中，推出同一类事物或道理的普遍性结论的推理方法。演绎，是从普遍性的前提推出个别性结论的思维方法。在说理性较强的应用文中，多运用演绎法。

归纳思路通常采用完全归纳法、简单枚举法和科学归纳法三种。完全归纳法是穷究同类事物中所有个别事物的共同属性，推出普遍性结论的方法。这种方法不允许漏掉任何一个性质相同的个别事物。简单枚举法是根据对某类事物部分对象的概括，推出一般性结论的方法，属于不完全归纳法。不少调查报告、总结、情况报告、表彰或处分的文章，都运用这种方法。科学归纳法是由某类事物与某种属性有必然联系，推出这类事物都具有这种属性。说理较强的应用文常用这种方法。

在应用文写作过程中运用演绎思路时，作为根据和前提的一般性结论，必须正确无误才能进行直接演绎。如果作为前提的一般性结论只是相对正确，则在推理演绎过程中，在肯定大多数事物或道理的同时，也要考虑个别事物的特殊性，避免结论的片面化。

（二）总分思路

总分思路是运用分析和综合两种思维方法所形成的文章思路，在现代应用文写作中很常见。分析就是把事物分成若干部分，分别加以研究，即由总到分，化整为零。综合则是把事物的各个部分联合起来，从整体上加以考察，也就是由分到总，集零为整。综合的过程就是对实体事物组合、对抽象事物概括的过程。

（三）因果思路

因果思路是运用探因和寻果的思维方法形成文章的思路。在应用文写作中，多采用由果溯因的思路。

（四）比较思路

比较思路是运用比较和鉴别的思维方法形成的一种文章思路，通常做时间和空间两类比较。规划、方案、可行性报告、经济预测报告、决策意见通常用这种思路。

（五）递进思路

递进思路是运用递进思维方法形成的一种文章思路。递进思维是认识事物或事理由浅入深、由表及里、由低到高、由小到大，由轻到重，层层递进、循序渐进的一种思维方法。

（六）并列思路

并列思路是指运用平等、平行、并列的思维方式，认识和对待事物或事理而形成的一种文章思路。比如，通知、决定等的诸多事项以及规章制度等应用文中的众多同类条文，大多体现了并列思路。

二、应用文写作常见问题

（一）篇幅冗长

主要表现为长篇大论，言之无物；语言烦琐，拖泥带水；画蛇添足，浪费笔墨。

（二）内容粗糙

1. 内容重复

这种现象在公文中时有出现。其中包括三种情况：其一，在一份公文里前后的内容重复；其二，两个单位发文内容重复，如一份上级文件来了，两个单位分别拟稿发文，提出贯彻落实意见，造成了互相扯皮，重复劳动；其三，有的单位在不到一周的时间内，连续发出两个内容雷同的文件。有的单位在半年之内就发出四份内容重复的文件。

2. 照抄照转

有的领导机关和业务部门在贯彻上级的方针、政策时，不从本地区、本部门的实际情况出发，不进行认真的调查研究，就动手写通知、发指示。肚里无货而又急于求成，只好照抄照转。有的成条成段地抄录上级文件，甚至连上级文件中的举例也原封不动的抄录。更为严重的是，有的抄录上级文件断章取义、曲解原意，造成公文内容支离破碎，损害了公文的严肃性和权威性。

实践证明，不管出于什么原因，照抄照转都是一种不负责任。如果贯彻上级指示的公文没有自己地区、部门或单位的特点和见解，宁可不发，认真地按照上级的指示精神办事就可以了。如果一时拿不出具体的贯彻意见，可以抓紧时间进行调查研究，在摸清情况的基础上，从实际出发，提出有针对性的贯彻意见再行发文，决不能照抄照转。

3. 政策矛盾

有的领导机关所属的一些业务职能部门，由于不了解其他部门的政策规定和业务情况，轻易地制定政策，下发文件，结果造成政出多门，政策矛盾，使下级单位难以执行。这种情况在个别领导机关的一些公文中也时有出现。例如，某省为了解决某一边远困难地区公路养路费不足，发文规定全省的公路养路费要统一上收，然后由省集中平衡，调剂余缺，以照顾贫困地区。后来又发出文件，规定这个地区的公路养路费可以不上交省里，全部留给地、县用于发展企业和山区建设。

4. 官样文章

有的单位制发的公文缺乏针对性，没有新东西，政策不明确，措施不具体，满篇官话，冠冕堂皇，令人看了生厌，群众把这种公文叫作"官样文章"。例如："六、改进作风，狠抓各项工作的落实。二季度工作任务很重。各级领导要努力从文山会海和琐碎事务中解脱出来，走出会议室、办公室。深入基层，深入群众，调查研究，解决问题，少说空话，多办实事，在抓早、抓紧、抓实上下功夫，真正抓出成效来。"

5. 观点模糊

有的公文主题思想不明确，观点不鲜明。例如，某市给省里的一份关于某某领导干部利用职权谋取私利的情况报告中这样写道："××同志利用职权，多要住房，为子女安排工作，提拔重用亲信等，错误严重，影响极坏。"可是报告后面又讲："上述错误，有的应由其个人负责，有的是属于组织的责任，有的属于正常工作需要。"从报告看，究竟这个干部个人有什么错误，应负什么责任，并没有说清楚，使人看了晕头转向，不解其意。有的单位请示问题，不讲本单位的意见，把存在的分歧和矛盾全部上交。

6. 逻辑混乱

在一些公文中，除了篇章布局结构上的逻辑混乱以外，还经常出现思维方式上的不合逻辑现象。就是说，在分析问题时做出不合乎事理的结论，在概念、判断、推理上存在着不准确、不恰当的地方。比如有的公文中写道："档案里有许多重要资料，是党和国家正确制定政策、法令的重要依据。因此，做好档案工作是我们的光荣职责。"这段话存在两处逻辑上的错误。其一，"档案"这一概念不明确，外延太大，应加以限制。社会分工纷纭复杂，"三百六十行"，各行各业都有自己的档案资料。但是，不一定所有的档案资料都是属于方针、政策和法律、法令方面的内容；其二，"是党和国家正确制定政策、法令的重要依据"这一直言判断也不恰当。档案是用过的文件、资料，保存起来以便为用户提供利用，它起着记载、凭证、备查等作用。而党和国家制定政策，最根本的依据是从不同历史时期的实际情况出发，是从现实的需要出发。即使是党政机关的档案材料，对制定现实的政策和法令来讲，也只能起参考、借鉴、对比作用，不能作为重要依据。因此说，上面那句话中的第一个判断是不对的，起码是不准确的。

7. 引文不规范、数字不准确

有些公文引用引文不规范。如，一篇公文引用《高举中国特色社会主义伟大旗帜 为全面建设社会主义现代化国家而团结奋斗——在中国共产党第二十次全国代表大会上的报告》的内容时，将本报告的题目中"现代化"三个字漏掉了；有的引用名言时，存在错字、漏字的现象。还有的公文引文过多，不像一篇公文，好像引言录。有些公文引用数字不正确，"以上"与"以下""增加了"与"增加""减少了"与"减少到"等用法不分。

（三）文种不分

主要表现在请示和报告不分，工作情况报告和调查报告不分，会议情况报告和会议纪要不分。

上述三种表现中，尤其是请示和报告不分的现象最为普遍，主要有三种表现：

第一，把纯属请求批准的公文当作报告。

第二，一份公文既请示工作又报告情况。

第三，把请求上级批转的改进工作的意见和办法当作了报告。

关于文种不分的问题，后面讲具体文种的写法时还要涉及，此处不展开讲了。

（四）行文口气不当

有些单位制发公文不大注意行文口气，主要表现在用语不妥当，尤其在一些请示性公文中比较突出。比如请求上级解决困难，答复某个问题时，公文的末尾用"请尽快解决""请尽快予以答复"等字样，表现出一种催促的口气。在请求上级批准同意做某项工作时，公文中总是用一些肯定性的语言，给人一种不客气的感觉，这些都是不合适的。例如，某省 ×× 厅给省政府的一份关于成立 ×× 省 ×× 局的请示件中有好几处用语口气不当，如：

［例1］"省 ×× 局是省人民政府直属机构。"

［例2］"省 ×× 局必须配备强有力的领导班子。"

［例3］"省 ×× 局为副厅级建制。"

［例4］"各级人民政府和 ×× 部门要加强领导。"

既然是请示成立 ×× 局，说明还未成立。那么，用"是""为""要"等肯定性词语，就显得口气过硬。例1的"是"字可改成"应为"；例2的"必须"二字可改成"应该"；例3的"为"字可改成"拟按"；例4的"各级"二字前面应加上"建议"二字。这样，行文的用语就比较准确了，口气也显得适度。再如，某一省厅给省直的另一个厅发文，要求人家"遵照执行"，这也是不妥当的。平行的机关或单位之间互相行文，不能以指令性的口气要求对方如何，应该以平等、协商的口气说话。

拓展阅读

应用文写作的注意事项

（一）提法要准确

1. 贯彻执行党中央、国务院的指示，落实党和国家的方针、政策、法令时，提法必须严格依照党中央、国务院的文件以及中央级报刊发表的意见。

2. 应用文中印发的领导同志讲话，凡是涉及人、财、物、机构设置等方面的内容，不宜乱开口子乱许愿，以免给下级机关执行文件造成困难。

3. 宣传成绩要实事求是，掌握分寸，留有余地。评价一个单位的工作情况，未经调查分析，不要轻易下结论或做全面的估价；不要把一两个"点"的情况概括为全面情况；不要把打算要做的工作说成是已经完成的工作；不要随便说"达到世界水平""国内首创""全国第一"；等等。

4. 评价典型要讲辩证法，避免片面性。表扬先进单位和先进个人，要注意不要脱离群众、脱离领导、脱离客观条件。总结先进典型，不要人为地拔高，故弄玄虚；批评坏的典型，要慎重从事，恰如其分。在评价一个单位或个人时，要坚持从实际出发，是什么情况就讲什么情况，不要定性戴帽，不要把某某单位、某某个人说成是什么"科学性""经验性""开拓型""保守型""开放型""封闭型"等等。

5. 语言要朴实，不要吹嘘，不要乱用形容词，如"最大的""最高的""最快的"等。比如一个机关单位只是部分工作实现了办公自动化，就不能说成全部工作实现了办公自动化；一个企业完成了全年生产计划的95%，就不能写成完成了全年计划。

（二）专用名词要用得恰当

1. 应用文中不要写晦涩难懂的话，不要引用多数人所不熟悉的名词、术语。

2. 不能把单人名词同集体名词混为一谈。如"党委机关""政府机关""厂矿企事业""农民群众""工人阶级"等，都是集体名词，只能在泛指的情况下使用。不要把某一个人说成是"政府机关"，把某一个人说成是"工人阶级"，而应该说某一个人是"政府机关的工作人员"，某一个人是"工人"。

3. 不能滥用名词。如"朝鲜族"不能写成"鲜族"；"老师"不能写成"先生"；"水泥"不能写成"洋灰"等等。

（三）应用文文稿的书写规范

1. 文稿应在质量较好、统一印刷的具有固定栏目、相同规格的"发文稿纸"上从左至右横向书写。

2. 所有文字、标记、符号、图形必须书写在划定的图文区内。

3. 每页稿纸不得随意接长、截短或在中间、左右加贴浮签。

4. 书写格式必须统一，每段首起空两格，回行顶格。大小标题应书写于稿纸行间居中位置上。

5. 字体必须清楚整齐，切勿潦草，忌用异体字、复合字及一切不规范的简化字。除非必要，不使用繁体字。各种计量单位一律写国家公布的中文名称。

6. 标点符号应按国家的统一规定正确使用，忌误用和书写不清、含糊混乱。

7. 外文字母采用国际通用和我国规定的有关标准方法书写。书写时，用印刷体或工整的手写体，分清正斜体、大小写和上下角码。容易混淆的字母和大小写字形相似的，要用铅笔注明。

8. 应用文中的数字，除成文时间、部分结构层次序数和词、词组、惯用语、缩略语、具有修辞色彩语句中作为词素的数字必须使用汉字外，应当使用阿拉伯数字，同一应用文中，数字表示方法应前后一致。

9. 序号一般按层次用"一、""二、""三、……""（一）（二）（三）……""1.2.3.……""（1）（2）（3）……"表示。同一应用文中各级序号不得混用，以避免眉目不清、层次难分。

10. 标注应用文在格式设计、排版、印刷时的注意事项应用铅笔，并使用通用的标注符号。

11. 文稿中修改之处必须勾画清楚。删节的字句应涂抹彻底，添改的字句应写在原字句的上方行间，不得改在远处用长线牵连；大段添加字句不能用纸条粘贴，而应重新抄写；恢复被删改的字句，应用相同格式的稿纸重新抄写，不得使用恢复符号；文稿修改之处较多时，必须将其全部重新誊清。

12. 全部稿纸均须标注连续页码，尾页页码旁应标注"完"字。

13. 简短的注释内容可采用"正文夹注"的方式，即将注释内容置于正文中注释对象之后，并用圆括号括起来。注释内容较复杂时，须将其置于文末，并在注释对象的右上角依次加注序号（一篇应用文排一种顺序号）。

14. 应用文中的各种公式应居中写，有编号的公式略靠左书写，将编号加圆括号标在公式右边。公式下有代号说明时，应顶格书写"式中"，空一格后再书写代号说明。较长公式的转行处，应选在等号或加、减、乘号处，应在下一行行首出现这些符号。

15. 文中的表格应编列序号并赋予表名。表格内位项要对齐，表内数字、文字连续重复时，勿用"同上"等字样或符号代替。表内数字使用同一计量单位时，可将该单位从表中提出并置于圆括号内。表内有整段文字时，起行处空一格，回行顶格，最后不用标点符号。

思考与练习

1. 运用所学知识，指出下文具有应用文的哪些特点。

山东省人民政府办公厅
关于举办 2023 山东省教育装备博览会的批复

鲁政办字〔2023〕53 号

省教育厅：

你厅《关于举办 2023 山东省教育装备博览会的请示》（鲁教呈字〔2023〕35 号）收悉。经省政府同意，现批复如下：

一、同意于 2023 年 7 月 21 日至 23 日在济南市举办 2023 山东省教育装备博览会（以下简称博览会），博览会由省教育厅和济南市政府共同主办，所需经费来源于市场化运作。

二、严格贯彻落实中央八项规定精神和关于厉行勤俭节约反对铺张浪费的规定，严格经费预算，加强收支管理，节俭、务实、高效办会，按照规定履行邀请有关领导人出席活动的报批手续。认真组织筹备，提升参展企业和展品水平，做好知识产权保护、安全防范、疫情防控工作，加强现场管理，制定应急处置方案，确保博览会顺利进行。

三、在招商招展、新闻宣传、博览会推介、会刊资料、会场布置等方面不得进行违规宣传，不得随意改变博览会名称或增减主办单位。如博览会举办时间确需调整，须及时向省政府报备。

四、请于博览会结束后1个月内，将博览会内容、规模、费用总额和支出等情况，以及是否存在违规违纪问题自查情况报省政府，并抄送省商务厅。

山东省人民政府办公厅

2023 年 5 月 18 日

（2023 年 5 月 19 日印发）

2. 在工作、学习和生活中，你遇见过哪些类型的应用文？请列举并比较应用文与文学作品的异同。

3. 结合自己的实际，谈谈学习应用文的重要性。

第二章 公文写作

公务文书（以下简称"公文"）是最典型、最重要的应用文。现代社会生活离不开公文，上至党政机关实施领导、履行职能，下到百姓日常工作和生活，或多或少都与公文有着直接或间接的联系，可以说，公文及其影响无处不在。公文如此重要，而写出高质量的公文却绝非易事，因为它在内容和形式上都有很严格的要求，切不可"眼高手低"，草率为之。

第一节 公文概述

一、公务文书的概念

公务文书，是公文的简称。2012年7月1日实施的《党政机关公文处理工作条例》（以下简称《条例》）第一章第三条给公文的定义：

"党政机关公文是党政机关实施领导、履行职能、处理公务的具有特定效力和规范体式的文书，是传达贯彻党和国家方针政策，公布法规和规章，指导、布置和商洽工作，请示和答复问题，报告、通报和交流情况等的重要工具。"

在社会实践活动中，公文的使用已经极为广泛，远远超出了党政机关范畴，在经济、司法、企业、商务、科技等各行各业的日常工作中都被经常使用，因而被称为"通用公文"。

二、公务文书的特点

（一）公文的制发具有程序性

在撰写和制发过程中，它要受公文处理程序的严格制约。如公文的拟制，必须经过起草、审核、签发等程序，对发文的办理，一般包括复核、登记、印制、核发等程序。这一系列过程不是无序的，其目的是保证公文制发或办理的质量，以维护公文的法定效力和机关的权威性。

（二）公文格式具有规范性

公文的格式，是法定的格式。法定的格式则是权威机关规定的，必须严格按照格式写作。公文格式同时又是程式，呈现出公文写作和办理的程序性。公文格式的规范性，是公文本质特性的发展，是公文写作和办理的需要。公务具有公众性和同一性．对社会组织成员产生一致的认可、制约和指挥，否则社会组织就不可能运作。

相应地，反映和办理公务的公文，也就形成了格式和程式，可提高公文写作和办理的效率。完全可以预见，随着时代的发展和社会组织的进步，公文的规范及格式会更加科学、严谨，以至于公文写作和办理会有高度先进的电脑软件来实现电子化和自动化。

（三）公文由法定作者制发

公文的法定作者指依法成立并能以自己的名义行使职权和担负义务的机关或组织。撰写和制发公文不是个人所为，所体现的是机关或组织。一般文章的作者是个人或者是个人之间的自由结合，读者一般是没有限制的。但是，公文的作者只能是法定的社会组织及其第一领导人。这一社会组织及其第一领导人，就成为公文的法定作者。至于动笔起草公文初稿的人，如秘书，应称为起草人，不是法律意义上的作者。公文的读者是特定的，在公文格式上有专门规定，即"主送机关""抄送机关"和"传达（阅读）范围"。有一点要注意，有的告知性公文，如通告，指定的读者应包括发出公文的社会组织之外的社会群众。

（四）法定权力的制约性

公文只能由法定的作者制发，法定的作者即社会组织的机关及其部门都规定了隶属关系和职权范围，其公文是这种隶属关系和职权范围的反映。写作公文和办理公文都有一定的规定性。也就是说，对于作者和读者，公文具有法规给予社会组织职权所产生的制约性。

制约性在不同的公文中有不同的情况。公文中的命令，对于公文的接受者具有强制性。如果接受者不按命令办理，就会受到法律的制裁；发出命令的政府机关有权依照法律规定，动用军队或警察等进行处罚。公文中的决定，具有国家指挥性和约束力。公文中的通知，具有规定性、指挥性和指导性。公文正因为有制约性，才能产生现实的管理作用。

三、公务文书的种类

1. 依照行文关系和行文方向的不同，可将公文分为上行文、下行文、平行文三种。

上行文是指具有隶属关系的下级机关或业务部门呈报给上级领导机关或业务主管部门的公文。下行文是具有隶属关系的上级领导机关或业务主管部门发给下级机关或业务部门的公文。平行文是指同系统内的平级机关或者不相隶属的机关、部门之间来往的公文。

所谓隶属关系，指上下级机关具有直接管理和被管理的关系。例如，福建省政府与泉州市政府就有隶属关系，福建省政府与江西省政府所辖的南昌市政府就没有隶属关系。

2. 按适用范围分，根据《条例》规定，公文有 15 种：决议、决定、命令（令）、公报、公告、通告、意见、通知、通报、报告、请示、批复、议案、函、纪要。

四、公务文书的写作要求

按照《条例》的有关规定，并结合党政机关公文格式的实际应用，对公文用纸、印刷装订、格式要素、式样等做出了具体规定。特别是将党政机关公文用纸统一为国际标准 A4 型，首次统一了党政机关公文格式要素的编排规则，使党政机关公文的表现形式更加规范。该标准的实施，有利于进一步提高各级党政机关公文制作水平和质量，有力推动党政机关公文处理工作实现科学化、规范化。

公文用纸采用 GB/T148 中规定的 A4 型纸，其成品幅面尺寸为：210 mm×297 mm。公文用纸天头（上白边）为 37 mm±1 mm，公文用纸订口（左白边）为 28 mm±1 mm，版心尺寸为 156 mm×225 mm。如无特殊说明，公文格式各要素一般用 3 号仿宋体字。特定情况可以做适当调整。一般每面排 22 行，每行排 28 个字，并撑满版心。特定情况可以做适当调整。

根据国家标准，公文的格式，将版心内的公文格式各要素划分为版头、主体、版记三部分。公文首页红色分隔线以上的部分称为版头；公文首页红色分隔线（不含）以下、公文末页首条分隔线（不含）以上的部分称为主体；公文末页首条分隔线以下、末条分隔线以上的部分称为版记；每一部分都有若干具体项目；页码位于版心外。

（一）版头部分

版头由公文份号、密级和保密期限、紧急程度、发文机关标志、发文字号、签发人、版头中的分隔线七个部分组成。

1. 份号

份号，即公文印制份数的顺序号，涉密公文应当标注份号。份号一般用 6 位 3 号阿拉伯数字，顶格编排在版心左上角第一行。

2. 密级和保密期限

密级和保密期限，即公文的秘密等级和保密的期限。如公文需标注密级和保密期限，一般用 3 号黑体字，顶格编排在版心左上角第二行；保密期限中的数值用阿拉伯数字标注；密级和保密期限用"★"隔开。未标明或者未通知保密期限的国家秘密事项，其保密期限按照绝密级事项 30 年、机密级事项 20 年、秘密级事项 10 年认定。

3. 紧急程度

紧急程度，即公文送达和办理的时限要求。根据紧急程度，紧急公文应当分别标注"特急""加急"，电报应当分别标注"特提""特急""加急""平急"。一般用3 号黑体字，顶格编排在版心左上角；如需同时标注份号、密级和保密期限、紧急程度，按照份号、密级和保密期限、紧急程度的顺序自上而下分行排列。

4. 发文机关标志

由发文机关全称或者规范化简称加"文件"二字组成，也可以使用发文机关全称或者规范化简称。居中排布，上边缘至版心上边缘为35 毫米。推荐使用小标宋体字，颜色为红色，字号应当不大于上级机关的发文机关标志字号，以醒目、美观、庄重为原则。

联合行文时，如需同时标注联署发文机关名称，一般应当将主办机关名称排列在前，其他机关按照党、政、军、群的顺序排列，上下居中排布。如有"文件"二字，应当置于发文机关名称右侧，以联署发文机关名称为准上下居中排布。

5. 发文字号

由发文机关代字、年份、发文顺序号组成。联合行文时，使用主办机关的发文字号。年份、发文顺序号用阿拉伯数字标注；年份应当标全称，用六角括号"〔〕"括入；发文顺序号不加"第"字，不编虚位（即1 不编为01），在阿拉伯数字后加"号"字。

普发性公文的发文字号编排在发文机关标志下空二行位置，居中排布；上行文的发文字号居左空一字编排，与最后一个签发人姓名处在同一行。

6. 签发人

上行文应当标注签发人姓名，由"签发人"三字加全角冒号和签发人姓名组成，居右空一字，编排在发文机关标志下空二行位置。"签发人"三字用3 号仿宋体字，签发人姓名用3 号楷体字。

如有多个签发人，签发人姓名按照发文机关的排列顺序从左到右、自上而下依次均匀编排，一般每行排两个姓名，回行时与上一行第一个签发人姓名对齐。

7. 版头中的分隔线

发文字号之下4 毫米处居中印一条与版心等宽的红色分隔线，其高度一般不小于0.5 毫米。

（二）主体部分

主体是公文的主要写作部分，由公文标题、主送机关、正文、附件说明、发文机关署名、成文日期和印章、附注等几个部分组成。

1. 标题

由发文机关名称、事由和文种组成。一般用2 号小标宋体字，编排在红色分隔线下空二行位置，分一行或者多行居中排布；回行时，做到词意完整，排列对称，长短适宜，间距恰当；多行标题排列应当使用正梯形、倒梯形或者菱形，不采用上下长度一样的长方形和上下长、中间短的沙漏形。四个（含）以上机关联合行文时，标题中发文机关名称可以省略。

2. 主送机关

公文的主要受理机关，应当使用机关全称、规范化简称或者同类型机关统称。编排在标题下空一行位置，居左顶格，回行时仍顶格，最后一个机关名称后标全角冒号。如主送机关名称过多导致公文首页不能显示正文时，应当将主送机关名称移至"版记"部分。

3. 正文

正文是公文的主体，用来表述公文的内容。公文首页必须显示正文。一般用 3 号仿宋体字，编排在主送机关名称下一行，每个自然段左空两字，回行时顶格。文中结构层次序数依次可以用"一、""（一）""1.""（1）"标注，特殊情况下可以适当调整；一般第一层用黑体字、第二层用楷体字、第三层和第四层用仿宋体字标注。标点符号应当符合排版规则，数字、年份不转行。

4. 附件说明

附件说明，即公文附件的顺序号和名称。如有附件，在正文下空一行，左空两字编排"附件"二字，后标全角冒号和附件名称。如有多个附件，使用阿拉伯数字标注附件顺序号（如"附件：1.×××"）；附件名称后不加标点符号。附件名称较长需回行时，应当与上一行附件名称的首字对齐。

5. 发文机关署名、成文日期和印章

（1）加盖印章的公文

成文日期一般右空四字编排，印章用红色，不得出现空白印章。

单一机关行文时，一般在成文日期之上、以成文日期为准居中编排发文机关署名，印章端正、居中下压发文机关署名和成文日期，使发文机关署名和成文日期居印章中心偏下位置，印章顶端应当上距正文（或者附件说明）一行之内。

联合行文时，一般将各发文机关署名按照发文机关顺序整齐排列在相应位置，并将印章一一对应、端正、居中下压发文机关署名，最后一个印章端正、居中下压发文机关署名和成文日期，印章之间排列整齐、互不相交或者相切，每排印章两端不得超出版心，首排印章顶端应当上距正文（或者附件说明）一行之内。

（2）不加盖印章的公文

单一机关行文时，在正文（或者附件说明）下空一行右空两字编排发文机关署名，在发文机关署名下一行编排成文日期，首字比发文机关署名首字右移二字，如成文日期长于发文机关署名，应当使用成文日期右空两字编排，并相应增加发文机关署名右空字数。

联合行文时，应当先编排主办机关署名，其余发文机关署名依次向下编排。

（3）加盖签发人签名章的公文

单一机关制发的公文加盖签发人签名章时，在正文（或者附件说明）下空二行右空四字加盖签发人签名章，签名章左空两字标注签发人职务，以签名章为准上下居中排布。在签发人签名章下空一行右空四字编排成文日期。

联合行文时，应当先编排主办机关签发人职务、签名章，其余机关签发人职务、签名章依次向下编排，与主办机关签发人职务、签名章上下对齐；每行只编排一个机关的签发人职务、签名章；签发人职务应当标注全称。

签名章一般用红色。

（4）成文日期中的数字

用阿拉伯数字将年、月、日标全，年份应当标全称，月、日不编虚位（即1不编为01）。

（5）特殊情况说明

当公文排版后所剩空白处不能容下印章或者签发人签名章、成文日期时，可以采取调整行距、字距的措施解决。

6. 附注

附注，即公文印发传达范围等需要说明的事项。如有附注，居左空两字加圆括号编排在成文日期下一行。

7. 附件

附付，即公文正文的说明、补充或者参考资料。附件应当另面编排，并在版记之前，与公文正文一起装订。"附件"二字及附件顺序号用3号黑体字顶格编排在版心左上角第一行。附件标题居中编排在版心第三行。附件顺序号和附件标题应当与附件说明的表述一致。附件格式要求同正文。

如附件与正文不能一起装订，应当在附件左上角第一行顶格编排公文的发文字号并在其后标注"附件"二字及附件顺序号。

（三）版记部分

版记由版记中的分隔线、抄送机关、印发机关和印发日期、页码四个部分组成。

1. 版记中的分隔线

版记中的分隔线与版心等宽，首条分隔线和末条分隔线用粗线（推荐高度为0.35毫米），中间的分隔线用细线（推荐高度为0.25毫米）。首条分隔线位于版记中第一个要素之上，末条分隔线与公文最后一面的版心下边缘重合。

2. 抄送机关

抄送机关，即除主送机关外需要执行或者知晓公文内容的其他机关，应当使用机关全称、规范化简称或者同类型机关统称。一般用4号仿宋体字，在印发机关和印发日期之上一行、左右各空一字编排。"抄送"二字后加全角冒号和抄送机关名称，回行时与冒号后的首字对齐，最后一个抄送机关名称后标句号。

如需把主送机关移至版记，除将"抄送"二字改为"主送"外，编排方法同抄送机关。既有主送机关又有抄送机关时，应当将主送机关置于抄送机关之上一行，之间不加分隔线。

3.印发机关和印发日期

公文的送印机关和送印日期。一般用 4 号仿宋体字，编排在末条分隔线之上，印发机关左空一字，印发日期用阿拉伯数字将年、月、日标全，年份应当标全称，月、日不编虚位（即 1 不编为 01），后加"印发"二字右空一字。

版记中如有其他要素，应当将其与印发机关和印发日期（或者翻印机关和翻印日期）用一条细分隔线隔开。

4.页码

页码，即公文页数或顺序号。一般用 4 号半角宋体阿拉伯数字，编排在公文版心下边缘之下，数字左右各放一条一字线；一字线上距版心下边缘 7 毫米。单页码页均不编排页码。公文附件与正文一起装订时，页码应当连续编排。

5.公文中的表格

A4 纸型的表格横排时，页码位置与公文其他页码保持一致，单页码表头在订口一边，双页码表头在切口一边。

公文如需附 A3 纸型表格，且当最后一页为 A3 纸型表格时，封三、封四（可放分送，不放页码）应为空白，将 A3 纸型表格贴在封三前，不应贴在文件最后一页（封四）上。

五、公文特定格式

（一）信函格式

发文机关标志使用发文机关全称或者规范化简称，居中排布，上边缘至上页边为 30 毫米，推荐使用红色小标宋体字。联合行文时，使用主办机关标志。

发文机关标志下 4 毫米处印一条红色双线（上粗下细），距下页边 20 毫米处印一条红色双线（上细下粗），线长均为 170 毫米，居中排布。

如需标注份号、密级和保密期限、紧急程度，应当顶格居版心左边缘编排在第一条红色双线下，按照份号、密级和保密期限、紧急程度的顺序自上而下分行排列，第一个要素与该线的距离为 3 号汉字高度的 7/8。

发文字号顶格居版心右边缘编排在第一条红色双线下，与该线的距离为 3 号汉字高度的 7/8。

标题居中编排，与其上最后一个要素相距二行。

第二条红色双线上一行如有文字，与该线的距离为 3 号汉字高度的 7/8。首页不显示页码。

版记不加印发机关和印发日期、分隔线，位于公文最后一面版心内最下方。

（二）命令（令）格式

发文机关标志由发文机关全称加"命令"或者"令"字组成，居中排布，上边缘至版心上边缘为 20 毫米，推荐使用红色小标宋体字。

发文机关标志下空二行居中编排令号，令号下空二行编排正文。

签发人职务、签名章和成文日期的编排与"加盖签发人签名章的公文"相同。

（三）纪要格式

发文机关标志由发文机关全称或者规范化简称加"纪要"组成，居中排布，上边缘至版心上边缘为 35 毫米，推荐使用红色小标宋体。

发文机关标志下空二行居中编排纪要编号。

纪要编号下一行编排发文机关和成文日期，发文机关居左空一字，成文日期居右空一字。

标注出席人员名单，一般用 3 号黑体字，在正文（或者附件说明）下空一行左空两字编排"出席"二字，后标全角冒号，冒号后用 3 号仿宋体字标注出席人单位、姓名，回行时与冒号后的首字对齐。

标注请假和列席人员名单，除依次另起一行并将"出席"二字改为"请假"或者"列席"外，编排方法与出席人员名单的标注相同。

纪要的特殊形式可以根据实际制定。

第二节 部署性公文的写作

一、决定

《条例》第八条第二项规定，决定"适用于对重要事项作出决策和部署、奖惩有关单位和人员、变更或者撤销下级机关不适当的决定事项"。

（一）决定的分类

1. 方针政策性决定。用于发布党和国家的重大方针政策。

2. 部署指挥性决定。用于对重要工作、重大活动做出安排部署时使用的决定。

它与方针政策性决定的主要区别在于：前者多用于工作的执行，后者多用于工作的决策。

3. 知照性决定。向人们宣告对某一问题的主张、态度或解决结果时使用的决定。

4. 奖惩性决定。用于奖励在社会主义现代化建设中做出突出贡献的有功集体或人员的决定为嘉奖性决定；对犯有错误而在党纪、政纪、军纪上给以处分者而使用的决定为处分性决定。

（二）决定的特点

1. 强制性

所谓强制性，就是凡决定中写明的决定事项，有关组织、单位和人员都应认真贯彻执行，不允许不执行、打折扣或阳奉阴违，否则可视情节轻重予以严肃处理。即使是错误的决定，在上级机关和制发单位未加以取消之前，仍有法定效力。

2. 规范性

决定对重要事项或重大行动做出决策、安排，既让下级机关贯彻执行，又对决定机关所有成员，包括那些对于决定的形成起了决定作用的人员具有约束力，这就是决定的规范性。

3. 广泛性

决定的广泛性是指其应用范围广泛，各行各业包括政治、经济、文化、科技、教育等部门都可使用，具有多样性和丰富性。

（三）决定与决议的异同

这两个文种近似在"决"字上，即均属于决策性文件，都是上级机关对某些重大问题的处理或重要工作事项所做的决策规定性的意见或措施、要求；决策又出自机关的首脑或核心部门，并要求下级予以贯彻执行，故都是下行文。

它们的不同点主要表现在：决议的内容必须是经过会议集体讨论并表决通过的；而决定则不一定，有的决定是经过会议集体讨论通过的，也有的是由某一机关直接做出的。

（四）决定的构成

决定一般由标题、成文时间、正文组成。

1. 标题。决定的标题与一般通用的公文相同。

2. 成文时间。决定的成文时间一般标注在正文后面的落款处，或者是标题的下方。

3. 正文。一般包括决定缘由、决定事项、执行要求三部分。

决定缘由是正文的开头，写出决定的原因、根据或目的。由于指挥性决定事关重大，这部分需要提出问题、分析问题，用较多的文字阐述为什么要做出某项决定，写清决定的原因或根据，为下面决定事项提供基础和前提。

决定事项是正文的主体。针对缘由部分提出和分析的问题，作为解决问题的部署，一般将决定事项分条列项或采用小标题方式具体写出，也就是采用并列式结构。要注意层次分明，详略得当；用语严肃准确，决断有力；做到强制性、指令性、规范性的有机融合。

执行要求是正文的结尾。写执行的要求与希望，也可对决定事项内容加以补充或强调。这部分的作用是深入人们对决定事项的认识理解，提高执行效力。

中共中央 国务院 中央军委
关于给陈冬、刘洋颁发"二级航天功勋奖章"授予蔡旭哲"英雄航天员"荣誉称号并颁发"三级航天功勋奖章"的决定

2022年6月5日，神舟十四号载人飞船成功发射，航天员陈冬、刘洋、蔡旭哲驾乘飞船顺利进入天和核心舱，在轨驻留6个月，先后进行3次出舱活动，完成空间站舱内外设备及空间应用任务相关设施设备的安装和调试，开展一系列空间科学实验与技术试验，于2022年12月4日安全返回。神舟十四号载人飞行任务，是空间站在轨建造以来情况最复杂、技术难度最高、航天员乘组工作量最大的一次载人飞行任务，首次实现两艘载人飞船同时在轨、两组航天员在轨轮换，创造了货运飞船与空间站交会对接最快世界纪录、单次载人飞行任务3次出舱全新中国纪录，为空间站后续建造和运营奠定了坚实基础，标志着中国航天事业高水平科技自立自强迈出新步伐，加快建设航天强国实现新突破，对提升我国综合国力和民族凝聚力，激励全党全军全国各族人民自信自强、守正创新、踔厉奋发、勇毅前行，不断夺取新时代中国特色社会主义新胜利，具有重要意义。

神舟十四号载人飞行任务圆满成功，凝聚着广大科技工作者、航天员、干部职工、解放军指战员的智慧和心血。陈冬、刘洋、蔡旭哲同志是其中的杰出代表，他们矢志报国、团结协作，向世界展示了强大的中国精神、中国力量。陈冬同志2次执行载人飞行任务，成为首位在轨时间超过200天的中国航天员。刘洋同志是我国首位进入太空的女航天员，此次再担重任、建功太空。蔡旭哲同志扎实训练、艰苦磨砺，光荣入选神舟十四号乘组，圆满完成担负任务。为褒奖他们为我国载人航天事业建立的卓著功绩，中共中央、国务院、中央军委决定，给陈冬、刘洋同志颁发"二级航天功勋奖章"，授予蔡旭哲同志"英雄航天员"荣誉称号并颁发"三级航天功勋奖章"。

陈冬、刘洋、蔡旭哲同志是不忘初心、牢记使命、献身崇高事业的时代先锋，是探索宇宙、筑梦太空、建设航天强国的标兵模范。党中央号召，全党全军全国各族人民要以习近平新时代中国特色社会主义思想为指导，全面学习、全面把握、全面落实党的二十大精神，以受到褒奖的航天员为榜样，紧密团结在以习近平同志为核心的党中央周围，深刻领悟"两个确立"的决定性意义，增强"四个意识"、坚定"四个自信"、做到"两个维护"，坚定信心、同心同德，埋头苦干、奋勇前进，大力弘扬"两弹一星"精神和载人航天精神，为全面建设社会主义现代化国家、全面推进中华民族伟大复兴作出新贡献！

二、意见

《条例》第八条第七项规定，意见"适用于对重要问题提出见解和处理办法"。

（一）意见的分类

按照行文方向的不同，可分为如下类别：

1. 下行的意见，即上级发给下级的意见。

2. 上行的意见，即下级报送给上级的意见。

3. 平行的意见，平级或不相隶属单位之间使用的意见。此种意见主要是供对方参考之用。

（二）意见的特点

1. 见解性和规定性并存。一部分意见是提出见解，带有非肯定性、非指令性成分，与行政公文中的报告"提出意见和建议"并无实质性区别，所以具有见解性特点。一部分意见是提出处理办法，具有法规性、指挥性成分。还有一部分意见，既提出见解又提出处理办法，则具有见解性和规定性并存的特点。

2. 上行下行皆可。意见的行文方向较为灵活，上行、下行皆可。这与行政公文中只能上行的"报告"是有差异的。

3. 行文机关的多样性。意见行文机关没有限制。上行意见行文单位都是政府职能部门，下行意见则有党委、人大机关等。另外，上行意见还可以由领导机关转发（批转），而不像请示那样只能批复。

（三）意见的组成

意见一般由标题、签署、正文组成。

1. 标题。意见的标题一般由事由和文种构成。

2. 签署。在标题下方用括号表明行文机关名称和年、月、日。如有条款，标题正下方的签署可以省略。

3. 正文。意见正文包括开头和主体。

开头是"提出见解和处理办法"的缘由、目的或根据。一般来说，正文开头往往采用"为了……特提出如下意见""根据……特提出以下意见"的写法。

主体是核心内容部分，一般采用序号式来写，用"一、""二、""三、""四、"等序号把有关意见列出来。写作时要注意逻辑关系和连贯性，同时要力求简洁明确。

国务院办公厅关于进一步构建高质量
充电基础设施体系的指导意见

国办发〔2023〕19号

各省、自治区、直辖市人民政府，国务院各部委、各直属机构：

充电基础设施为电动汽车提供充换电服务，是重要的交通能源融合类基础设施。近年来，我国充电基础设施快速发展，已建成世界上数量最多、服务范围最广、品种类型最全的充电基础设施体系。着眼未来新能源汽车特别是电动汽车快速增长的趋势，充电基础设施仍存在布局不够完善、结构不够合理、服务不够均衡、运营不够规范等问题。为进一步构建高质量充电基础设施体系，更好支撑新能源汽车产业发展，促进汽车等大宗消费，助力实现碳达峰碳中和目标，经国务院同意，现提出以下意见。

一、总体要求

（一）指导思想

以习近平新时代中国特色社会主义思想为指导，全面贯彻落实党的二十大精神，扎实推进中国式现代化建设，坚持稳中求进工作总基调，完整、准确、全面贯彻新发展理念，加快构建新发展格局，着力推动高质量发展，坚持目标导向和问题导向，加强统筹谋划，落实主体责任，持续完善网络，提高设施能力，提升服务水平，进一步构建高质量充电基础设施体系，更好满足人民群众购置和使用新能源汽车需要，助力推进交通运输绿色低碳转型与现代化基础设施体系建设。

（二）基本原则

科学布局。加强充电基础设施发展顶层设计，坚持应建尽建、因地制宜、均衡合理，科学规划建设规模、网络结构、布局功能和发展模式。依据国土空间规划，推动充电基础设施规划与电力、交通等规划一体衔接。

适度超前。结合电动汽车发展趋势，适度超前安排充电基础设施建设，在总量规模、结构功能、建设空间等方面留有裕度，更好满足不同领域、不同场景充电需求。持续完善充电基础设施标准体系，推动中国标准国际化。

创新融合。充分发挥创新第一动力作用，提升充电基础设施数字化、智能化、融合化发展水平，鼓励发展新技术、新业态、新模式，推动电动汽车与充电基础设施网、电信网、交通网、电力网等能量互通、信息互联。

安全便捷。坚持安全第一，加强充电基础设施全生命周期安全管理，强化质量安全、运行安全和信息安全，着力提高可靠性和风险防范水平。不断提高充电服务经济性和便捷性，扩大多样化有效供给，全面提升服务质量效率。

（三）发展目标

到 2030 年，基本建成覆盖广泛、规模适度、结构合理、功能完善的高质量充电基础设施体系，有力支撑新能源汽车产业发展，有效满足人民群众出行充电需求。建设形成城市面状、公路线状、乡村点状布局的充电网络，大中型以上城市经营性停车场具备规范充电条件的车位比例力争超过城市注册电动汽车比例，农村地区充电服务覆盖率稳步提升。充电基础设施快慢互补、智能开放，充电服务安全可靠、经济便捷，标准规范和市场监管体系基本完善，行业监管和治理能力基本实现现代化，技术装备和科技创新达到世界先进水平。

二、优化完善网络布局

......

三、加快重点区域建设

......

国务院办公厅

2023 年 6 月 8 日

（此件公开发布）

三、通知

《条例》第八条第八项规定，通知"适用于发布、传达要求下级机关执行和有关单位周知或者执行的事项，批转、转发公文"。

（一）通知的分类

从实际使用情况看，其具体种类包括：

1. 公布性通知

用以颁布、公布法规、规章制度而使用的通知。它与公布令类似，但使用者多是中下级机关，所发布的行政法规、规章又大都属于"类规章性文件"，故采用通知作为载体来发布。从所起的作用上看，公布性通知与公布令基本相同。

党的机关与国家行政机关不同，公布、印发一些规章性文件是不能使用令这一文种的，通常是使用通知。

2. 批转性通知

用于批转下级机关来文而使用的通知。被批转的下级来文的文种基本上是请示、报告与意见，而又以报告、意见为最多。

3. 转发性通知

用于转发上级机关、同级机关及不相隶属机关来文面使用的通知。下转上的来文文种一般是通知,这种转发文件的特点表现为"以通知转通知"。平转平及不相隶属机关之间转发来文的文种情况比较复杂,既有通知,也有函,特别是平转平的来文,至今又出现请示、报告及意见等,这是由于有些下级部门写给上级机关的请示、意见及报告,上级机关认为应当加以批转,但并未以机关的名义予以批转,而是授权以机关的综合办事机构——办公厅(室)的名义转发下去,由于办公厅(室)与职能部门均属平级单位,使用转发而不使用批转。这是转发性通知中的一个特殊现象,它在形式上是"平转平",但实质是"上转下",属于批转性通知的变通产物,两者有异曲同工之处。

4. 指示性通知

是指上级机关对下级机关工作有所指示而使用的一种通知。它是通知中的一种,用来向下属机关就某一重要方面的工作或问题阐明上级机关的主张和要求,具有严格的指挥性。

5. 一般性通知

用于一般性工作的告知与办理。此种通知与指示性通知的区别主要在于告知事项是否重大,写作的形式则基本相同。

6. 事务性通知

它是指就工作中的管理体制、组织机构、工作分工、文件处理、工作程序、办事手续等具体事宜进行公布时而使用的通知。

7. 会议性通知

用于发布召开会议、告知有关事宜时使用的通知。使用会议性通知通知会议,应限于上级机关对下级机关,平级机关或不相隶属机关之间应用邀请函。

8. 任免性通知

用于发布有关人事任免事宜而使用的通知。

(二)通知的特点

1. 使用范围广

从党和政府的各级机关,到一切社会组织、群众团体、学校、部队、工矿企业、事业单位等,都使用通知。

2. 使用频率高

在传达上级指示、部署工作任务、批转有关文件、任免干部、传达信息、召开会议、处理一般事务时,经常使用通知。

3. 灵活及时

通知的写作方法和写作方式可以不拘一格。长篇、短篇、大事、小事、单纯的、复杂的、浅显的、严密的,都可以根据实际情况的需要,制发相应的通知。

（三）通知与通告的异同

这两个文种近似在"通"字上，说明都是用来传达上级机关的意图和要求的。但通告的"告"字在这里是普遍告知的意思，是把某一机关、组织的意图、要求普遍告诉人们知道并加以遵守；通知的"知"字与"告"字虽然都是告知的意思，但"知"与"告"相比，具有特定告知的含义，有可能是告知所属全部下级单位、人员，也可能是告知部分下级单位，要求它们知照办理，这就是两个文种的主要区别。具体使用上，凡是向社会上公开告知人们应遵守某一事项时，使用通告；内部行文告知下级全部或部分单位办理某一事项，应使用通知。

（四）通知的构成

通知由标题、主送单位、正文和落款四部分组成。

1. 标题

完整的标题由"发文单位＋内容＋通知"构成，使人一看标题就知道是通知什么事情或要求做什么事情。有时候也省略发文单位，如特制的公文专用纸的稿头上已印有发文单位。但这种情况出现在批转或者转发文件中时，其发文单位必须加上。单位内部发行的文件，在落款处已注明发文单位的，其标题也可以省略发文单位。以个人名义代表单位的行文或仅以个人名义的行文，有些可以省略"发文单位"，只需在落款处注明职衔或职务之后签名即可。在小范围内发布内容简单的通知，也可以只写文种"通知"两个字。但作为正式编写文号发文的通知，其标题不可只用文种"通知"两个字，更不可省去标题。如果所通知的事项需要受文单位尽快知道，要在标题的文种前加"紧急"二字，为"紧急通知"。标题中的"书名号"和"引号"只能出现一次。

2. 主送单位

即受文对象，它可以是一个，也可以是几个，还可以是所有下属单位。如果主送单位是1—3个，可将几个单位的名称全部写上。如果主送单位很多，属于普发文件，可采用概写法。

3. 正文

一般由通知缘由、通知事项、执行要求三部分组成。

通知缘由说明发通知的原因、目的或根据，一般以简明扼要的文字写出该通知的原因、必要性，然后用承启用语"特作如下通知""现将有关事项通知如下""特紧急通知如下"等转入通知事项部分。

通知事项主要部署工作任务，阐述工作意见、措施、办法以及需要注意的问题。一般以分段式或分条列项写，要求写得具体明确、条例清楚，以便下级贯彻执行。

执行要求是正文的结尾，一般以"以上通知，望认真执行""特此通知，请认真贯彻执行""本通知自发行之日起实行"等惯用尾语作结。

4.落款

分两行写于正文右下方，表明发文单位和发文日期。如果通知以公文形式下达，则要加盖公章。

体育总局办公厅关于复核
2023年普通高等学校运动训练、武术与民族体育专业
及高校高水平运动队招生报名考生运动员
技术等级称号的通知

体竞字〔2023〕49号

各省、自治区、直辖市、新疆生产建设兵团体育行政部门，有关直属单位，有关全国性体育社会组织：

为确保2023年普通高等学校运动训练、武术与民族体育专业（简称体育单招）及高校高水平运动队招生工作公平公正，经研究，现决定组织开展报名考生的运动员技术等级称号复核工作。现将有关事宜通知如下：

一、复核内容

运动员技术等级称号复核的具体内容如下：

（一）等级称号的申请、审核、公示、授予是否符合《运动员技术等级管理办法》规定。

（二）比赛级别、参赛组别、参赛人数、成绩、集体球类项目授予人数等是否符合《运动员技术等级标准》规定。

（三）等级称号授予信息是否与运动员技术等级综合管理系统一致。

二、复核要求

（一）各单位要高度重视本次复核工作，切实加强组织领导，压实主体责任。按照"谁复核、谁负责"原则，严谨细致完成好此项工作，确保经得起历史检验。

（二）各项目中心、协会复核其管理权限范围内国际级运动健将、运动健将情况。各省级体育行政部门复核其管理权限范围内的一级运动员及地市级体育行政部门授予的二级运动员情况。中国足球协会负责其管理权限范围内足球项目等级称号复核工作。

（三）体育单招及高校高水平运动队招生是国家教育考试的组成部分。对发现通过违规手段获得考试资格的，将严格按照教育部和体育总局有关规定严肃处理。

三、复核时间

（一）请各单位于 5 月 31 日前将加盖单位公章并经主要领导签字的《运动员技术等级称号复核情况报告》报送体育总局竞体司。

（二）请各单位增强纪律意识、时效意识，严格按照时间节点开展工作；对工作拖沓延误造成严重后果的，将严肃问责。

四、信息调整

2023 年体育单招考生的等级称号授予信息已在运动员技术等级综合管理系统锁定。经复核发现确需修改系统信息的，请于 5 月 15 日至 31 日系统修改权限开放期间进行调整完善，并填写《运动员技术等级称号复核问题情况汇总表》，于 5 月 31 日前报送体育总局竞体司。

附　件：1. 2023 年复核名单
　　　　2. 运动员技术等级称号复核情况报告
　　　　3. 运动员技术等级称号复核问题情况汇总表

体育总局办公厅
2023 年 5 月 12 日

第三节　告知性公文的写作

一、决议

《条例》第八条第一项规定，决议"适用于会议讨论通过的重大决策事项"。

（一）决议的分类

从实际情况看，决议的具体种类包括：

1. 审批性决议。为审议批准法律、法规、文件、组织等而公开发布的决议。

2. 政策性议。用以传递党和国家对重大问题的主张或发布重要方针政策而使用的决议。

3. 专门问题性决议。集体会议就某一专门问题做出决定后而发布的决议。

（二）决议的特点

1. 权威性

决议是经过党和国家的会议讨论通过才能生效并由党和国家的领导机关发布的，

是党和国家的领导机关意志的反映。决议的内容事关重要决策事项，一经公布，全党、全国上下都必须坚决执行。

2.指导性

决议表述的观点和对事项的评价都具有指导意义。

（三）决议的构成

决议由首部和正文两部分组成。

1.首部

首部包括标题和题注两个项目。

（1）标题。决议的标题有两种形式：一种是由发文机关、事由和文种构成，这种标题形式使用最频繁，因为这种标题最能体现决议严肃、郑重的特点；另一种是由事由和文种构成。

（2）题注。是决议标题下方以小括号形式标注的成文时间和发文会议名称。决议的成文时间和发文会议名称只能以题注的形式写在标题下方，不能写在正文之后。

2.正文

正文由决议根据和决议事项两部分组成。

正文写法有两种形式：一种适用于内容单一的决议，把议定的事项直接叙写出来；另一种适用于内容比较复杂的决议，将决议事项分条列项表述出来。

云南省人民代表大会常务委员会关于批准《迪庆藏族自治州非物质文化遗产保护条例》的决议

（2023年7月26日云南省第十四届人民代表大会常务委员会第四次会议通过）

云南省第十四届人民代表大会常务委员会第四次会议审查了《迪庆藏族自治州非物质文化遗产保护条例》，同意省人民代表大会法制委员会审查结果的报告，决定予以批准，由迪庆藏族自治州人民代表大会常务委员会公布施行。

二、命令（令）

《条例》第八条第三项规定，命令（令）"适用于公布行政法规和规章、宣布施行重大强制性措施，批准授予和晋升衔级、嘉奖有关单位和人员"。命令（令）是国家行政机关、军事机关使用的公文文种。

（一）命令（令）的分类

1.公布令。国家机关用于公开发布法律、法令、法规和规章（如条例、规定、办法、细则等）而使用的一种命令（令）。公布令都是复行体文，即法随令出。

2.行政令。国家行政机关发布实施重大行政措施时使用的一种命令（令）。

3.动员令。国家最高机关和领导人用来发布全民、全军总体动员，以应对某一紧急事态或完成某一重大历史使命时使用的一种命令（令）。

4.宣布令。用来宣布党和国家某一重大政策、主张、措施的命令（令）。

5.任免令。是任免国家工作人员职务时使用的一种命令（令）。以国家主席令任免的工作人员，是经全国人民代表大会或全国人大常委会决定的部长级及以上级别干部；以国务院总理令任免的工作人员是副部长级干部。地方上的人事任免事项一般不用命令（令），而由任免决定或任免通知代行。

6.嘉奖令。用于表彰、奖励在社会主义现代化建设中做出突出贡献的有功单位和个人时使用的一种命令（令）。

7.通令。在军队机关，通令大多用于表彰立功受奖人员和英雄战斗集体。它是军事公文中的正式文种。在地方上，通令虽然不是一个正式文种，实际上却一直在沿用，当某一事项既要命令所属单位执行又要告知社会群众遵守时便使用通令予以发布。从这个意义上讲，可以把通令看作是命令（令）体公文的一种。

8.赦免令。用于特赦在押罪犯时使用的一种命令（令）。按照《中华人民共和国宪法》规定，全国人大常委会决定特赦，由国家主席发布特赦令。

9.戒严令。在社会治安遇到危急情况时使用的一种命令（令）。《中华人民共和国宪法》规定，全国或者个别省、自治区、直辖市的戒严，由全国人大常委会决定，由国家主席予以发布。省、自治区、直辖市范围内部地区的戒严，由国务院决定发布。具体戒严任务，一般由军队负责。

（二）命令（令）的特点

1.强制性

强制性，是指命令（令）一经发布，有关下级机关和人员必须无条件地服从和执行，不能讨价还价。要做到"令行禁止"，否则将受到应有的惩罚。

2.庄重性

命令（令）使用时十分审慎，不能随意制发，也不能朝令夕改。一方面，它必须依法而制；另一方面，它的内容相当严肃，绝不允许变通、更改。

3.权威性

命令（令）是权力威望的体现。一方面，它的发布机关级别和规格高，一般由国家行政机关或权力机关发布，社会团体和企事业单位不能使用；另一方面，"法随令出"，命令（令）的发布体现了相应的法律法规，对有关机关和人员具有约束力。

（三）命令（令）的构成

命令（令）一般由标题、发文字号或令号、正文、发文机关（或签署人）和时间组成。

1. 标题。命令（令）的标题有两种，一是发文机关、事由、文种三者齐全的标准式标题，多为行政令、奖惩令所用；二是省略事由的标题。

2. 令号。即发文机关命令的顺序号。它不以年度编号，而是以签署命令的领导人在任期内发令顺序编号。行政令、奖惩令一般列发文字号。发布令只列令号。

3. 正文

命令的正文一般由行令缘由、命令事项、执行要求三部分组成。

行令缘由即正文的开头，是发布命令的原因、目的、根据、意义。要求写得简略得当，给人以紧迫感。目的在于引起受令者的高度重视，增强执行命令的自觉性。

命令事项即正文主体，应以准确肯定的语言写出决断性、强制性的规定或措施。除嘉奖（或惩戒）令须对嘉奖（或惩戒）对象的主要事迹和精神（或主要错误和原因）进行中肯的分析评价外，一般只写硬性的规定或措施，而不进行分析讨论。这一部分可以分条列项写，也可以一段到底，应视内容需要而定。

执行要求即正文结尾，是对命令事项的补充说明或对受命者所提出的希望、要求、嘱咐，要与命令事项紧接、呼应。有些命令可以不写执行要求。

国家体育总局令

第 31 号

《体育赛事活动管理办法》已于 2022 年 12 月 22 日经国家体育总局第 2 次局务会议审议通过，现予公布，自 2023 年 1 月 1 日起施行。

局 长 高志丹

2023 年 1 月 1 日

三、公报

《条例》第八条第四项规定，公报适用于"公布重要决定或者重大事项"。从实际情况看，特别是国家发生的一些重大事件以及外事方面的一些活动，更多地使用公报来发布。有权向国外公布重要事项的只能是党和国家最高权力机关、国家最高行政机关及政府有关机构。

（一）公报的分类

按公报发布的形式和反映内容的不同，可以将其具体划分为新闻公报、会议公报、统计公报、联合公报等。

（二）公报的特点

1. 公布性。党和政府以公报的形式把国家发生的重要事件公之于众。

2. 报道性。公报的内容为首次发布的详细报告。

（三）公报的构成

公报一般由标题、正文、落款组成。

1. 标题。应准确地写明发文单位、事件和内容。标题下方注明发布事件，一般是下年初公布上年的情况，因此标题的时限和标题下注明的发布时间相差一年。

2. 正文。分为概述和分别叙述两部分。

概述即公报开头将前一个时期在各方面取得的成绩加以综述，分析取得这些成就的主要原因，客观地、实事求是地指出存在的主要问题。

分别叙述部分详细公布各方面的具体情况。对于每一个方面，都要把当年完成情况及上一年的比较写清楚。

中国共产党第二十届中央委员会第二次全体会议公报

（2023 年 2 月 28 日中国共产党第二十届中央委员会第二次全体会议通过）

中国共产党第二十届中央委员会第二次全体会议，于 2023 年 2 月 26 日至 28 日在北京举行。

出席这次全会的有中央委员 203 人，候补中央委员 170 人。中央纪律检查委员会副书记和有关部门负责同志列席会议。

全会由中央政治局主持。中央委员会总书记习近平作了重要讲话。

……

全会号召，全党全国各族人民更加紧密地团结在以习近平同志为核心的党中央周围，高举中国特色社会主义伟大旗帜，弘扬伟大建党精神，牢记"三个务必"，自信自强、守正创新，锐意进取、顽强拼搏，扎实推进中国式现代化建设，为实现党的二十大确定的目标任务而共同奋斗。

四、公告

《条例》第八条第五项规定，公告适用于"向国内外宣布重要事项或者法定事项"。

（一）公告的分类

公告按其内容性质的不同，又具体划分为以下几种：

1. 重大事项性公告。凡党和国家用以向国内外宣布重大事项、重要事件的公告，统称重大事项性公告。

2. 政策性公告。凡党和国家用以发布方针政策的公告，统称政策性公告。

3. 任免性公告。是用以宣布人员职务任免事宜的公告。

4. 法规性公告。是指用以公布法律、法规而使用的公告。

（二）公告的特点

1. 庄重性

公告一般由中央最高权力机关或中央最高管理机关制定并颁布，内容关系到政治、经济、军事和国家领导人行动等方面的大事，其本身应是极为庄重严肃的。

2. 慎重性

由于公告可以直接向国外宣布，而且有的公告还是专门对外国发布的，这就涉及国家机密问题，在撰写过程中应引起高度重视，必须慎重措辞，既要把意思表达清楚，又不泄露国家机密。这又是公告本身的庄重性和严肃性所决定的。

3. 广泛性

这是从影响上来说的。公告一定要在报纸上公布，或者利用现代化宣传工具发布。尽管发布公告的机关和被告知对象一般没有直接隶属关系，也不对被告知对象起指令作用，但其影响极大，一事可以牵动国内外。

（三）公告与公报的异同

这两个文种近似在"公"字上，即均是党和国家用来向国外公开宣布、告知某一重大事项的，是非常严肃、庄重的公文。

二者不同点主要表现在：公告多用于宣布重大消息，内容一般十分简要；而公报一般是比较详细、具体地报道某一重要会议或重要事项的内容。

（四）公告的构成

公告包括标题、正文、发文机关和日期等。

1. 标题

公告的标题有三种情况：一是由发文机关的名称加上文种组成；二是只写公文文种"公告"二字，而将发文机关的名称置于正文之后；三是"事由"加"文种"。

2. 正文

公告内容单一，篇幅不长，一般由公告缘由、公告事项和公告结语组成。

（1）公告缘由。在正文开头，开门见山地说明发布公告的缘由、目的或依据。这部分写得简括，多则几句话，少则一句话。

（2）公告事项。是正文主体部分，郑重宣布重要事项或者法定事项，包括时间、地点、事件、决定、要求等内容。写作时要重在对事项内容的叙述、说明。

（3）公告结语。在正文结尾，一般以"特此公告""现予公告"等习惯用语作结，也可以没有结语。公告结语不提执行要求。

3.发文机关和日期

公告发文机关在标题中标明，或在落款处标注。发文日期在标题正下方，或在落款处的发文机关下方。

文化和旅游部　体育总局关于公布
第二批国家级滑雪旅游度假地名单的公告

文旅资源发〔2023〕34 号

　　根据文化和旅游部办公厅、体育总局办公厅《关于开展国家级滑雪旅游度假地认定工作的通知》，在各省（区、市）和新疆生产建设兵团文化和旅游行政部门、体育行政部门推荐申报基础上，经材料审核、专家评审和社会公示，确定第二批国家级滑雪旅游度假地，现将名单公布如下（按行政区划顺序排列）：

河北滦平金山岭滑雪旅游度假地

内蒙古喀喇沁美林谷滑雪旅游度假地

内蒙古牙克石滑雪旅游度假地

吉林永吉北大湖滑雪旅游度假地

吉林东昌万峰滑雪旅游度假地

河南栾川伏牛山滑雪旅游度假地

新疆富蕴可可托海滑雪旅游度假地

特此公告。

文化和旅游部　体育总局

2023 年 3 月 1 日

五、通告

《条例》第八条第六项规定，通告"适用于在一定范围内公布应当遵守或者周知的事项"。

（一）通告的分类

通告应用文一般按照用途进行分类，主要分为指示性通告、规定性通告和周知性通告。

（二）通告的特点

1. 法规性。通告常常就某些事项做出规定或限制，成为被告知范围的单位和个人行动的准则，不得随意违反。

2. 政策性。通告常常体现方针、政策，也可以说它是方针、政策在一定范围内和某些事项上的具体化。

3. 广泛性。通告的告知范畴广泛，涉及国家的法令、政策，也用来公布社会生活中的一些具体事务。因此，通告的语言要通俗易懂，一些陈腐生涩的用语要剔除。

4. 使用的普遍性。通告的使用频率大大高于公告，布告的作用也远不及通告那样多。通告的使用单位相当广泛，从国家领导机关到各级地方政府及基层企事业单位，都可以使用。

（三）通告与公告的异同

这两个文种近似在"告"字上，即均属于告知性的文种，它们均可以通过报纸、电台、电视台等新闻媒体或在社会上张贴以及通过网络等途径公开发布。

它们的不同点主要表现在以下三个方面。

1. 从使用者看：公告的制发者主要是党和国家的高级机关；通告则不然，各级党政机关、部门及社会团体均可使用。

2. 从发布的内容看：公告的内容重要性大于布告，更大于通告，是着重宣布重大事件或重要事项、法定事项的；通告则主要用于发布应当遵守或周知的事项。

3. 从所公布的范围看：公告是面向国内外的，范围最广；通告则是针对社会的某一方面，用于局部范围。

（四）通告的构成

通告一般由标题、正文、落款组成。

1. 标题

通告的标题样式较多。国家行政机关以及比较大的单位一般都冠以发布单位，并体现出内容。有的标题只有发布单位，而不体现内容。标题只写"通告"两字的也比较常见。

2. 正文

一般包括通告缘由、通告事项、通告结语等内容。

通告缘由用于正文开端，主要交代发布本通告的根据、原因和宗旨。

通告事项大多采用条款式的写法，把具体规定、要求等内容用简明通俗的语言概括出来，在表述上要求有纲有目、明确具体，切忌空洞笼统、眉目不清。

通告结语是依惯例写上的"特此通告"或"以上通告望遵照执行"字样。

3.落款

是否写落款与标题有关。标题有发布单位的，后面则无落款；标题没有发布单位的，落款要注明发布单位。发布通告的时间，写在标题之后、内容之前或写在落款的后面均可。

关于开展"体总杯"
中国城市排球联赛热身活动系列赛的通告

体总竞字〔2022〕3号

为积极推进体育强国与健康中国战略，充分发挥中华全国体育总会的引领作用，满足全国广大人民群众疫情常态化的当下，就近、就便在所在城市即可参与体育赛事活动的热情和急切需要，积极营造全民参与、全龄参与、全天候参与、全地域参与的氛围，让群众"动起来"，让城市"嗨起来"。鉴于当下疫情状况，采用线上线下相结合的方式，在全国范围内开展"体总杯"中国城市排球联赛热身活动系列赛。现将有关事宜通告如下：

一、赛事组织

发起单位：中华全国体育总会

指导单位：中华全国体育总会竞赛委员会

支持单位：中国排球协会

办赛主体：各地政府、协会、俱乐部、企业、社团等

二、办赛原则

（一）统一品牌。统一冠名"体总杯"中国城市排球联赛热身活动系列赛。

（二）全面开放。在保持公益性的前提下，不设赛事内容、形式限制，不设场地、器材范围限制，既可以是标准赛事，也可以是非标准赛事，既可以是已有赛事，也可以是新创赛事。

（三）鼓励创新。围绕满足各类人群健身健康需求，赛事按照积极、阳光、正能量的原则进行内容、形式等创新，激发参赛者以任意方式展现心中的排球运动。例如：谁是发球王、一分钟对墙传垫球、传球我最牛、击球造图等。

三、办赛要求

（一）制订赛事方案（含宣传平台）报中华全国体育总会竞赛委员会排球竞赛部。

（二）填报办赛申请表（见附件1）。

（三）签订授权协议与承诺书（见附件2、3）。

（四）按中华全国体育总会竞赛委员会排球竞赛部要求，定期呈报赛事开展情况、总结和评估、简报和数据等。

四、其他事宜

（一）申报起始日期：即日起至2022年10月1日。

（二）申报方式：按照办赛要求将相关文件和赛事计划，发送至体总竞委会排球竞赛部邮箱 CCVL@sport.gov.cn。

（三）联系方式：

联系人：佟××

电　话：13×××××××××

附件：1."体总杯"中国城市排球联赛热身活动系列赛办赛申请表

　　　2."体总杯"中国城市排球联赛热身活动系列赛授权协议书

　　　3."体总杯"中国城市排球联赛热身活动系列办赛承诺书

中华全国体育总会竞赛委员会

2022年5月17日

第四节　请批性公文的写作

一、报告

《条例》第八条第十项规定，报告"适用于向上级机关汇报工作、反映情况，回复上级机关的询问"。

（一）报告的分类

1. 从实际情况看，报告按其行文的目的和作用不同，一般分为以下几种：

（1）工作报告。凡用于向上级汇报工作情况的报告，通常称作工作报告，它侧重于陈述工作的进展情况及主要做法，有时也附带陈述工作的经验、教训。

（2）情况报告。用于向上级汇报、反映敌情、我情、彼情、此情及社会各种动态等信息情况的报告，通常称作情况报告。情况报告与工作报告相比，突出特点是使用面广、反应迅速、方式灵活，具有较强的信息性，往往是引起领导决策的依据；而工作报告，从实际执行上看，其作用在于决策的信息反馈性，服务于决策的连续性。

（3）呈转性报告。呈报上级要求批转给有关单位执行办理的报告，称作呈转性报告。这种报告的内容基本都是向上级提出工作意见与建议，故亦称建议性报告。

（4）检讨（检查）报告。因为工作中发生错误而写给上级机关的报告为检讨报告或检查报告。不同于个人写的检查材料，它是下级写给上级组织的，其内容均属工作中发生的错误问题。

（5）例行报告。在特殊紧急的情况下（如战争、自然灾害、社会动乱等），上级机关明确要求下级机关按月（称"月报"）、隔月（称"两月报"）、按周（称"周报"）向上级机关反映工作、汇报情况，通常称这种报告为例行报告。

（6）报送文件和物品的报告。此种报告一般以"文件头"的形式出现，即以报告做"文件头"，将所报送的对象作为"附件"，从而构成"主件—附件"的复体行文模式。从行文的形式上看，作为"文件头"的报告是一份公文的主体；而从实际内容上看，文件的主体恰恰是"附件"中的非法定文种，如总结、计划、调查报告等。

2.报告按其表达的形式不同，可分为专题性报告与综合性报告。

（1）专题性报告。报告的内容，不论是汇报、反映情况，还是提出意见、检讨错误，凡只涉及某一个方面、某一个专项的事情，均属专题性报告。它与综合性报告相比，集中体现在一个"专"字上。此类报告在报告中所占的比重相当大。在专题报告中，近几年还派生出一种纪实报告，它主要通过媒体发布。这类报告问题比较生动活泼，少有"呆"气，对于如何进一步增强机关"报告"生动性是很有借鉴意义的。

（2）综合性报告。它是用来全面反映、汇报一个单位、地区、系统的工作进展情况的一种报告。

（二）报告的特点

1.陈述性

这是报告的最大特点，汇报工作、反映情况、提出意见或建议大都采用叙述、说明的表达方式，因而是陈述性的。

2.沟通性

报告虽是最常用的上行公文，但对下级单位来说，它是"下情上传"的主要手段，以此取得上级领导的理解、支持、指导，避免工作上的失误；对上级单位来说，通过报告获得信息，了解下情，成为决策、指导和协调工作的重要依据。尤其是报告中向上级单位"提出意见和建议"，对于决策的科学化和民主化，具有重要意义。

（三）报告的构成

报告一般由标题、主送单位、正文、发文单位和日期组成。

1.标题。报告的标题主要有两种形式：一是采用发文单位、事由、文种三者齐全的标准式标题；二是省略发文单位，只有事由、文种组成的标题。

2. 主送单位。即发文单位的直属上级单位。

3. 正文。因正文是一份报告的核心部分，一般由报告缘由、报告事项、结尾组成。

报告缘由是报告的正文开头，交代报告的起因、缘由或说明报告的目的、主旨。它承接标题中的事由，落笔入题，直截了当地讲明为什么要写报告以及报告的主要内容。写作时，文笔要集中、概括、直接，开宗明义并用"现将有关情况报告如下"之类的话承启下文。

报告事项即报告正文的主体内容，一般要围绕主旨展开陈述，写明主要情况，包括措施与成果、成效与存在问题等，有些还要写经验或教训、意见或建议、打算或安排。这部分内容大多可以根据需要分条列项写，也可以分若干部分写。写作时要避虚就实、突主旨。即使是综合性报告，也要突出重点，围绕主旨。

结尾是报告的收束。一般用惯用结语，如"特此报告""以上意见，如无不当请批转各地区、各部门执行""以上报告，如有不当，请指正"等。

4. 发文单位和日期。报告的落款要写明发文单位和日期。

市体育局关于公开 2022 年度普法数据及履职情况的报告

按照济南市《关于实行国家机关"谁执法谁普法"普法责任制的实施意见》《济南市国家机关"谁执法谁普法"履职报告评议活动实施办法》等要求，现将本单位2022 年度普法工作履职情况报告如下：

一、推进部署普法工作情况

（一）加强普法工作组织领导。市体育局党组高度重视法治建设工作，始终把法治工作作为加强干部队伍建设，提高行政执法能力，推动全市体育工作的重要手段来抓。落实法治建设第一责任人职责，成立了以局长为组长的法治建设工作领导小组，分管领导任副组长，明确了责任处室和责任人。加强党对法治政府建设的领导，将推进体育法治、加快政府职能转变、依法行政、普法学法等法治建设内容，纳入年度工作目标，层层分解任务，细化工作措施，定期调度督查，确保各项工作落到实处。

（二）制定普法责任清单和工作计划。为强化普法工作责任落实，提高体育执法人员法治能力素质，增强全民学法、知法、守法、遵法意识，制定出台了《2021 年度济南市体育局普法工作计划》，明确责任处室，围绕《彩票管理条例》《安全生产法》《全民健身条例》《反兴奋剂条例》等业务法律法规进行重点宣传。

坚持"谁执法谁普法"的普法责任制，制定出台了《2022 年度济南市体育局普法工作计划》和普法责任清单，明确普法工作的重点任务、重点宣传的法律法规、重点普法对象、责任处室及负责人员、预期目标及完成时限等，将普法责任落实到处室、落实到个人。重点围绕党章党规、宪法、民法典、体育法、全民健身条例、彩票管理条例、反兴奋剂条例等，面向干部职工、运动员、社会公众开展普法宣传。

二、组织重点对象学法用法情况

（一）开展党组理论学习中心组学法活动2场次。主要活动具体情况：

1. 5月23日，市体育局党组理论学习中心组组织开展习近平法治思想专题学习，对习近平法治思想的核心要义、精神实质、丰富内涵、实践要求有了更加深入的了解，为全市体育法治工作奠定了坚实的基础。

2. 8月17日，市体育局党组理论学习中心组集体学习了《中国共产党宣传工作条例》，要求把学习贯彻《中国共产党宣传工作条例》作为重要政治任务，切实增强政治自觉，学习、掌握、运用、落实好《中国共产党宣传工作条例》。

3. 9月27日，市体育局党组理论学习中心组集体学习了《党委（党组）网络安全工作责任制实施办法》，要求切实提高政治站位，深刻理解当前加强网络安全工作的重要性和必要性，使网络安全意识入脑入心，不断提升体育系统安全整体水平。

（二）组织开展国家工作人员学法考法活动4场，其中法治讲座2场次，参与学习100人次，法律知识考试2场次，参加考试33人次。主要活动具体情况：

1. 2022年3月，市群众体育事业发展中心邀请公众环保科普教育网的讲师，围绕水资源的利用及地下水的保护，为全体干部职工开展了环保普法宣讲。通过此次活动，大家加深了对保护水资源重要性的认识，进一步提升了保护环境及节水护水意识。大家一致表示，要从自身做起，从点滴做起，保护好水资源，守护绿水青山，一起共建美好家园。

2. 2022年5月，济南奥体中心邀请山东政法学院民商法学院潘志玉副教授做贯彻落实《民法典》专题辅导报告。潘志玉教授以"《民法典》解读及在大型体育场馆管理运营中的适用"为主题，从《民法典》的核心要义、内涵实质和实践探索进行了全面深入的讲解。同时，结合大型体育场馆管理运营实际，运用生动、精准的相关典型案例进行了重点解读。

3. 2022年6月，组织体育系统学习习近平法治思想知识竞赛，局机关和局属单位30余人参加测试，通过测试达到了"以赛促学、以学促用、以用促改"的良好效果，进一步提升干部职工的法律素养。

4. 2022年6月，市体育局组织3名机关干部参加行政执法证年审考试，全部一次性通过。

三、开展普法宣传活动情况

（一）组织开展"12.4"国家宪法日等重要节点宣传活动。主要活动具体情况：

1. 2022 年 8 月,在全民健身日组织开展《体育法》《全民健身条例》的宣传工作,发放各类宣传材料 3000 余份。极大地提升了人民群众的健身、健康意识,积极推动体育强国建设。

2. 2022 年 12 月,根据《济南市 2022 年国家宪法日、宪法宣传周、法治宣传教育月活动实施方案》,组织开展"宪法进社区"主题活动,组织机关全体人员积极参与宪法知识竞答活动。

(二)组织开展"法治六进"活动 2 场次,受众 300 人次。主要活动具体情况:

1. 2022 年 7 月,市体育局到凤凰国际社区开展普法宣讲。活动邀请到山东方晖律师事务所高级合伙人、中华全国律师协会会员孙晓亮律师为社区居民进行法律知识讲解。孙律师结合百姓日常生活中经常遇到的难点热点问题,为社区居民讲解新《民法典》,向大家普及法律知识,解答法律疑问,提供法律建议,帮助居民知法、懂法、守法、用法,进一步宣传法治思想,增强群众法治观念,切实提高群众依法运用法律武器维护自身合法权益的意识和能力。

2. 2022 年 10 月,市体育运动学校组织入学新生开展反兴奋剂宣传教育专题讲座。通过讲解,使学生对什么是兴奋剂、兴奋剂的种类、兴奋剂的危害、兴奋剂的检查程序以及兴奋剂的管制有了初步认识和了解。同时让学生认识到远离兴奋剂,坚决对兴奋剂说不的重要性和必要性。

四、以案释法情况

市体育局逐步探索建立"以案释法"长效机制,在贯彻落实"以案释法"的同时,精心筛选"以案释法"内容,通过典型案例解读等途径,向体育经营市场主体和社会公众深入宣传习近平总书记关于全面依法治国的重要论述,宣传体育法规,引导体育市场形成办事依法、遇事找法、解决问题用法、化解矛盾靠法的良好氛围,进一步推动以案释法的常态化、规范化和制度化,全面提升体育法治工作水平。

市体育局
2023 年 2 月 10 日

二、请示

《条例》第八条第十一项规定,请示"适用于向上级机关请求指示、批准"。请示属于上行文,只能用于下级向上级请示工作。这里所指的上级包括有领导关系与业务指导关系的上级。

(一)请示的分类

请示按其作用的不同,可分为呈批性请示与呈转性请示。

1. 呈批性请示。用于向上级机关请求指示和批准事项,直接引出的是上级机关对求请事项的批复。

2. 呈转性请示。用于向上级机关请示批准所提工作意见并要求予以批转或转发的，这种请示引出的是上级的批转或转发性通知。

（二）请示的特点

1. 具有上行的性质。即下级向上级行文时才使用它，不能向平级或下属单位使用。有的尽管不是直属上下级关系，但属于业务主管单位，也可以使用这一文种。如果下级单位受双重领导，可主送一个上级单位，另一个可用抄报形式。

2. 具有请求性。这是指请示的内容而言，无论请示的内容是什么，都需要上级单位对请求的内容予以答复或批准。

3. 具有建议性。这是指请示在阐述请求事项时需要阐述原因和道理，这种原因和道理不管是否被批准，对上级领导都是一个启示，有一定的说服作用。

（三）请示的构成

请示一般由标题、主送单位、正文、签署日期四个部分组成。

1. 标题。请示的标题有两种写法：一种只表明请示的事由和文种；另一种在标题的事由和文种之前，还加上发出请示的单位名称。请示的标题中，事由不能写得含糊其词或笼统抽象，而要明确标明请求批示（批准）的问题是什么。

2. 主送单位。指请示报送的主管单位，放在标题之下、正文之前，顶格书写，要写单位全称，或者规范化的简称。

3. 正文。一般有三部分内容：请示缘由、请示事项和结束语。

请示缘由在正文的开头撰写，它是请示的重要构成部分，是请示能否被批准的关键所在，这一部分是请示写作的着力点。撰写时应做到缘由充分，实事求是，要给上级形成一定的压力，使上级了解请示事项的必要性。

请示事项是正文的主体，要求写得具体、明确、适度，切忌笼统、含糊或提过分要求。这一部分一般分条列项撰写。

结束语一般是固定格式的请求语，如"当否？请批示"，"以上意见是否妥当，请指示"或"以上意见如无不妥，请批转有关单位执行"等。

4. 落款。写明请示的单位和时间。如果标题中有发文单位，落款时可以不再写，但必须加盖印章。

关于变更内设教学机构名称的请示

省编办：

根据《××省机构编制委员会办公室关于调整××××学院机构编制事项的批

复（鲁编办〔20××〕117号），我院内设教学机构12个。近年来，我院学科专业不断发展，部分教学机构承担的教学职能和涉及的专业领域进一步扩展。经院党委研究确定，申请变更四个教学机构名称，具体情况如下：

一、目前教学机构设置总体情况

我院教学机构设置12个，分别是：体育系、运动系、重竞技系、武术系、体育艺术系、基础理论系、体育社会科学系、政治理论课部、研究生部、继续教育部、培训部、体育运动学校。现申请变更体育社会科学系、基础理论系、运动系、重竞技系四个教学机构名称。

二、体育社会科学系更名为"体育社会科学学院"，基础理论系更名为"运动基础科学学院"

体育社会科学系是学院仅有的两个学科类教学机构之一。该系近几年发展迅速，设有国家体育总局体育文化研究基地、××省体育人文社会科学研究基地、××省国家级社会体育指导员培训基地；拥有特殊教育、社会体育指导与管理、休闲体育、应用心理学、体育经济与管理、公共事业管理、新闻学、播者与主持艺术等8个专业，是我院所属专业最多的教学机构。该系承担全院80%的新上专业的管理建设工作，理论学科专业特色突出。目前共有学生1500余名，是我院学生数量较多的系部之一。

基础理论系是我院最早设立的理论学科类教学机构，前身为基础部，2001年更名为基础理论系。随着十多年的发展，基础理论系已经建设成为拥有教育技术学、运动人体科学、运动康复、英语、计算机科学与技术5个专业，实验、数字体育媒体2个中心的多学科综合教学机构，是我院所属专业较多的系部之一。该系承担着全院的公共基础课、专业基础课的教学与实验工作。为进一步发挥专业特色，便于教学、科研建设与管理，扩大特色学科知名度，提高人才培养质量，参照全国兄弟体育院校做法，特申请将体育社会科学系更名为"体育社会科学学院"，将基础理论系更名为"运动基础科学学院"。

三、运动系更名为"运动一系"，重竞技系更名为"运动二系"

运动系是我院重点学科大系。前期我院向贵办申请，自运动系中分设出重竞技系并获得批复。分设后的运动系仍有田径、游泳、体操、篮球、足球、排球、羽毛球、乒乓球、网球、橄榄球等运动项目，在校生人数约2500余名。分设出的重竞技系有举重、拳击、跆拳道、摔跤、柔道等5个运动项目，在校生500余人。

根据招生分类，以上学生均属于国家体育总局单独招生范围，教学方案与培养目标一致。因此，根据国家体育总局关于体育单招的有关政策及我院师资力量、场馆配备、培养方案、学生就业等新情况，拟从运动系中继续划分部分运动项目纳入重竞技系，使两系在校生人数进一步平衡，从而达到提高管理效益和人才培养质量的目的。

同时考虑到工作连续性和师生情感，特申请将运动系更名为"运动一系"，重竞技系更名为"运动二系"。妥否，请审批。

中共××××学院委员会

20××年×月××日

三、批复

《条例》第八条第十二项规定，批复"适用于答复下级机关请示事项"。批复是根据下级请示或意见而制发的，批复和请示意见构成一个问题的两个侧面，是统一的。

（一）批复的分类

批复按其针对的内容不同，可分为指导性批复、法规性批复和具体性批复；按其行文方式的不同，又可分为指导性批复和抄送性批复。

1. 指导性批复。在答复下级请示意见事项的同时，进而就某一方面的工作或活动提出指导性的要求，一般称这种批复为指导性批复。

2. 法规性批复。对下级机关拟制报批的行政法规制度给予批准时使用的批复，称法规性批复。

3. 具体性批复。就下级请示的具体事宜（如行政区划、人事编制、劳动工资、基建、物资设备等）所做的批复，称作具体性批复。

（二）批复的特点

1. 下行性。批复由上级机关发给下级机关。

2. 针对性。批复的针对性主要体现在两个方面：一方面，是发文机关的针对性，批复的主送机关即请示的发文机关，请示的主送机关即批复的发文机关；另一方面，是事由的针对性，下级单位请示什么问题，上级就批复什么问题，不能答非所问。请示是一事一请示，批复也应一事一批复，即使同一下级机关同时有几个请示待批复，也必须逐一批复，不能搞"综合批复"。因此，批复内容单纯，针对性强。批复既要根据现行政策作答，又要照顾请示的问题。

3. 及时性。批复请示事件应当十分及时，因为下级所请示的事项是极为关键的问题，往往是影响到部门工作能否正常开展的重要事项，所以上级单位回复必须及时，以免耽误下级单位工作的正常开展。如果上级单位暂时不能做出批复时，应以函件告知下级，以免耽误工作，造成被动。

4. 制约性。下级工作中不能或无权解决的问题，要么不请示，一旦请示，不管上级批复的意见是否与本单位意见一致，下级都必须照办，不得违背敷衍。这是民主集中制原则在公文处理中的反映。

5. 实践性。上级的批复要有实际可操作性，需要在表明态度后概括说明方针政策及执行中的注意事项。

（三）批复的构成

批复一般由标题、主送机关、正文及发文机关和成文日期组成。

1. 标题。批复的标题有两种，一种是完整的公文标题形式，即发文单位、事由、文种的形式；另一种是"五要素"式标题，即发文机关、态度、受文单位（请示发文机关）事由、文种的形式。

2. 主送机关。即请示批复的单位。

3. 正文。就请示批复的问题做出解答，以及提出解决所提出问题的意见，即明确表明态度：同意或者不同意。

4. 发文机关和成文日期。写在正文结束后的右下方。

省人民政府关于同意正式设立贵州体育职业学院的批复

黔府函〔2023〕43 号

省教育厅：

你厅《关于正式设立贵州体育职业学院的请示》（黔教呈〔2023〕12 号）收悉。经研究，现批复如下：

一、同意正式设立贵州体育职业学院。贵州体育职业学院主管部门为省体育局，实行党委领导下的院长负责制，办学经费由省级财政按生均财政拨款标准予以保障。

二、该学院为全日制公办普通高职院校，以全日制普通高职教育为主，同时举办中等职业教育，专业设置按有关规定报批，在校生规模暂定为 10000 人。

三、省体育局要加强对该学院的领导和管理，切实解决学院发展中遇到的困难和问题，明确学院发展规划和目标定位，加大投入力度，改善办学条件，突出办学特色，持续提升办学水平。省教育厅要会同有关部门加强对学院的业务指导，帮助学院做好师资队伍、学科专业、教学管理等方面规划建设。

四、贵州体育职业学院要强化内部管理，加强师资队伍和教学基础设施建设，不断提高教育教学质量和办学效益，更好服务全省经济社会高质量发展。

贵州省人民政府

2023 年 3 月 22 日

第五节　交流性公文的写作

一、议案

议案适用于各级人民政府按照法律程序向同级人民代表大会或者人民代表大会常委会提请审议事项。作为行政公文的议案，适用于国家各级行政机关，而不适用于国家各级职能部门、社会团体、企事业单位。各级权力机关即各级人民代表大会及其常委会，行使职权的最基本方式是审议各种议案，如能通过，议案才具有法律效力。

议案的内容，可以有法律、法规和政策方面的；有经济计划和财政预算、决算方面的；有工作中的大事和人民群众急需解决的重要问题；有修改法律、法规和重大建设项目以及有关重要人事任免问题。不是随便什么问题都可以形成议案的。

（一）议案的分类

议案主要是依其形成时间和作者来划分的。

1. 从议案的形成时间区分，主要有以下两类：

（1）平时议案。主要是人民政府就日常工作中的有关重大事项向本级人大常委会提出供常委会审议的议案。

（2）会上议案。主要是在人民代表大会召开期间，与会的人大常委会、人大专门委员会、人民政府和人大代表就有关重大事项向该次会议提出并供其审议的议案。

2. 从议案的作者区分，主要有以下四类：

（1）人大常委会议案，是各级人大常委会在本级人民代表大会上提出的议案。

（2）人大专门委员会议案，是各级人大的各专门委员会在本级人民代表大会上提出的议案。

（3）人民政府议案，是各级人民政府向本级人民代表大会或其常委会提出的议案，既有会上的，也有平日的。

（4）人大代表议案，是各级人大代表在各级人民代表大会上提出的议案。

（二）议案的特点

1. 法定性。议案的作者有严格的限定范围，其制作主体具有法定性。

2. 重要性。议案的内容涉及的必须是该地区重大事项或重要问题，并且在当地人民代表大会或者人民代表大会常务委员会职权范围内，而不是日常工作中的一般性问题。

3. 程序性。提出议案有一定的法律程序。

4.时限性。提出议案要及时，因为会议是有时限的。一旦延误，就错过了如期审议的机会，就失去了议案的效用。

5.可行性。议案的建议要可行。议案提出后，要经审议。为了使议案获得通过，必须言之成理，使其建议具有可行性，以有获得批准的可能。

（三）议案的构成

议案一般由标题、主送机关、正文、附件和落款等组成。

1.标题。议案的标题一般采用标准式标题，由某级人民政府、事由和文种（议案）组成。

2.主送机关。议案的主送机关即某级人民政府的同级人民代表大会或人大常委会，只能写一个，应顶格写，写全称，加冒号。

3.正文。正文是议案的核心内容部分。一般由提请审议的缘由、提请审议的内容、提请审议的要求等内容组成。正文开头写提请审议的缘由，包括提请此议案的内容、根据、意义或目的。正文主体写提请审议的内容事项，篇幅可长可短，如内容较多，可以分段写，也可以用序数分条列项写。一般来说，议案提出的要求审议的内容事项在文中只是其名目，其真正审议的对象是随议案附上的法律、法规（草案）等文件本身。正文结尾写提请人大或人大常委会审议的要求，如"请审议""请予审议""请审议批准"等。

4.附件。议案附件是根据正文需要附上的材料，即需要具体审议的法律、法规（草案）和重大政策性文件。议案的主要作用是引出作为审议对象的附件内容。若有些议案事项直接在正文中写明，则可以不加附件。附件的标题注明在正文下方，落款前左方。

5.落款。议案落款即制发此议案的人民政府的名称，或政府首长，或人大代表的职务、姓名，并标明日期，加盖公章。

二、函

《条例》第八条第十四项规定，函"适用于不相隶属机关之间商洽工作、询问和答复问题、请求批准和答复审批事项"。使用函要符合公文的格式要求。没有版头、标题和发文字号的函，属于便函，不列为正式公文。

（一）函的分类

1.按其内容的不同，函可分为答复函、申请函、询问函、商洽函和告知函。

（1）答复函。对下级询问有关方针、政策等问题做出回答时而使用的函。

（2）申请函。向无隶属关系的主管部门请求批准时使用的函。

（3）询问函。上下级或同级之间为询问某一情况或事宜而使用的函。

（4）商洽函。机关或单位之间请求协助、商洽解决办理某一问题而使用的函。

（5）告知函。平级或不相隶属的机关或单位之间，相互告知某一事项或情况时使用的函。

（6）函代批复。指答复下级的询问或请示，不是以上级机关的名义，而是由上级机关的办公部门代行机关进行批复。

2.按行文方向不同，函又可分为来函和复函。

（1）来函。是指外单位发给本单位的函。

（2）复函。是指对来函予以回复的函。

（二）函的特点

1.简便快捷。由于函的内容大多简约直接、形式精短，在商洽工作、联系有关事项时十分简便和快捷。在公文中，函可以说是最简便快捷的文种。

2.行文方向灵活。函用于不相隶属单位之间，是平行文中的主要文种，它不像行文方向单行的上行文或下行文，函的主要行文方向是平行，但有时也用于上行和下行，可见它上下左右皆可行文，不受行文方向的限制，显示出灵活的特点。这是其他公文所不具备的。

3.语言质朴自然。函的语言大多是陈述性、说明性的，质朴无华，平易、明白、晓畅，语气恳切平和，不像法规性、指挥性公文那样带有强制性。

（三）函的构成

函的格式，一般包括标题、发文字号、主送单位、正文、发文单位和日期。

1.标题、发文字号。函的标题，一般是由发文单位、事由、文种三者组成的标准式标题。如果是发函，标题上只需写明"××单位关于××的函"即可；如果是复函，标题上则要写明来函单位要求答复什么问题的复函。

正式的函，不管是发函还是复函，应标注发文字号。发文字号应按单位代号、年份、序号依次而写。

2.主送单位。函的主送单位应写全称或规范化简称，顶格写。复函的主送单位即为来函机关。

3.正文。函的正文一般由开头、主体、结尾组成。

开头是函的起首语。如是发函，开头简述发函的缘由和目的；如是复函，应以引述来函日期、函件名称或发文字号作起首语。

主体是函的事项部分。如是发函，要写清楚商洽、询问或请求批准的主要事项；如是复函，要针对来函事项逐一郑重回答，答复时要求具体、明确，不能不置可否或答非所问。

结尾是函的结语。结语要干净利落，或重申致函目的，或要求对方有所行动。常用的结语，发函一般用"盼复""即请回复""专此函达""请予支持，并盼复"等，复函一般用"此复""专此函复"等。函的结语不宜像书信那样用"此致敬礼"之类的话。

4.发文单位和日期，即落款。发函的落款，写发文单位和日期，并加盖公章；复函写复函单位名称、日期并加盖公章。有的函还写明抄送单位名称。

国务院办公厅关于同意建立××××开放型
经济试验区建设部际联席会议制度的函

国办函〔20××〕89号

发展改革委：

你委《关于建立××××开放型经济试验区建设部际联席会议制度的请示》（发改西部〔20××〕1552号）收悉。经国务院同意，现函复如下：

国务院同意建立由发展改革委牵头的××××开放型经济试验区建设部际联席会议制度。联席会议不刻制印章，不正式行文，请按照国务院有关文件精神，认真组织开展工作。

附件：××××开放型经济试验区建设部际联席会议制度

国务院办公厅
20××年××月××日

三、纪要

《条例》第八条第十五项规定，纪要"适用于记载会议主要情况和议定事项"。纪要在行文关系上，可采取转发（印发）或直接发出的形式，类似于通知，发给下级贯彻执行；也可报送给上级，类似于会议情况报告，向上级反映情况；还可发给平级机关，类似于函，使对方知晓，互相沟通情况。

（一）纪要的分类

纪要按其内容和表达形式的不同，可分为指示型纪要和通知型纪要。

1.指示型纪要。即对某一范围较大或重要的工作会议进行综合整理所形成的纪要。这类纪要既有对党的方针、政策的具体贯彻意见，又有对这项重要工作各种思想认识上的统一，还有对今后工作的打算与要求。

2.通知型纪要。即用来宣布会议决定事项的纪要。这类纪要大都是各级机关和单位领导层集体开会决定问题后使用的一种传达会议决定事项的纪要，也称办公会议纪要。这种纪要都有固定的红色版头，包括"制文机关名称"加"纪要"字样，并有刊发期号及日期。

（二）纪要的特点

1. 纪实性。纪实性是指纪要内容的真实性。不能为了适应领导意图，随意增加会议没有涉及的内容，或删减会议议定的事项。对与会者的观点，也不能单纯为了概括综合而任意曲解、断章取义。

2. 概括性。是指要在纪要的"要"字上下功夫。对会议内容不可事无巨细，有则记之。应该是对整个会议的各种材料和观点，经过分析、研究、综合整理，将主要精神、主要决议事项、主要观点，按一定的逻辑顺序撰写出来。这并不会影响纪要的纪实性。概括性与纪实性是辩证的统一。

3. 指导性。是指纪要的内容要求与会单位共同遵照执行，这就起到了一定的指导作用。

（三）纪要的构成

纪要一般由版头、正文、结尾三部分组成。

1. 版头。日常工作会议的纪要一般都有固定的版头。常见版头包括标题 [由会议名称和文种（纪要）组成] 和届数或次数（在标题下标明）。版头套红与否均可。

2. 正文。正文一般由三部分组成，即会议概况、会议精神、会议决定事项和结语。

（1）会议概况。主要包括会议时间（多次性会议应写明会议起止时间）、召开地点、主持人、参加人（日常工作例会的参加人员可以放在纪要的末尾）、领导同志参加情况、会议议题等。

（2）会议精神。写会议的主要情况、需要解决的问题以及解决办法，对会议的原则精神讨论结果和今后任务等进行具体叙述和说明，要有准确的概括性和很强的政策性、指导性。

（3）会议决定事项和结语。办公会、日常工作例会常常做出决定，需将这些决定事项加以归纳，扼要写出。工作会议、专业性会议在结语部分应对会议做出评价，指出方向，明确任务，提出希望和号召。

3. 末尾。纪要末尾部分包括纪要下发单位、印发机关和日期。

（四）纪要的一般写法

1. 概述式。这种写法是根据会议进行程序，将会议概况、会议议题、主要讨论意见、决定事项按顺序写出。这种写法的特点是简明扼要、顺理成章，多适用于办公会、日常工作会议纪要。

2. 归纳分类式。这种写法是将会议讨论的内容依其内在联系和逻辑关系等归纳成几个方面，逐段逐层地将会议讨论的各方面问题阐述明白，可以分条撰写或冠以小标题。这种写法条理清楚、层次分明、重点突出、问题集中，多适用于工作会议、专业性会议纪要。

3. 发言记录式。这种写法是将与会同志的发言内容依次摘要整理出来，其特点是明白易写，有点像流水账，一般可用于日常工作会议。不过这种工作会议纪要最好少用或不用。

国家体育总局惩治和预防腐败体系建设工作会议纪要

为认真贯彻落实中央纪委《关于开展20××年度推进惩治和预防腐败体系建设检查工作的通知》（中纪办发〔20××〕26号）精神，驻总局纪检组监察局组织召开惩治和预防腐败体系建设工作座谈会，重点检查部分直属单位推进惩治和预防腐败体系建设工作情况。会议传达了中央纪委六次全会精神和中央国家机关党工委纪检工作会议精神；财务中心等5个单位的负责人汇报了惩防体系建设工作进展情况，拳跆中心、装备中心、举摔柔中心负责人做了发言；驻总局纪检组组长××同志出席会议并讲话，对总局系统进一步推进惩防体系建设提出了明确要求。现纪要如下：

一、与会代表汇报及发言

财务中心：认真落实党风廉政建设责任制，制定了《20××年财务中心反腐倡廉建设任务分工意见》，分级负责，责任到人；将反腐倡廉工作与加强资金监管相结合，围绕资金监管的责任、规范、质量、落实等方面完善内控制度，改进工作方法，按照"准、严、实"的要求加大资金监管力度，防止违规违法问题的发生。

彩票中心：深入开展"反腐倡廉、奋发敬业"专题教育，贯彻落实《廉政准则》，组织形式多样的反腐倡廉教育活动；加强调研，明确物资采购、对外合作、开奖计奖、资金归集、票务管理等方面为体彩系统易发生腐败问题的高危领域和重点环节，不断加大监管力度；成立制度建设项目组，对各项管理制度、工作流程、应急预案进行全面梳理和完善，并强化各项制度和流程的执行，建立健全相应的责任管理机制和责任追究机制，提高制度的执行力。

反兴奋剂中心：建立了每月一次的集体学习制度，通过观看录像、组织参观等形式，狠抓反腐倡廉正面教育和警示教育；建立健全各类规章制度，坚持执行"反兴奋剂中心重大经济活动评审制度"，修改完善"反兴奋剂中心单位财务报销制度"等财务管理制度；从增强团结意识、提高工作执行力、强化责任意识入手，推进领导干部作风建设，狠抓队伍管理。

……

二、××同志讲话

××同志指出，反腐倡廉建设关系到中国特色社会主义事业的兴衰成败，关系到党的生死存亡，关系到国家的长治久安。惩治和预防腐败体系建设是反腐倡廉建设的重大基础性工程，要消除腐败就必须把惩防体系建立好、落实好。建立好惩防体系，反腐败斗争就有目标、有任务、有措施、有抓手。

……

驻国家体育总局纪检组监察局
20××年××月××日

四、通报

《条例》第八条第九项规定，通报适用于"表扬先进、批评错误、传达重要精神或告知重要情况"。

（一）通报的分类

按通报内容不同，可分为表扬性通报、批评性通报、情况性通报、指导性通报；按通报表达方式的不同，又可分为直述式通报与转述式通报。常用的通报类型主要有以下几种：

1.直述式通报。凡由作者直接予以表述的通报，均称直述式通报。它在写法上通常是以叙事为主，兼以说明。

2.转述式通报。凡是采用通报文种，将下级来文（如报告、通报、简报、经验介绍、总结与计划的摘要等）予以转发的一律称作转述性通报。它的特点是以复体行文，或称"以文载文"。在写法上基本是议说，而很少叙事，否则势必与附件的内容重复。

3.表扬性通报。用于通报表彰先进人物或先进事迹而使用的通报。

4.批评性通报。用于通报批评犯有错误的人或事而使用的通报。这里所批评的错误有时是某一具体问题，也有时是经过综合加工而提出的一种带有大倾向性的问题。

5.情况性通报。用于反映典型性工作经验、做法及社会各种动态情况而使用的通报。对这种通报，有些机关印制了固定的红色版头，像制发简报那样制发情况通报。

（二）通报的特点

1.典型性。这是通报的主要特点，也就是说通报所报道的事件必须具有一定的典型意义。通报先进典型人物，可以起到良好的社会影响；公布反面典型，可以起警诫大多数的作用。

2.普发性与限制性。有些通报内容涉及面广，教育作用大，发送单位广泛，可公开发表。但也有些通报内容涉及面小，且有机密，常具体规定阅读与传达的范围，有的则直接规定密级。据此有内部通报、普发通报之分。

3.教育性与指导性。通报的作用重在提供榜样、借鉴，使下级机关与全体人员提高思想认识，自觉地有所依循，有所为有所不为。

（三）通报与通知的异同

这两个文种近似在一个"通"字上。"通"字在这里是传达的意思，"知"和"报"均含知道的意思，具体方法是直陈情况与要求，故通知、通报均属告知性文件；按照理解的习惯，传达一般是自上而下的传递，所以又都是下行文。二者不同点主要表现在：通知的"通"字是用"知"字作补充，"知"的本意是知道，这里又引申为知道、办理。严格地讲，通知是知照性文种，它的内容侧重于直提要求、明确界限；通报的"通"字是用"报"字作补充，"报"在这里的含义是陈述情况，严格地讲它是陈述性公文，它的内容侧重于说明、介绍某一事物或问题的情况。通报既可以提出下一步工作要求（如指导性通报），也可以不提任何要求（如情况性通报）；而通知必须有下一步工作的意见与要求，否则就失去了通知这一文种存在的本意。

（四）通报的构成

1.标题。有规范的完整标题，也有不完整的、由事由加文种的标题，有时也可以只写"通报"二字。

2.主送单位。一般通报都有主送单位，少数普发性通报可以不写此项。

3.正文。一般由四部分组成。

引言部分。主要是概括要通报的内容、性质、作用和要求。

事实部分。表扬性通报写先进事迹，批评性通报写错误事实。写作时既要把主要事实写清楚，又要写得概括精炼。

分析及处理部分。对先进事迹的先进性或错误事实的本质，进行恰如其分的分析，有的还写出先进事迹或犯错误的原因，并且提出处理意见。表扬性通报写出给予精神或物质奖励的决定；批评性通报写出处分决定。

号召或要求部分。根据通报的精神要求如何做，或者发出号召。

4.结尾。此处写发文单位和日期，如果发文单位在标题中已写上，此处只写日期。

关于表扬"2022全国互联网法律法规知识云大赛"优秀组织单位的通报

各省、自治区、直辖市、计划单列市党委网信办，新疆生产建设兵团党委网信办，中央新闻网站：

为深入贯彻习近平法治思想，落实《网信系统法治宣传教育第八个五年规划（2021—2025年）》工作部署，立足新发展阶段、贯彻新发展理念、构建新发展格局，坚持网信普法为了人民、依靠人民、服务人民的原则，2022年9月1日至30日，在中央网信办法治局指导下，中国互联网发展基金会主办了2022全国互联网法律法规知识云大赛。各级网信部门积极组织网信干部、互联网从业人员，动员广大网民认真学习全国互联网法律法规，观看"普法微课堂"系列视频，参与云大赛答题。全国逾8万家机关单位、企事业单位和高校、媒体等报名参赛，截至活动结束，累计报名参与人数220万，云大赛访问量逾1.64亿，"2022普法微课堂"视频全网总计播放量近3亿次。

为了表扬先进，树立榜样，做好网信普法工作，推进依法治网、依法办网、依法上网，为网络强国建设营造良好的法治环境，提升全民网络法治意识和法治素养，决定对优秀组织单位和企业予以通报表扬。

希望受表扬的单位和企业再接再厉，积极发挥示范带头作用，使网络法治成为社会共识和基本准则，形成全网尊法学法守法用法的良好氛围。各地各部门党政机关、企事业单位、党员干部要以通报表扬的单位和企业为榜样，坚持以习近平新时代中国特色社会主义思想为指导，增强对法律法规的知晓度、法治精神的认同度、法治实践的参与度，为网络强国建设奠定坚定法律基石。

附件："2022全国互联网法律法规知识云大赛"优秀组织单位名单

中央网信办秘书局

2022年11月17日

思考与练习

1. 根据所学内容，谈谈你对公文的理解，并说一说公文的特点有哪些。

2. 简要分析请示和报告的区别。

3. ××省财政厅打算在今年12月25日—28日召开全省财政工作大会，总结今年全省的财政工作情况，并部署明年全省的财政工作，表彰今年在全省财政工作先进单位和个人。要求各地、市（州）财政局的局长带上本年度的财政工作总结及下年度的财政工作计划于12月24日到××财政干部培训中心报到。××财政干部培训中心设在××市××路169号。

请你代××省财政厅向各地、市（州）财政局拟写一份会议通知。

4. 2018年9月23日晚上，经济系2018级3班刘某住学生公寓2栋302房间，熄灯后违反规定在床上点蜡烛看书。不久睡着了，半夜时分，床上被子等物品着火，引起了火灾，虽然扑救及时没有人员伤亡，但床被烧坏，造成了数百元财务损失，请以此材料拟写一份情况通报。

5. 指出这则通知的问题，并予以修改。

××大学工会关于举办端午节游园活动的通知

为庆祝端午节，更好地促进师生之间的友谊，把我校的游园活动搞得更好，我校工会决定在端午节当天举办游园活动。现将有关规定通知如下：

（一）凡是参加游园活动者的必须是本校的教职员工，其他人员不得参加。

（二）必须听从工作人员的安排，服从工作人员的指挥，不得无理取闹。

（三）必须遵守各项规则，参加活动必须排队，不准插位，不准故意拥挤。

（四）保护好一切活动器械，严禁私自拿走或破坏。

（五）领奖时必须排队。工作人员必须严格要求自己，不得私发奖票。

以上规定，望大家自觉遵守，互相监督执行。

××大学工会

××年×月×日

第三章　日常类应用文写作

第一节　发言类应用文的写作

一、讲话稿

（一）讲话稿的适用范围

讲话稿，亦称演说词或讲演稿。它是演讲者在演讲之前写成的就某一问题发表意见、讲述看法和阐明事理的文稿，是演讲者的演讲稿本和依据。

讲话稿主要用于在不同集会上或公开场合发表各种演说。它涉及的内容十分广泛，政治、经济、思想、文化、工作、学习等方面的问题，都可以是讲话稿的内容。它可言志，亦可抒情，还可论事及物。

（二）讲话稿的分类

1. 按讲话稿的内容和性质分

（1）公众集会上领导或有关人员的讲话稿；

（2）新闻媒体主持人发言稿；

（3）法庭公诉人和辩护律师的公诉词和辩护词；

（4）课堂教师讲义；

（5）学术会议上专题发言稿；

（6）各类讲演或辩论赛上的演讲稿或辩论稿。

2. 按讲话稿的文体特点分

（1）议论文类讲话稿。用以阐述某种观点或思想，说服听众接受。

（2）记叙文类讲话稿。用以叙述某件事，影响感染听众，起到宣传教育作用。

（三）讲话稿的特点

1. 提示性

讲话稿的本质作用是提示讲话内容，以便讲话者临场时能有效地围绕议题，不至于跑题或把话讲错、讲漏。

2. 口语化

讲话稿的文体语言特点是口语化。一般文稿内容的接受者是读者，而讲话稿的接受者通常是听众，朗朗上口的语言有助于讲话者准确生动地表情达意，有助于听众轻松愉快地接受信息。

3.宣传性和鼓动性

讲话稿的内容特点是宣传性和鼓动性。公众场合讲话是政治宣传、真理传播的一种有效活动方式，为这类活动服务的讲话稿，自然就有了浓郁的宣传性和鼓动性。

4.在思想内容上要具有社会性和时代感

演讲是一种具有社会性的活动，是演讲者和听众的结合。能否产生社会效果，取决于演讲者讲演的内容。讲话的目的是在听众中产生影响，达到与听众在思想感情上的交流，所以讲话稿的内容必须适合听众之需，反映社会的焦点问题，起到宣传教育群众的作用。

（四）讲话稿的基本格式和写法

讲话稿一般由标题、称谓、正文构成。

1.标题

讲话稿的标题有三种构成方式：一是"在×××会上（或地点）的演说（或讲话）"，如《在东京留学生欢迎会上的演说》（孙中山）、《在马克思墓前的讲话》（恩格斯）；二是新闻报道中的正副标题式，如《治国学的两条大道——在东京大学国学演讲会演讲》（梁启超）；三是散文式，如《科学的春天》（郭沫若）、《生命之树常青》（左英）。

2.称谓

称谓根据讲话对象的身份而定，要恰当得体。写在讲话稿的开头，也可穿插于正文之间，提请听众注意。

3.正文

讲话稿的正文由开头、主体和结尾组成。

（1）开头。开头又称引言、开场白。开头在讲话中处于重要地位，它的作用是引起听众的注意，使之产生浓厚兴趣。开头写法多种多样，大致有以下几种方式：

①开门见山，直接明确讲话的主题；

②交代背景，说明讲话的缘由；

③提出问题，激发听众的思索；

④引用名言、警句概括讲话的内容；

⑤从日常生活的切身体会入题；

⑥从当时的场景入手，即景生发联想切入主题。

（2）主体。主体是讲话稿的中心内容，是对所讲的基本问题进行阐述和议论，这部分的内容需观点鲜明、重点突出、层次清晰。层次的安排主要有平行并列式、时间序列式、空间层次式、正反对比式、层层深入式、情感发展式等类型。

（3）结尾。结尾即讲话稿的收束，起突出中心、强化主题的作用。可用总结式、展望式做结，亦可用名诗、名言为结，还可以用幽默性或议论性的言语做结，等等。总之，结尾应简短、有力，能深化主题，给人以鼓舞，并引发听众的联想和思索。

（五）讲话稿写作的注意事项

讲话稿的开头要根据场所、时机、听众的不同而有所变化，不仅要突出主题，更要新颖独特，能立刻集中听众的注意力，给人留下难忘的印象。

讲话稿的内容要做到层次清楚、主次分明，且具有无可辩驳的严密的逻辑说服能力。

写作时要善于运用各种语言技巧，增强表现力和感染力。同时，语言要通俗易懂，节奏明快。

在北京冬奥会、冬残奥会总结表彰大会上的讲话

（2022 年 4 月 8 日）

习近平

同志们，朋友们：

历经 7 年艰辛努力，北京冬奥会、冬残奥会胜利举办，举国关注，举世瞩目。中国人民同各国人民一道，克服各种困难挑战，再一次共创了一场载入史册的奥运盛会，再一次共享奥林匹克的荣光。

事实再次证明，中国人民有意愿、有决心为促进奥林匹克运动发展、促进世界人民团结友谊作出贡献，而且有能力、有热情继续作出新的更大的贡献！

北京冬奥会、冬残奥会的成功举办，凝结着各条战线人们的辛勤付出和智慧汗水。北京冬奥组委同北京市、河北省、国家体育总局、中国残联紧密合作，广大冬奥建设者、工作者、志愿者牢记党和人民的重托，满怀为国争光的壮志，在各自岗位上真诚奉献、默默耕耘，涌现出一大批作出突出贡献的先进集体和先进个人。

今天，我们在这里隆重集会，总结北京冬奥会、冬残奥会的经验，表彰突出贡献集体和突出贡献个人，弘扬北京冬奥会、冬残奥会筹办举办过程中培育的崇高精神，激励全党全国各族人民为实现第二个百年奋斗目标、实现中华民族伟大复兴的中国梦而努力奋斗！

同志们、朋友们！

中国人历来言必信、行必果。确保北京冬奥会、冬残奥会如期安全顺利举办，确保"两个奥运"同样精彩，是中国人民向国际社会作出的庄严承诺。

7 年来，在党中央坚强领导下，各有关部门、各省区市团结协作、攻坚克难，北京携手张家口作为主办城市尽锐出战、全力投入，同国际奥委会、国际残奥委会等国际体育组织紧密合作，克服新冠肺炎疫情等各种困难挑战，向世界奉献了一届简约、安全、精彩的奥运盛会，全面兑现了对国际社会的庄严承诺，北京成为全球首个"双奥之城"。

——冬奥赛事精彩纷呈，国际社会积极评价。四场开闭幕式精彩纷呈，人类命运共同体的主题贯穿始终，中华文化和冰雪元素交相辉映，体现了自然之美、人文之美、运动之美，诠释了新时代中国可信、可爱、可敬的形象。三个赛区一流的场馆设施，严谨专业的赛事组织，温馨周到的服务，赢得参赛各方一致好评。赛事吸引了全球数十亿观众观赛，成为收视率最高的一届冬奥会！

——爱国情怀充分彰显，汇聚起实现中华民族伟大复兴的强大力量。北京冬奥会、冬残奥会是中国人民爱国热情的激扬展示。海内外中华儿女热情关注、大力支持这场在中国举办的冬奥盛会，纷纷为冬奥健儿加油喝彩、为伟大祖国加油喝彩。赛场上，我国体育健儿不畏强手、顽强拼搏、为国争光，五星红旗高高飘扬，每一位中华儿女都倍感荣光。一位护旗手说："我站在奥运会的升旗台，心中满满的自豪感，想到祖国如今的繁荣昌盛是多么来之不易，那是一种说不出的骄傲与热爱，泪水就夺眶而出了。"巧妙蕴含中华文化的冬奥场馆，活泼敦厚的"冰墩墩"，喜庆祥和的"雪容融"，扑面而来的中国年味儿，香喷喷的豆包……，"冬奥梦"和"中国梦"精彩交织。饱含圆融和合等中国理念的开闭幕式，构思独到，匠心独运，二十四节气、黄河之水、中国结、迎客松、折柳寄情、雪花主题歌……，听障演员的圆舞曲、手语版国歌、盲童合唱团的歌声、视障运动员的点火……，这些意蕴隽永的场面在人们心中留下了美轮美奂、直击人心的深刻印象，激发了海内外中华儿女万众一心、接续奋斗的昂扬激情！

——"三亿人参与冰雪运动"成为现实，人民群众获得感显著增强。北京冬奥会、冬残奥会的筹办举办推动了我国冰雪运动跨越式发展，冰雪运动跨过山海关，走进全国各地，开启了中国乃至全球冰雪运动新时代。筹办以来，我们建设了一大批优质的冰雪场地设施，举办了一系列丰富多彩的群众性冰雪赛事活动，人民群众参与热情持续高涨，参与人数达到3.46亿，冰天雪地成为群众致富、乡村振兴的"金山银山"。冬奥筹办举办全面促进了社会事业发展，残疾人人权得到更好保障，广大群众生活更加丰富多彩！

——冬奥遗产成果丰硕，实现成功办奥和区域发展双丰收。北京冬奥会、冬残奥会筹办举办对国家发展特别是京津冀协同发展具有强有力的牵引作用。我们把冬奥筹办举办作为推动京津冀协同发展的重要抓手，区域交通更加便捷，生态环境明显改善，产业联动更加紧密，公共服务更加均衡。"冰丝带""雪飞天""雪游龙""雪如意"等冬奥场馆精彩亮相，成为造福人民的优质资产！

——疫情防控精准有效，确保了冬奥安全顺利。在全球新冠肺炎疫情大流行背景下，我们把全部参与者的健康放在第一位，坚持"外防输入、内防反弹"，通过严格实施防控措施，有力保障了各方人员健康。赛时期间，闭环内阳性比例仅为0.45%，所有阳性人员都得到了有效治疗和良好照顾，没有发生聚集性、溢出性疫情，城市防控动态清零。中国的防疫政策再次经受住了考验，为全球抗疫和举办国际重大活动提供了有益经验。有的外国运动员表示："如果疫情应对也有金牌，中国应该得到一枚。"这枚金牌属于全体办奥人员！

——团结合作走向未来，为人类战胜挑战作出了中国贡献。奥林匹克运动承载着人类对和平、团结、进步的美好追求。在世界百年变局加速演进、人类社会遭遇各种挑战的形势下，奥林匹克大家庭成员不远万里来华共襄盛举，团结友好的"朋友圈""伙伴群"越扩越大。外国运动员在回国时恋恋不舍地说："我会在飞机上哭的，我要哽咽了，爱你们。""我肯定会把生命中最美好的冬奥回忆带回家。"北京冬奥会、冬残奥会的成功举办，促进了不同文明交流互鉴，为推动全球团结合作、共克时艰发挥了重要作用，也为动荡不安的世界带来了信心和希望，向世界发出了"一起向未来"的时代强音！

……（编者注：此处省略数段文字）

同志们、朋友们！

伟大的事业孕育伟大的精神，伟大的精神推进伟大的事业。北京冬奥会、冬残奥会广大参与者珍惜伟大时代赋予的机遇，在冬奥申办、筹办、举办的过程中，共同创造了胸怀大局、自信开放、迎难而上、追求卓越、共创未来的北京冬奥精神。

——胸怀大局，就是心系祖国、志存高远，把筹办举办北京冬奥会、冬残奥会作为"国之大者"，以为国争光为己任，以为国建功为光荣，勇于承担使命责任，为了祖国和人民团结一心、奋力拼搏。

——自信开放，就是雍容大度、开放包容，坚持中国特色社会主义道路自信、理论自信、制度自信、文化自信，以创造性转化、创新性发展传递深厚文化底蕴，以大道至简彰显悠久文明理念，以热情好客展现中国人民的真诚友善，以文明交流促进世界各国人民相互理解和友谊。

——迎难而上，就是苦干实干、坚韧不拔，保持知重负重、直面挑战的昂扬斗志，百折不挠克服困难、战胜风险，为了胜利勇往直前。

——追求卓越，就是执着专注、一丝不苟，坚持最高标准、最严要求，精心规划设计，精心雕琢打磨，精心磨合演练，不断突破和创造奇迹。

——共创未来，就是协同联动、紧密携手，坚持"一起向未来"和"更团结"相互呼应，面朝中国发展未来，面向人类发展未来，向世界发出携手构建人类命运共同体的热情呼唤。

同志们、朋友们！

7年磨一剑，砥砺再出发。北京冬奥会、冬残奥会是在全党全国各族人民向第二个百年奋斗目标迈进的关键时期举办的重大标志性活动。我们要积极谋划、接续奋斗，管理好、运用好北京冬奥遗产。

北京冬奥会、冬残奥会既有场馆设施等物质遗产，也有文化和人才遗产，这些都是宝贵财富，要充分运用好，让其成为推动发展的新动能，实现冬奥遗产利用效益最大化。要继续推动冰雪运动普及发展，强化战略规划布局，建设利用好冰雪场地设施，发展冰雪产业，丰富群众冰雪赛事活动，把群众冰雪运动热情保持下去。要充分挖掘利用北京冬奥文化资源，坚定文化自信，更加自信从容传播中国声音、讲好中国故事。要弘扬人道主义精神，尊重和保障人权，完善残疾人社会保障制度和关爱服务体系，促进残疾人事业全面发展，支持和鼓励残疾人自强不息，正像一位视障运动员在赛场上所说："我看不清世界，但我想让世界看到我。"要在全社会广泛弘扬奉献、友爱、互助、进步的志愿精神，更好发挥志愿服务的积极作用，促进社会文明进步。要弘扬奥林匹克精神，发挥奥林匹克促进人类和平发展的重要作用，为人类文明进步贡献更多中国智慧和中国力量。

成功筹办举办北京冬奥会、冬残奥会，极大激发了亿万人民的体育热情，极大推动了我国体育事业发展。我们要坚持以增强人民体质、提高全民族身体素质和生活质量为目标，高度重视并充分发挥体育在促进人的全面发展中的重要作用，继续推进体育改革创新，加强体育科技研发，完善全民健身体系，增强广大人民群众特别是青少年体育健身意识，增强我国竞技体育的综合实力和国际竞争力，加快建设体育强国步伐。

同志们、朋友们！

圆梦冬奥会，一起向未来。让我们更加紧密地团结在党中央周围，发扬北京冬奥精神，以更加坚定的自信、更加坚决的勇气，向着实现第二个百年奋斗目标奋勇前进，向着实现中华民族伟大复兴的中国梦奋勇前进！

二、报告稿

（一）报告稿的适用范围及分类

报告稿是在会议上报告工作情况，总结工作，分析形势，展望未来，部署任务等使用的讲话稿。它既是一种书面文字材料，又在会议上宣读。它是会议文件的重要组成部分，是贯彻会议精神的依据，又是供查阅的历史资料。

（二）报告稿的特点

1.行文的单向性

报告是下级机关、单位对上级机关、单位汇报工作，反映情况，提出意见或建议，答复上级机关询问的单向行文。

2.内容的广泛性

报告的内容广泛，一般不受限制。可以是一文一事，也可以一文数事。

3. 写法的灵活性

报告种类较多，一般篇幅较长，结构安排不拘一格，怎样行文视具体内容和行文目的而定。报告行文以陈述为主，所反映的内容、涉及的工作，可以是正在进行中或已经完结的事项，根据实际情况，灵活掌握。

（三）报告稿的基本格式和写法

1. 标题

报告的标题一般有两种形式，一是发文机关＋事由＋文种，如"××省人民政府关于××年度法治政府建设工作情况的报告"；二是事由＋文种，如"关于三次产业发展问题的调查报告""党建工作总结报告"等。这里需要注意的是，报告应用文不能单独以"报告"二字为标题。

2. 主送机关

主送机关一般是发文单位的直属上级机关，有且只有一个。如果是涉及多个上级机关单位都需要知晓的事项，可以将主送机关定为直属上级机关，对其他机关进行报告的抄送。

3. 正文

（1）缘由

以简要概括的语言，说明报告的原因、依据和目的。要开门见山，直陈其事。而后用"现将有关情况报告如下"之类承启语，转入报告主体。

（2）事实和问题

本部分为报告的核心、主体。根据报告的不同类型，内容侧重有所不同。工作报告要重点写明工作进展情况，采取的措施及取得的成效，存在的问题不足，对今后工作的建议；情况报告写明事情发生的基本情况，对事情做出准确分析、评价，说明处理结果或提出处理意见等。

（3）建议和反思

报告的结尾部分常见有两种形式：一种是根据报告的事实或问题，提出几点建议或反思，供领导参考；另一种是用固定的结尾用语。如"特此报告""专此报告""请审阅""请查阅"等作结束语。

4. 落款

写上发文单位名称、成文日期并加盖公章。

（四）报告稿写作的注意事项

1. 要实事求是

报告中无论是对过去工作的概括总结，还是提出今后要完成的任务，都要坚持实事求是的原则。对成绩不夸大、不遗漏、不无中生有，对缺点不掩盖，提出的措施、办法要切实可行。

2. 要重视时效

任何报告都应重视时效性，都应在报告事项发生的第一时间就针对实际情况向上级做出报告。

3. 要主题鲜明，层次清晰

对内容较多、比较复杂的报告，可以分标题拟写。

4. 要简明扼要

办什么事都要讲究效率，会议报告一定要写得简明扼要。

5. 要口语化

语言要力求口语化、大众化，既朴实无华，又生动形象。

教育部关于实行《高等教育自学考试试行办法》的报告

国务院：

为了调动广大群众的学习积极性，通过多种途径发展高等教育，加速培养和选拔专门人才，更好地适应我国社会主义现代化建设事业发展的需要，我们制定了《高等教育自学考试试行办法》。这个办法征求了国务院有关部门意见，同时还在我部召开的部分省、市、自治区教育部门、部分高等学校负责人座谈会上进行了讨论。

高等教育自学考试在我国是一项新的工作，政策性很强，工作繁重复杂，涉及劳动计划、工资待遇、干部管理等诸多方面，要认真做好这项工作。

（一）各级政府应当十分重视这项工作，省、市、自治区要由一位负责同志亲自抓，并组织有关部门成立高等教育自学考试委员会，分配精干的专职干部进行日常工作。

（二）要充分发挥普通高等学校的作用。普通高等学校要积极协助高等教育自学考试委员会做好自学考试工作。

（三）各省、市、自治区高等教育自学考试要根据本地区对各种专业人才的需要确定考试专业，以便对考试合格的在职人员调整适应工作，对待业人员择优录用。

（四）考生经过高等教育自学考试合格，取得毕业证书后的工资待遇，涉及整个业余高等学校毕业生的工资待遇问题，经与国家人事局、国家劳动总局协商，拟从1979年开始，凡经省、市、自治区人民政府和国务院各部委批准，并报教育部备案的高等学校举办的函授、夜大学、企事业单位、地区所举办的业余大学毕业生，其工资待遇，可按《高等教育自学考试试行办法》第四项规定执行。

（五）考虑到目前高等教育自学考试工作还没有经验，建议先在北京、天津、上海等少数地方试点，待取得经验后，再逐步推广。

以上报告如无不当，请批转各地遵照执行。

附件：《高等教育自学考试试行办法》（略）

教育部

××年×月×日

三、开幕词、闭幕词

（一）开幕词、闭幕词的适用范围

开幕词、闭幕词一般应用于党政机关、企事业单位和群众团体召开的大型会议上，由有关领导讲话时使用的讲话稿。开幕词被人们称为会议的序曲，是带有提示性、方向性、指导性的讲话，鼓动与会代表满怀热情投入会议。与开幕词相应，闭幕词被称为会议的尾声，既是一篇概括性、总结性、评估性的讲话，也是一篇预示未来，对未来充满希望的讲话。

（二）开幕词、闭幕词的分类

开幕词、闭幕词按内容分，可分为侧重性和一般性两种。

1. 侧重性开幕词、闭幕词

这类开幕词，往往对会议召开的历史背景、重大意义或会议的中心议题等做重点阐发，其他问题一带而过。这类闭幕词亦然，往往对会议的成就、会议要求等做重点讲述，其他问题点到即可。

2. 一般性开幕词、闭幕词

这类开幕词与闭幕词，看不出讲话重点，只对会议的目的、议程、基本精神、来宾等进行简单介绍，或对会议的情况、效果、希望等做简要概述。

（三）开幕词、闭幕词的特点

它们共同的特点是短小精悍，思想内容高度凝练，不展开论述，多使用祈使句表示要求和希望；通俗易懂，生动活泼，语言接近口语化。

（四）开幕词、闭幕词的基本格式和写法

1. 标题

一般由"会议名称＋开幕词"构成，如《中国共产党第十二次全国代表大会开幕词》。也可以由作者自己拟题，如毛泽东同志在中国共产党第七次全国代表大会上致开幕词，标题拟为《两个中国之命运》。

2. 称谓

顶格称呼与会者，根据他们的身份称呼，也可以在称呼后面加上礼节性的问候，如"大家好"等。

3. 正文

（1）开幕词的正文。

一般包括以下几方面的内容：

①概要说明此会议召开的形势或背景。

②介绍会议的组织情况、莅会的来宾、会议的议题、议程及安排。

③对与会人员的要求和对会议的希望。

④最后一般以"预祝大会圆满成功"之类的祝福语句结尾。

（2）闭幕词的正文。

一般包括如下内容：

①概要评述会议议程、基本精神、主要成果及其意义。

②说明贯彻会议精神的重要性和方法。

③提出会议的号召、要求和希望。

④向给予大会帮助的有关方面表示谢意。

⑤宣布大会闭幕。

（五）开幕词、闭幕词写作的注意事项

（1）掌握会议的主要精神和会议有关方面的情况，认真学习会议文件及材料，听取会议领导人的指示和意见，了解会议通盘安排和打算。

（2）抓住主要问题，有针对性地做出分析，表示态度。

（3）篇幅不宜过长，要简洁明了。对会议的主旨起到画龙点睛的作用即可。

（4）语言要热情庄重，通俗明快，充满昂扬振奋的气息。

秋季运动会开幕词

尊敬的各位领导、各位裁判员、运动员、老师们、同学们：

秋风送爽、骄阳明媚，我校 2022 年秋季运动会在全校师生的精心准备下隆重开幕了，首先请允许我代表校委会对为本届运动会的筹备工作付出大量心血和辛勤劳动的老师们和同学们表示衷心的感谢！

近几年来，我校始终坚持"面向全体学生，办规范加特色的学校；着眼全面发展，育合格加特长的人才"的办学理念，把区级体育传统项目——"田径"当作学校办学特色精心打造，我校的田径运动项目在区运动会上获奖，这是全校师生共同努力的回报，是体育组老师辛勤工作的结果，我们要持之以恒、不骄不躁、扎实工作，争取再上新台阶。争取把我校建设成为综合实力强、教学成绩优、学生素质高、特色

项目好的一流学校。

老师们、同学们，一个学校要保持持续、全面、协调的发展，文化教育是根本，德育教育是关键，美体教育是抓手。体育给我们的不仅仅是一种运动，更是一种精神，它赋予我们勇敢、果断、激情；是一种力量，它让我们更快、更高、更强；是一种财富，它带给我们品质、健康、快乐；是一种艺术，它使我们协调、大方、优美。我们举办一年一度的体育运动会，虽然只是一种形式，但真正的意义远远超出了运动会的本身，它不光是一种速度的赛跑，而是让我们学会竞争、勇于进取、超越自我；让我们用智慧、用技能、用知识来征服困难，越过一个又一个前进中的障碍。一次运动会就是一场竞争意识的演练，就让我们在运动中学会协作、学会助人、学会拼搏、学会承受。

同学们，时代在进步，社会在发展。在新的历史形势下，我们要积极参加"全国亿万学生阳光体育运动"，树立"每天锻炼一小时，健康工作30年，幸福生活一辈子"健康理念，争做人格健全、身体健壮、心理健康的新时代公民。

各位老师，各位同学，现代奥林匹克之父顾拜旦说："重要的不是凯旋，而是奋斗；重要的不是必须获得胜利，而是奋力拼搏。"希望所有裁判员客观公正地履行职责，对每一个运动员的付出作出恰当地评价；希望全体运动员以最佳的竞技状态投入比赛，赛出水平，赛出风采！希望全体班主任牢记安全责任，认真做好服务工作，服从裁判人员的安排。让我们在这红红的塑胶场地上享受激情，享受超越，享受友谊，享受骄傲与自豪，享受生命极限的迸发！

最后，预祝本次运动会隆重、热烈、精彩，并取得圆满成功！

谢谢大家！

秋季运动会闭幕词

尊敬的各位领导、各位裁判员、运动员、老师们、同学们：

在全校师生的共同努力下，经过两天的拼搏，我校××年秋季师生运动会即将胜利闭幕，这次大会充分体现了我校"我运动、我快乐、我健康"这一理念。展现了全体师生积极进取、顽强拼搏、奋发向上、勇攀高峰的旺盛斗志。在这里，我首先向取得优异成绩的师生和各班集体表示热烈的祝贺！并向大会全体工作人员和积极参与本次运动会的老师、同学表示衷心的感谢！

这次运动会是对我校师生体育锻炼的一次检验，全校师生在运动会上表现出了良好的体育道德风范。田径项目上顽强拼搏，奋勇争先，趣味运动项目上你追我赶，到处洋溢着师生的呐喊声、笑语声。在整个比赛过程中，全体裁判员始终严格要求自己，认真负责，坚持标准，以身作则，以公平、公正、公开的工作作风，保证了本届运动会的圆满完成。广大教师和学生在活动中积极参与、主动服务，做了大量细致的工作，这种团结协作、顾全大局的集体主义精神，非常可贵。所有的运动员以抖擞的精神、严明的纪律、积极向上的精神风貌充分展现了我校学生积极上进、乐观进取、奋力拼搏的青春风采！

希望全校师生在今后的工作、学习中，继续发挥团结协作的优势，发扬"更高、更快、更强"的奥林匹克精神，互相学习，奋力拼搏，再创佳绩！

现在，我宣布：2022 年秋季运动会胜利闭幕！

谢谢大家！

四、主持词

（一）主持词的适用范围

主持词主要用于各种大型纪念活动、庆祝活动、大型集会等各种较为隆重的活动仪式上。它的作用是便于主持人工作，使仪式（活动）程序顺利进行。

（二）主持词的基本格式和写法

主持词由标题和正文两部分组成。

1. 标题

可为"主持词""议程""仪式程序"等。

2. 正文

首先介绍参加活动的出席人员情况。介绍的顺序，在一般情况下先上级后下级；先介绍来宾，后介绍当地参加活动的主要领导人。在一些特殊情况下，参加活动的人员虽然职务不太高，但是当时事件的主要参与者，也应先予"介绍"。

介绍参加活动的人员之后，主持者以东道主的身份对上级单位的关怀、对来宾的支持表示敬意。

最后全面介绍整个活动的主要程序。

（三）主持词写作的注意事项

（1）主持词是整个活动程序中穿插进行的，起穿针引线的作用。它对于把整个活动有机地连在一起十分重要。尽管主持词的文字不多，但它能画龙点睛，因此要注意主持词表达的准确。

（2）会议程序是预先研究好了的，如果遇有特殊情况临时调整，主持词要做相应的变动。

（3）主持词在实施过程中，文字表述要和当时的现场活动紧密结合。必要的时候，在不违背原意的情况下，可以增加或减少某些内容。

秋季运动会主持人的主持词

尊敬的各位老师们、同学们：

大家上午好！

伴随着秋日的和风，沐浴温暖的阳光。在这充满团结、奋进、友谊氛围的美好时刻，我们欢聚一堂，高兴地迎来了××中学第二十六届体育艺术节。我代表学校对此次运动会的如期举行表示热烈的祝贺，向筹备、组织这次运动会各项工作付出艰辛努力的相关人员表示衷心的感谢。

"生命的意义在于运动"，我们要发展体育运动，增强体质，以保证学业顺利完成。运动会是对我们体质的一次检阅，也是对我们意志的一次检阅。我相信，这必将是一次团结的盛会、友谊的盛会，更是一次展示自我顽强拼搏的盛会。

下面，我宣布：××中学第二十六届体育艺术节秋季开幕式正式开始。

大会进行第一项议程：各班代表队及运动员入场。

大会进行第二项议程：请全体肃立、奏国歌。

大会进行第三项议程：请杨校长致开幕词。大家掌声欢迎。

大会进行第四项议程：请本届运动会总裁判长刘宜勇老师宣读大会纪律。大家掌声欢迎。

大会进行第五项议程：请裁判员代表李天鹏同学代表裁判宣誓。大家掌声欢迎。

大会进行第六项议程：请运动员代表周沁燃同学代表运动员宣誓。大家掌声欢迎。

大会进行第七项议程：请大家用最热烈的掌声欢迎校长宣布××中学第二十六届田径运动会开幕。

开幕式到此结束，请各班代表队退场准备。

五、欢迎词、欢送词、答谢词

（一）欢迎词、欢送词、答谢词的适用范围

欢迎词、欢送词、答谢词都是在迎送宾客的集会或酒宴上用于应酬的讲话稿。主人对来宾表示欢迎，用欢迎词；客人临行，用欢送词；宾客感谢主人的热情款待，则用答谢词。

（二）欢迎词、欢送词、答谢词的主要特点

它们共同的主要特点是篇幅短小，注意宾主的背景介绍，突出强调二者的合作关系及合作前途，语言力求礼貌热情。

（三）欢迎词、欢送词、答谢词的基本格式和写法

它们都由标题、正文构成。

1. 标题

以文种为标题，即写上"欢迎词""欢送词"或"答谢词"即可。

2. 正文

欢迎词、欢送词、答谢词的正文写作方法大致相同。在写欢迎词、欢送词时，首先应写明被迎送者来访的目的及成果；阐明迎送的背景和意义；对欢迎对象要主动介绍或汇报情况，阐明欢迎对象的合作关系及前途；在适当的地方提出诚恳、切实的希望和要求。写答谢词时，首先对主人的热情款待表示感谢；表明自己的来访成果及目睹的双方合作的良好关系及前景；向对方介绍或汇报情况；展望和预示双方新的更广阔的合作前景。

（四）欢迎词、欢送词、答谢词写作的注意事项

1. 注重礼貌

欢迎词、欢送词、答谢词是出于礼仪需要而使用的讲话稿，因此要特别注意礼貌。称呼要用尊称，一般要在姓名前面加上头衔和表示亲切的词语，如"尊敬的""亲爱的"等。称对方的姓名要用全称，不能用简称、代称。

2. 感情真挚

应依据不同对象，做切合实际的表达；客套话不用说得过多。老友相逢，除去客套，推心置腹，真诚相见；初次交往或尚有分歧的，则不卑不亢，既要热情，又要自尊自重，分寸适度。

3. 坚持原则

迎、送、答谢词都是双边活动，致辞中既要表示友好，又不能丧失自己的原则立场。因此，措辞要特别注意严谨、慎重、委婉、含蓄、把握分寸，不能随心所欲，信口开河。

4. 尊重习俗

要尊重对方的风俗习惯，不涉及对方忌讳的内容。

5. 短小精悍

篇幅要简短，语言要精确，语气要热情、友好、谦和、礼貌。

2022年北京冬奥会主办方欢迎词

尊敬的巴赫主席，尊敬的各位同事，女士们，先生们，朋友们：

在中国人民欢度新春佳节的喜庆日子里，同各位新老朋友在北京相聚，我感到十分高兴。首先，我代表中国政府和中国人民，代表我的夫人，并以我个人的名义，对来华出席北京冬奥会的各位嘉宾，表示热烈的欢迎！向所有关心和支持北京冬奥会的

各国政府、各国人民及国际组织表示衷心的感谢！我还要特别感谢在座的各位朋友克服新冠肺炎疫情带来的困难和不便，不远万里来到北京，为冬奥喝彩、为中国加油。

昨晚，北京冬奥会在国家体育场正式开幕。时隔14年，奥林匹克圣火再次在北京燃起，北京成为全球首个"双奥之城"。中国秉持绿色、共享、开放、廉洁的办奥理念，全力克服新冠肺炎疫情影响，认真兑现对国际社会的庄严承诺，确保了北京冬奥会如期顺利举行。

让更多人参与到冰雪运动中来，是奥林匹克运动的题中之义。中国通过筹办冬奥会和推广冬季冰雪运动进入寻常百姓家，实现了带动3亿人参与冰雪运动的目标，为全球奥林匹克事业作出了新的贡献。

女士们、先生们、朋友们！

自古以来，奥林匹克运动承载着人类对和平、团结、进步的美好追求。

——我们应该牢记奥林匹克运动初心，共同维护世界和平。奥林匹克运动为和平而生，因和平而兴。去年12月，联合国大会协商一致通过奥林匹克休战决议，呼吁通过体育促进和平，代表了国际社会的共同心声。要坚持相互尊重、平等相待、对话协商，努力化解分歧，消弭冲突，共同建设一个持久和平的世界。

——我们应该弘扬奥林匹克运动精神，团结应对国际社会共同挑战。新冠肺炎疫情仍在肆虐，气候变化、恐怖主义等全球性问题层出不穷。国际社会应当"更团结"。各国唯有团结合作，一起向未来，才能有效加以应对。要践行真正的多边主义，维护以联合国为核心的国际体系，维护以国际法为基础的国际秩序，共同建设和谐合作的国际大家庭。

——我们应该践行奥林匹克运动宗旨，持续推动人类进步事业。奥林匹克运动的目标是实现人的全面发展。要顺应时代潮流，坚守和平、发展、公平、正义、民主、自由的全人类共同价值，促进不同文明交流互鉴，共同构建人类命运共同体。

女士们、先生们、朋友们！

"爆竹声中一岁除，春风送暖入屠苏。"中国刚刚迎来农历虎年。虎象征着力量、勇敢、无畏，祝愿奥运健儿像虎一样充满力量、创造佳绩。我相信，在大家共同努力下，北京冬奥会一定会成为简约、安全、精彩的奥运盛会而载入史册。

最后，我提议，大家共同举杯，为国际奥林匹克运动蓬勃发展，为人类和平与发展的崇高事业，为各位嘉宾和家人的健康。

干杯！

六、祝贺词

（一）祝贺词的适用范围

祝贺词是指对人、对事表示祝贺的讲话稿。祝贺词可以用于某会议的开幕、某项重大工程开工典礼、某展览剪彩仪式等，也可用于重大节日活动、纪念日等。

（二）祝贺词的分类

祝贺词从祝愿对象分，有祝寿词、祝酒词；从会议划分，有重大节日集会上的祝贺词、重大纪念会上的祝贺词、重大代表会上的祝词和重大宴会上的祝贺词。

（三）祝贺词的特点

祝贺词有双重意义，既有表示祝愿、希望的意思，又有表示庆贺、道喜的意思。因此，不仅要求写出祝贺事实，还要写出未来展望。

（四）祝贺词的基本格式和写法

祝贺词一般由标题、称谓、正文组成。

1. 标题

祝贺词的标题一般有两种构成方式。一是以文种为标题，如"祝贺词"；二是正副标题式，如"殷切的希望——在共青团第十一次全国代表大会上的祝词"。

2. 称谓

祝贺词的称谓与一般讲话类稿件称谓相同。

3. 正文

祝贺词大致有如下几项内容：表明所祝贺的事实；回顾既成的事实过程，表明祝贺意义；展望和预祝未来，确立继续奋斗的目标。

（五）祝贺词写作的注意事项

（1）祝贺词一般要有称谓，有些热情洋溢的祝贺词可用尊称，如"尊敬的""亲爱的""敬爱的"等。

（2）祝贺词要以事实为基础，不能空泛地赞扬。祝愿也应以事实为依据，不能盲目生硬地编造。

（3）要感情丰富，自然流露而不牵强；语气恳切，赞扬而非捧场，热情而不庸俗。

习近平总书记2023年新年贺词

大家好！2023年即将到来，我在北京向大家致以美好的新年祝福！

2022年，我们胜利召开党的二十大，擘画了全面建设社会主义现代化国家、以中国式现代化全面推进中华民族伟大复兴的宏伟蓝图，吹响了奋进新征程的时代号角。

我国继续保持世界第二大经济体的地位，经济稳健发展，全年国内生产总值预计超过120万亿元。面对全球粮食危机，我国粮食生产实现"十九连丰"，中国人的饭碗端得更牢了。我们巩固脱贫攻坚成果，全面推进乡村振兴，采取减税降费等系列措施为企业纾难解困，着力解决人民群众急难愁盼问题。

疫情发生以来，我们始终坚持人民至上、生命至上，坚持科学精准防控，因时因势优化调整防控措施，最大限度保护了人民生命安全和身体健康。广大干部群众特别是医务人员、基层工作者不畏艰辛、勇毅坚守。经过艰苦卓绝的努力，我们战胜了前所未有的困难和挑战，每个人都不容易。目前，疫情防控进入新阶段，仍是吃劲的时候，大家都在坚忍不拔努力，曙光就在前头。大家再加把劲，坚持就是胜利，团结就是胜利。

2022 年，江泽民同志离开了我们。我们深切缅怀他的丰功伟绩和崇高风范，珍惜他留下的宝贵精神财富。我们要继承他的遗志，把新时代中国特色社会主义事业不断推向前进。

历史长河波澜壮阔，一代又一代人接续奋斗创造了今天的中国。

今天的中国，是梦想接连实现的中国。北京冬奥会、冬残奥会成功举办，冰雪健儿驰骋赛场，取得了骄人成绩。神舟十三号、十四号、十五号接力腾飞，中国空间站全面建成，我们的"太空之家"遨游苍穹。人民军队迎来 95 岁生日，广大官兵在强军伟业征程上昂扬奋进。第三艘航母"福建号"下水，首架 C919 大飞机正式交付，白鹤滩水电站全面投产……这一切，凝结着无数人的辛勤付出和汗水。点点星火，汇聚成炬，这就是中国力量！

今天的中国，是充满生机活力的中国。各自由贸易试验区、海南自由贸易港蓬勃兴起，沿海地区踊跃创新，中西部地区加快发展，东北振兴蓄势待发，边疆地区兴边富民。中国经济韧性强、潜力大、活力足，长期向好的基本面依然不变。只要笃定信心、稳中求进，就一定能实现我们的既定目标。今年我去了香港，看到香港将由治及兴十分欣慰。坚定不移落实好"一国两制"，香港、澳门必将长期繁荣稳定。

今天的中国，是赓续民族精神的中国。这一年发生的地震、洪水、干旱、山火等自然灾害和一些安全事故，让人揪心，令人难过，但一幕幕舍生取义、守望相助的场景感人至深，英雄的事迹永远铭记在我们心中。每当辞旧迎新，总会念及中华民族千年传承的浩然之气，倍增前行信心。

今天的中国，是紧密联系世界的中国。这一年，我在北京迎接了不少新老朋友，也走出国门讲述中国主张。百年变局加速演进，世界并不太平。我们始终如一珍视和平和发展，始终如一珍惜朋友和伙伴，坚定站在历史正确的一边、站在人类文明进步的一边，努力为人类和平与发展事业贡献中国智慧、中国方案。

党的二十大后我和同事们一起去了延安，重温党中央在延安时期战胜世所罕见困难的光辉岁月，感悟老一辈共产党人的精神力量。我常说，艰难困苦，玉汝于成。中国共产党百年栉风沐雨、披荆斩棘，历程何其艰辛又何其伟大。我们要一往无前、顽强拼搏，让明天的中国更美好。

明天的中国，奋斗创造奇迹。苏轼有句话："犯其至难而图其至远"，意思是说"向最难之处攻坚，追求最远大的目标"。路虽远，行则将至；事虽难，做则必成。只要有愚公移山的志气、滴水穿石的毅力，脚踏实地，埋头苦干，积跬步以至千里，就一定能够把宏伟目标变为美好现实。

明天的中国，力量源于团结。中国这么大，不同人会有不同诉求，对同一件事也会有不同看法，这很正常，要通过沟通协商凝聚共识。14亿多中国人心往一处想、劲往一处使，同舟共济、众志成城，就没有干不成的事、迈不过的坎。海峡两岸一家亲。衷心希望两岸同胞相向而行、携手并进，共创中华民族绵长福祉。

明天的中国，希望寄予青年。青年兴则国家兴，中国发展要靠广大青年挺膺担当。年轻充满朝气，青春孕育希望。广大青年要厚植家国情怀、涵养进取品格，以奋斗姿态激扬青春，不负时代，不负华年。

此时此刻，许多人还在辛苦忙碌，大家辛苦了！新年的钟声即将敲响，让我们怀着对未来的美好向往，共同迎接2023年的第一缕阳光。

祝愿祖国繁荣昌盛、国泰民安！祝愿世界和平美好、幸福安宁！祝愿大家新年快乐、皆得所愿！

谢谢！

七、悼词

（一）悼词的适用范围

悼词有广义和狭义之分。广义的悼词指向去世者表示哀悼、缅怀与敬意的悼念性文章。狭义的悼词专指在追悼大会上对去世者表示敬意与哀悼时所宣读的文章。悼词一般含有评价死者生平业绩、寄托哀思、化悲痛为力量等内容，对后人有激励鞭策等积极作用。这里主要谈狭义的悼词。

悼词一般是在追悼大会上，由死者生前所在单位的主要领导人或身份恰当的人当众宣读。追悼会后视情况并按照有关规定，有的可在报纸上发表或存档。

（二）悼词的基本内容

（1）沉痛悼念死者，对死者进行评价，有的在姓名前冠以简要的评述性语言，如先进工作者、经济学家等；

（2）详细介绍其生卒年月及一生的主要简历；

（3）追述其一生的主要功绩及成就；

（4）概括其为人品质；

（5）列举可向逝者学习的地方；

（6）抒发对逝者的怀念之情，号召学习死者的优点。

（三）悼词写作的注意事项

撰写悼词应注意以下几个方面：

1. 一般由死者生前单位组织撰写

悼词一般由死者生前所在单位组织撰写，同时也可征求其生前曾经工作过的单位组织上的意见，有的也征求其遗属的意见，但最后审定还要由组织集体讨论或上报主管领导批准后确认。因此，从某种程度上说，悼词是组织上对死者一生的结论，或者说是一生功过的评价。除个别的、特殊的情况外，悼词一经审定、公布，一般不再改变。

2. 尊重历史，实事求是，行文有据，褒扬得当

每个人一生的经历都有所不同，有成就，有失误，有顺利，有逆境。而对其一生中的某些经历或某些事件，由于主客观原因，往往评价认识上不尽一致，这就要求悼词从客观事实出发，仔细斟酌，使结论能经得起历史的检验。同时，按照中国的传统，人既已去世，往往赞誉之言较多，悼词不宜再讲其错误和缺点，但其中褒扬之词亦应以事实为依据，切忌夸张。

3. 要符合死者身份，篇幅简短，有详有略

要选择死者一生中最具有代表性的经历，突出其成绩和优点，不要面面俱到，形成"年谱"。

语言朴实、严肃，避免使用带有消极、迷信色彩的词语。

巨星陨落，奇人生将激励一代又一代

——中国足协悼念"球王"贝利

巴西当地时间 2022 年 12 月 29 日，世界公认的"球王"贝利，因结肠癌造成的多器官功能衰竭与世长辞，享年 82 岁。

作为国际足联评选出的世纪最佳球员，贝利创造了无数纪录——世界杯历史上最年轻进球者、最年轻世界杯冠军、唯一三夺世界杯冠军的球员等等。贝利对足球这项运动产生了极为深远的影响，作出了巨大贡献。

巨星陨落，是足球运动的巨大损失。但足球还要继续，"球王"的传奇人生和励志故事将激励一代又一代。

再见了，贝利！再见了，"球王"！

第二节 事务类应用文的写作

一、简报

（一）简报的概念

简报是对某方面信息进行传递、报道的简短的内部小报。简报又称"动态""简讯""要情""摘报""工作通讯""情况反映""情况交流""内部参考"等。也可以说，简报就是简要的调查报告，简要的情况报告，简要的工作报告，简要的消息报道等。

（二）简报的特点

简报与公开出版发行的报纸一样，同样具有新闻性、时效性，但同时简报还有其自身的特点，主要有以下几点：

1. 简。指简短、简要，是简报区别于其他报刊的最显著特点。简报篇幅简短，文字简要，一期简报版面不多，有的甚至只登一篇文章，几条信息，总共一两千字，长的也不过三五千字，读者可以在很短的时间内读完。

2. 专。指内容专业性强。简报多由专门部门组织专人撰写，传递的只是该项工作的有关信息，不涉及其他工作，即使有些单位编写的综合性简报，也是针对本部门、本单位的工作。

3. 窄。指交流范围窄。简报一般在编报机关管辖范围内各单位之间交流，不宜甚至不能公开传播，特别是涉外机关和专政机关主办的简报更是如此。有的简报，往往是专给某一级领导人看的，有一定的保密要求，不能任意扩大阅读范围。

（三）简报的作用

1. 反映情况

通过简报，可以将工作进展情况以及工作中出现的新情况、新问题、新经验，及时反映给各级决策机关，使决策机关了解下情，为决策机关制定政策、指导工作提供参考。

2. 交流经验

简报体现了领导机关的一定指导能力，通过组织交流，可以提供情况、借鉴经验、吸取教训，这样对工作有指导和推动作用。

3. 传播信息

简报本身即是一种信息载体，可以使各级机关及从事行政工作的人互相了解情况，吸收经验、学习先进、改进工作。

（四）简报的分类

简报的种类，按时间分，有定期的简报、不定期的简报；按性质分，有工作简报、生产简报、学习简报、会议简报；按内容分，有综合反映情况的简报和反映特定情况的专题简报。

1. 工作简报。又称业务简报，是反映本地区、本系统、本部门日常工作或问题的经常性简报。它包含的内容较广，工作情况、成绩问题、经验教训、表扬批评，对上级某些政策或指示执行的步骤、措施都可以反映。它常以定期或不定期的形式出现，在一定范围内发行。

2. 专题简报。又称中心工作简报，是一种阶段性的简报，往往针对机关工作中某一时期的中心工作、某项中心任务办的简报，中心工作完成，简报也就停办了。

3. 会议简报。即会议期间反映会议情况的简报。它是一种临时性的简报，内容包括会议中的情况、发言及会议决定等。规模较大、时间较长的会议常要编发多期简报，以起到及时交流情况、推动会议的作用。小型会议一般是一会一期简报，常常在会议结束后，写一期较全面的总结性的情况反映。

4. 动态简报。动态包括情况动态和思想动态。这类简报的时效性、机密性较强，要求迅速编发，发送范围有一定限制，在某一个时期、某一阶段要保密。

（五）简报的格式

一般的简报都有规范的格式，其中报头、报核、报尾是必不可少的。

1. 报头

报头约占简报首页纸的三分之一，主要有以下四项：

（1）简报名称。简报的报头有些类似公文的"红头"，简报名称要用套红大号字体印刷，位置居中。如果有特殊内容而又不必另外再出一期简报时，可在名称或期数下面注明"增刊"或"××专刊"字样。如果简报内容涉及秘密，在报头左上角标注秘密等级，也有的简报写"内部文件"或"内部资料，注意保存"等字样。

（2）期号。写在名称下面，一般先写当年期号，然后写总期号。

（3）编发单位。编发单位写全称或规范化简称，位置在期号左下方。

（4）编印日期。年、月、日要写全，与编发单位平行写在期号右下方。

（5）保密等级和编号。密级要求印在报头的左上角顶格。分别标明"机密""绝密"等字样。编号位于报头右上方，保密性简报才用编号，一般简报不用编号。

2. 红色横线

红色横线用于将报头部分和报核部分隔开。

3. 报核

报头以下、报尾以上的部分为报核。主要有以下内容：

（1）按语。按语是简报编者对该期简报内容所反映的问题作出的说明。其位置在标题之前，用以解释或说明编发该简报的原因和目的。按语并非每期都要有，一般对有代表性、普遍性的简报加"编者按"。按语的内容可以为强调该期简报的意义，提出该期简报注意的问题，也可以在肯定工作成绩的基础上提出希望和意见。

（2）标题。简报的标题类似新闻的标题，要揭示主题，简短醒目。

（3）导语。常用简明的一句话或一段话概括全文的主旨或主要内容，给读者一个总的印象。导语的写法多种多样，有提问式、结论式、描写式、叙述式等。导语一般要交代清楚谁（某人或某单位），什么时间，干什么（事件），结果怎样等内容。

（4）主体。主体要用足够的、典型的、有说服力的材料，把导语的内容加以具体化。

（5）结尾。或指明事情发展趋势，或提出希望及今后打算。如果主体部分已经把事情说清楚，那就不必再加尾巴了。

4. 报尾

报尾在简报末页。用横线和报核分开。横线下左边写明发送范围，依次写报 ×× 上级机关、送 ×× 同级或平级机关、发 ×× 下级单位；右下方写本期简报印刷份数。

山东体育学院党史学习教育

工作简报

2021 年第 ×× 期（总 ×× 期）

中共山东体育学院委员会

2021 年 9 月 18 日

党史学习教育领导小组办公室

立德树人，做有情怀有温度的教育
"山体学工论坛"组织立德树人专题交流活动

9 月 17 日下午，山东体育学院在日照校区举行以"立德树人，做有情怀有温度的教育"为主题的专题活动。学校党委委员、副院长、日照校区管委会主任毛莉虹做了专题交流。

毛莉虹在交流中讲述了一系列生动的案例，紧紧围绕"学生喜欢的思政课""课程思政的育人作用""体育人在创新三全育人体系中的独特优势""为人师表的境界与底线"等问题，以启发式提问方式与师生进行了深入浅出的交流。毛莉虹讲到，思想政治理论课是落实立德树人根本任务的关键课程。包括思政课教师在内的全体教师，要不忘"为党育人、为国育才"的初心使命，潜心教育教学研究，更新教学理念，优化教学内容，创新育人模式，深入挖掘专业课程所蕴含的思政元素和所承载的思政教育功能，实现思想政治教育与知识体系教育的有机统一，持续推动我校"思政课程"和"课程思政"的建设力度和广度，不断提升教师思政课程和课程思政的教学能力和育人效果，将思想政治教育贯穿于人才培养的全过程，努力实现"三全育人"新格局。

毛莉虹强调，"培养什么人、怎样培养人、为谁培养人"是新时代高等教育人才培养的根本问题，做好新时代体育高等教育工作，就要坚持立德树人根本任务，把推进教育创新作为激发教育活力的根本动力，努力办出有情怀有温度的教育。广大教师、教育工作者要具有崇高的政治情怀、家国情怀、人民情怀和奉献情怀；在教育工作中，要努力提高"爱"的温度，"创新"的温度，"自律和他律"的温度。毛莉虹要求全体师生提高政治站位，认清当前疫情防控形势，服从大局，主动担当，确保师生生命安全和健康。

马克思主义学院马克思主义理论教研室主任、"山东省优秀思政课教师"王蓬老师讲授了题为《打赢脱贫攻坚战》的思想政治理论课公开课。课程教学设计展现了从情感－启蒙、体验－对话、议题－辨析到学理－系统的递进逻辑，用丰富、精彩的案例把党和国家发展战略的科学道理呈现出来，同时采用有效提问的启发式教学，沉浸式情景教学方法，充分发挥了思政课铸魂育人的作用，彰显了优秀思政课教师应具备政治强、情怀深、思维新、视野广、自律严、人格正的高素质要求。

日照校区管委会副主任丛培凯、赵孝彬、杜韬，各二级学院党政主要负责人、校区管委会全体成员、校区全体教师、辅导员和学生代表参加了论坛。

报：××

送：××

发：××

（本期共印 ×× 份）

二、计划

（一）计划的适用范围

计划是为了实现一定时期的目标、任务而制定的方法、步骤和措施的书面表达形式。计划适用于一切单位、一切人员。

（二）计划的作用

古人讲："凡事预则立，不预则废。"一切单位、一切人员进行某项工作或做某项事情，事先都要有明确的目标，都要有一个打算和安排。有了计划，就有了明确的目标，有了具体的工作、活动程序，也就有了监督检查的依据，这样就可以合理地安排人力、物力、财力、时间，使工作、活动有条不紊地进行。具体来说，计划有以下三个方面的作用：

1. 有助于工作任务的完成和工作效率的提高

有一个目标明确、措施得当、要求具体合理的计划，才能胸有全局，行为有目标，工作有程序，工作起来才会有章法、有节奏，才能高效率地完成预定的任务。

2. 促进决策科学化

严肃认真地拟订工作计划，少不得全面收集信息，总结历史经验和吸收他人经验，论证方案的可行性。因此，它也是深化认识、进行科学决策的过程，工作计划制订得好，就可以克服盲目性，增强自觉性，取得工作的主动权，保证工作任务圆满完成。

3. 执行、检查、监督、总结有依据

计划勾画了预定工作的蓝图，所以也就成了执行、检查、监督的依据和总结的重要参照物。检查、监督来自各方面，如上级部门可以根据报上来的工作计划对下级单位或部门进行检查、监督、评估，发现问题，及时予以指导和纠正。

（三）计划的分类

1. 按其内容分

有综合性计划和单项计划（或叫专项计划）。综合性计划，是指一个单位的全面工作计划，如社会发展计划、国民经济计划、机关单位的工作计划等。单项计划，是指某一方面工作的专题计划和临时性工作计划，前者如生产计划、基建计划、科研计划等，后者如"五四"青年节活动计划、煤炭调运计划、财务检查计划等。

2. 按功用分

有生产计划、工作计划、学习计划等。

3. 按范围分

有国家计划、部门计划、单位计划等。

4. 按时间分

有长远计划、年度计划、季度计划等。

5. 按表达方式分

有文字计划、图表计划等。

6. 按性质分

有计划、规划、安排、打算、设想、方案、工作要点等。

7. 按作用分

有指令性计划和指导性计划。前者是国家直接下达，提供必要保证面强制执行的；后者是通过有关政策法令，利用经济杠杆和各种措施，提供所需信息和咨询服务等，给予必要的指导，纳入国家计划轨道，但不直接下达命令强制执行。

（四）计划的特点

1. 明确的目的性

这是计划的灵魂。制订计划时必须要有针对性，使它切实可行，产生实效。上级的指示和要求是我们制订各种计划的主要依据，因此必须认真学习和研究有关的方针、政策，以便更好地完成各项任务。

对一个单位来说，为了把握一定时期的工作目标和重心，全面完成各项工作，事先制订计划是十分重要的。制订计划时要根据本部门、本单位的实际情况，针对形势的发展和上级要求，指明工作方向，估算实施后将产生的实际效益，具体规定一段时间内的工作任务、预定的指标和措施等。

2. 很强的预见性

计划是工作的先导，是为完成预定目标或工作任务所做的预想性部署和安排意见，并使之形成条理化的文字材料，因此在工作未做之前就要制订出来。这就要求制订者必须站得高、看得远，对各种可能出现的情况做出正确的分析和估计，尽可能地符合实际，能够对今后的工作具有指导意义，这是计划的重要特色。所以，制订计划既要对未来做出科学的预见，又要尽可能地符合客观实际，使之得以顺利实施。

3. 措施的可靠性

犹如过河需要桥和船一样，一份比较完善的计划，除了要有明确的目标外，还必须有为实现这一目标而制定的各项可靠措施。只有措施得力、方法对头、步骤适当，才能实现预定的目标。

4. 具有可行性

计划是为了实现工作目标而制订的，因此计划的制订必须建立在必要而且可能的前提之下。不必要的计划毫无意义，不可能的计划只是一种空想。计划的可行性是以客观条件为依据的，具备最低限度的客观条件，加上主观的加倍努力，计划实现才有可能，如果客观条件根本不具备，计划实现的可能性就没有任何依据。

5. 具有约束力

计划虽不是正式公文，但一经法定会议通过和批准，就有正式文件的效能，在它所管辖的范围内，具有权威性和约束力，成为工作、行动的纲领和准则，成为对工作进度与质量考核的标杆。

（五）计划的基本格式和写法

1. 编写计划的一般程序

计划一般由标题、正文和落款三部分组成。一般计划的内容都比较详细，因而写作程序较多，要求比较高。

编写计划的工作通常自上而下地进行：上级先下达规定任务或发一个原则性的指

示，下级根据任务或指示去做具体计划。但也有自下而上进行的：先由下级做出初步计划，上级再根据下级计划综合成一个总体计划。还可以把两种方法结合起来进行。但不论采取哪种方式，一个具体可行的计划的产生，都要经过收集各方面情况、商定目标措施、确定格式、拟写提纲、依纲成文等阶段。其中，前两个阶段的关键在于收集情况必须全面、翔实，商定目标措施必须经过充分酝酿，分清主次矛盾，理出工作主线，务使目标合理、措施得力。

2.编写计划的具体步骤

（1）确定格式

计划没有绝对的固定格式，既可以写成文件式、条文式，也可以写成表格式，还可以写成文字表格两结合式。

①文件式。以文件形式编写的计划，通常把计划按照指导思想、目标任务、做法要求等分门别类地编写成文。这种格式说明性较强，概括性较好，经常用于重大的或全局性的工作计划，具有广泛的适用性。

②表格式。表格式是用于时间较短、内容单一或量化指标较多的计划形式。这种计划通篇用图表表述信息，从任务、项目到执行单位或负责人，直至完成时间都用图表表示。特点是制作简便、文字简明、便于领会、一目了然。

③文字表格式。这种格式的最大特点是有文有表。不论以文字为主，还是以表格为主，总是文、表两相配合的。写这种计划，要根据实际需要来确定文和表的使用。一般来说，需要解释和申诉的内容如目的、理由等，以用文字表述为宜；具体的任务、数字、执行者、完成期限等，则用表表述更为妥当。要注意使文和表的内容互相衔接，互为补充，不可相互重复。

（2）拟写提纲

提纲是计划的雏形。拟写提纲就是按照逻辑顺序列出计划的要点，其实质是对酝酿中的意见加以集中概括，使之主线突出，纲目分明。

拟写提纲的主要任务是标明主题和安排层次。标明主题，即把计划内容的中心用主题句的形式加以概括，使之定型化，并写在提纲之首。安排层次，即把计划内容分解、归类，并按它们内在的逻辑关系排列其次序。正文部分一般由三个要素构成：一是目的、任务或工作项目，即"做什么"；二是措施、方法、要求，即"怎样去做""如何完成"；三是步骤，即各个阶段的起止时间，每个阶段要做到什么程度、相互之间如何结合或衔接等。目的、措施、步骤必须简明扼要、具体，环环相扣。要以最简明的文字写出要点，有时甚至只用一个词来表示一个要点。但计划提纲也要写出实质内容，而不能用抽象的词来敷衍、搪塞。比如，只写上"目的"二字而不写具体目的，这对提纲来说就是个缺陷。因为目的不明确，就难以从整体上对提纲进一步推敲研究，无法使之由简陋走向完善、由粗糙走向精致。有时为了具体，提纲中还可以用一些语句点明文章拟用的材料。

（3）依纲成文

作者在明确主题，选好材料的基础上，就可依照提纲拟写计划全文。

①标题。标题的制作有三种形式：由计划制订单位名称、计划时限、计划内容和计划种类组成，如"济南市化工厂2023年工作计划"；由计划时限、计划内容和计划种类组成，如某地区"2023年防汛工作计划"；由计划时限和计划种类组成，如某工厂"2023年工作计划"。

②正文。计划的正文至少包括前言与主体两大部分，不少的计划还有结尾部分。如果计划的标题里面无单位名称，则结尾还要有时间和落款，以表明计划的制订单位、制订时间。有的计划正文之外还有附表和附图。

计划前言部分一般包括制订计划的基础（即对前一段工作情况做出简单的概括，以承前启后；若无必要，也可以不写这部分）、主要依据（即制订计划所遵循的方针和指示、所根据的情况和问题等）和总的目标任务（开展什么工作、解决什么问题、达到什么效果等）。前言是计划的总纲，用以统率计划全文，前言的字数没有限制，一般应与整个计划规模相适应。前言的结构可以用一段式、两段式或多段式。有些大型计划前言又常以"绪论"形式出现，而"绪论"中又另有自己的"前言"。

计划主体部分是计划的基本内容，这部分一般要写出三个方面的问题。一是所完成的任务和应达到的具体目标，即"做什么"。它一般不是泛泛地写，而是清楚地表明做到什么程度（质量和数量要求），以及完成任务、达到目标的期限。二是完成任务、实现目的的具体措施，即完成任务的方法，也就是"怎样做"，措施一般指达到既定目标所需要的人力、物力、办法、技术、手段、组织安排等内容。三是完成任务的步骤，即达到目的、完成任务的每一程序安排。在完成计划既定目标的过程中总要有先干后干之分，要有轻重缓急之别。所以，在制订计划时，规定了总的时限之后还必须对每一阶段的时间有所要求，对人力、物力等有相应安排。这些程序安排要顺序合理，环环相扣，切实可行，使有关人员知道在一定时间内、一定的条件下，把工作做到什么程度，以便他们争取主动，协调进行。这三个问题是计划的三个要素。在结构安排上，第一个问题一般要首先写明；后两个问题，视具体情况，或分开写，或糅在一起写，或有分有合地写，没有固定的限制。有些计划主体部分还包含计划完成情况的检查、评比，以及计划的修订等内容。计划不同，主体部分的三个问题详略不同，然而其写作要求是共同的，就是周到、详尽、具体、明确，安排顺序讲究逻辑，文字要准确、简洁、通俗。

计划结尾是计划的辅助、补充部分。一份计划是否要结尾，制订者要根据实际情况灵活掌握，不必强求一致。有的计划以正文之外的事宜为结尾，如完成计划的决定、发出的号召、强调工作任务中的重点和主要环节、分析实施过程中可能产生的问题、展望前景等。

③落款。要写明制订计划的单位名称或个人名字。如前所说，标题中已注明了单

位的，这里可不必署名。最后标明制定的时间（年、月、日）。有的落款后面还写出报送的单位及有关人员。

有些与计划相关的材料，如一些指标、数字、图表或文字说明等，在正文中表述不便，往往以附表形式列出，其实际上也是计划的一个组成部分。

（六）计划写作的注意事项

1. 要做到将正确的指导方针和本单位的实际情况相结合

制订计划要掌握党和国家的有关方针、政策，以指导单位今后一个时期的工作沿着正确的方向进行。制订计划时，要领会上级的意图，通过向上级有关部门汇报今后的工作和想法来取得支持，以使所订计划的总体要求和基本想法与上级保持一致，防止出现脱节和不一致现象，从而有利于保持全面工作的整体性。制订计划时还要了解下情，从实际出发。要认真调查研究，了解前一个时期工作成功的经验，不成功的教训，哪些工作已经做完了，哪些工作有待今后完成，工作中的有利因素、不利因素以及薄弱环节，如人员、设备、技术、资金、市场、信息等，这样制订出来的计划才能真正起到指导、推动和保证作用。

2. 既要有开拓创新精神，又要有务实作风

"创新是一个民族的灵魂"，开拓创新精神是新时代的要求，任何一项工作计划都要贯彻这种开拓创新精神，对未来有奋进的气势。但计划的任务是具体的，因此又必须脚踏实地考虑其可能性。一定要从实际出发提出任务和目标，尤其对完成的指标要留有余地，制订一个积极而又稳妥可靠的计划。

3. 制订计划要走群众路线

制订计划时既要贯彻上级领导的精神，又要明白本单位领导的意图，同时必须认真征求和听取群众的意见。计划要由领导发动群众去执行、去完成，群众对实际情况最了解。因此，一定要尊重群众的意见，让群众把计划看成自己行动的先导。

4. 确定指标要量力而行，要充分考虑计划的可行性

制订计划要实事求是，量力而行。既要有积极的、先进的目标，又要适当留有余地，使群众受到吸引和鼓舞。若指标过高，经过努力还难以达到，就会大大挫伤群众的积极性，从而失去信心；若指标定得太低，忽视主观能动性，过低估计群众的力量，也不能充分调动群众的积极性。

计划虽在事前经过周密的研究，但在执行过程中仍会遇到意料不到的不利因素。因此，在实际过程中，要有适当的灵活机动的余地，必要时可以随时根据实际情况加以补充和调整，不宜过于死板和机械。

5. 计划要有明确的要求、充分具体的有力措施

计划规定任务一定要重点突出，具体明确，有主有次。同时，要有明确的要求，要规定清楚数量、质量、工作步骤和时间进度，绝不能模棱两可、责任不清、要求不

明。另外，要针对任务提出具体措施，提出实现计划的具体办法和力量部署，这是完成计划的有力保证。

6. 要加强预见性

工作本身是十分复杂的，在其发展过程中，往往会出现一些事先难以料到的问题，如果在制订计划时对这种偶发的事件缺乏足够的估计和准备，问题出现时极易措手不及，从而使工作处于被动。因此，在制订计划时，一定要事先对工作过程中可能出现的问题和可能遇到的困难多做一些设想，并有针对性地提出一些应对和防范措施，只有这样才是一个完善的计划。

7. 文字要简明扼要，概括准确

计划是以说明为主的文字，因此要简明朴实、准确具体，注意条理化，让人一看就明白。

中国滑冰协会 2022/2023 赛季全国赛事计划

中国滑冰协会 2022/23 赛季全国赛事计划			
项目	序号	比赛名称	竞赛日期
短道速滑	1	2022—2023 赛季全国短道速滑冠军赛	2023 年 3 月 24 日—26 日
	2	2022—2023 赛季全国短道速滑锦标赛	2022 年 12 月 23 日—25 日
	3	2022—2023 赛季全国短道速滑青少年锦标赛	2023 年 1 月 13 日—15 日
	4	2022—2023 赛季中国杯短道速滑精英联赛第一站	2022 年 9 月 22 日—25 日
	5	2022—2023 赛季中国杯短道速滑精英联赛第二站	2022 年 10 月 27 日—30 日
	6	2022—2023 赛季中国杯短道速滑精英联赛第三站	2022 年 11 月 3 日—6 日
	7	2022—2023 赛季中国杯短道速滑精英联赛第四站	2022 年 12 月 8 日—11 日
	8	全国滑冰 U 系列中小学校际联赛（短道速滑、短道速滑＋短道速度轮滑）第一站	2022 年 10 月 13 日—16 日
	9	全国滑冰 U 系列中小学校际联赛（短道速滑、短道速滑＋短道速度轮滑）第二站	2022 年 11 月 17 日—20 日
	10	全国滑冰 U 系列中小学校际联赛（短道速滑、短道速滑＋短道速度轮滑）第三站	2022 年 11 月 24 日—27 日
	11	全国滑冰 U 系列中小学校际联赛（短道速滑、短道速滑＋短道速度轮滑）第四站	2023 年 1 月 5 日—8 日

（续表）

中国滑冰协会 2022/23 赛季全国赛事计划			
项目	序号	比赛名称	竞赛日期
速度滑冰	1	2022—2023 赛季全国速度滑冰冠军赛	2023 年 3 月 30 日—4 月 2 日
	2	2022—2023 赛季全国速度滑冰锦标赛	2023 年 1 月 12 日—15 日
	3	2022—2023 赛季全国速度滑冰青少年锦标赛	2023 年 2 月 10 日—12 日
	4	2022—2023 赛季中国杯速度滑冰精英联赛第一站	2022 年 9 月 30 日—10 月 2 日
	5	2022—2023 赛季中国杯速度滑冰精英联赛第二站	2022 年 10 月 7 日—9 日
	6	2022—2023 赛季中国杯速度滑冰精英联赛第三站	2022 年 12 月 16 日—18 日
	7	2022—2023 赛季中国杯速度滑冰精英联赛第四站	2023 年 1 月 6 日—8 日
	8	全国滑冰 U 系列中小学校际联赛（速度滑冰＋速度轮滑、速度滑冰）第一站	2022 年 10 月 21 日—23 日
	9	全国滑冰 U 系列中小学校际联赛（速度滑冰＋速度轮滑、速度滑冰）第二站	2022 年 12 月 2 日—4 日
	10	全国滑冰 U 系列中小学校际联赛（速度滑冰＋速度轮滑、速度滑冰）第三站	2023 年 1 月 13 日—15 日
	11	全国滑冰 U 系列中小学校际联赛（速度滑冰＋速度轮滑、速度滑冰）第四站	2023 年 2 月 10 日—12 日
冰轮之星	1	冰轮之星滑·起来全国总决赛（短道速滑＋短道速度轮滑全能；速度滑冰＋速度轮滑全能）	2023 年 3 月
	2	冰轮之星滑·起来省级挑战赛（短道速滑或短道速度轮滑或速度轮滑或短道速滑＋短道速度轮滑全能）	2022 年 9 月底 10 月初
	3	冰轮之星·滑起来城市英雄赛（短道速度轮滑）	2022 年 8 月—9 月

三、总结

（一）总结的概念

总结是单位（个人）对过去一段时期内所做的工作进行全面、系统的分析、研究和评价，从中找出成绩、问题、经验、教训和有规律性的东西的书面报告材料。

总结是一种比较灵活的应用文体，它既是机关单位内部工作公文，又可以作为新闻媒体的经验性通讯报道，还可以写成研究工作规律的科学论文。

（二）总结的分类

一般来说，总结可分为三类：全面总结、专题总结和个人总结。

1. 全面总结

也叫综合性总结。这种总结要求比较全面地总结一个单位、一个部门的各方面工作情况。它的内容包括情况介绍、成绩和经验、缺点和教训、表扬和批评等方面。这类总结既要涉及全面，又要突出重点，防止面面俱到。写这类总结往往要求作者掌握较全面的情况，并具有较高的分析和综合能力。

2. 专题总结

又叫经验总结，是对某一方面的工作进行的单项总结。这类总结的内容比较集中、单一，针对性较强。偏重于总结经验，行文要有一定的思想深度，概括出规律性的东西，内容上也要求写得具体、细致。这类总结一般理论性较强。

3. 个人总结

总结的是个人在工作、学习和思想方面的情况。个人总结要抓住主要问题，突出经验、教训和个人思想上的收获体会，不可停留在生活过程的回顾或一般优缺点的检查上。

（三）总结的特点

一般说来，总结有以下几个特点：

1. 过程性

进行每一项工作，总是有一定的过程，有一定的时间跨度。进行总结时，要把这个过程反映出来，包括工作是怎样开始的，以后又是怎样发展的，中间遇到了什么问题，这些问题是怎样解决的，解决的效果如何，等等。

2. 客观性

总结是对实际工作再认识的过程，是对前一阶段工作的回顾，其内容要完全忠实于自身的客观实践，其材料不允许东拼西凑，其观点要从工作实践中抽象概括出来，而不是漂亮的标签。总之，总结内容与观点的概括和提炼，都要以实际工作活动为依据，不允许有任何的主观臆断。

3. 理论性

总结是理论的升华，是对前段工作中的经验、教训进行分析研究，上升到理论高度，从中提炼出有规律性的东西，以正确认识和把握客观事物。因此，总结的表述不但要有材料、有观点，而且要求观点与观点之间、材料与材料之间的联系合乎逻辑。堆砌和罗列经验、教训、问题、情况，而不揭示它们之间因果关系的总结，是失败的总结。

4. 群众性

无论哪一个单位、哪一个部门进行总结，都要发动群众，集中群众的智慧。总结要反映群众工作的实践，反映群众创造的成绩与经验；要相互交流，调动大家的积极性。

（四）总结的基本格式和写法

1. 标题

标题写法有两种：公文式标题和非公文式标题。公文式的标题，一般由单位名称、时间、事由、文种组成，如"××公司财务部2023年度工作总结""××镇

××年党建工作总结"等。非公文式标题比较灵活，又分为两种，一是文章式标题，通常用短句概括揭示总结的内容，如"走活三步棋，选好一把手"；二是结合式标题，也称新闻式标题，通常由公文式标题和文章式标题组合而成，其中文章式标题为正标题，公文式标题为副标题，如"培根铸魂，体育强身——××中学体育工作总结表彰会纪实"。

2.前言

也称为导语，是总结的开头部分。一般是概述基本情况，包括交代总结所涉及的时间、地点、单位和背景；概述基本经验、点明中心思想、引用数据、主要成就或问题等。前言要求紧扣中心，简洁精练，有吸引力。这部分表达方式有以下几种：

（1）概述式。概括介绍基本情况，简要地交代工作的背景、时间、地点、条件等。

（2）结论式。先明确提出结论，使人了解经验教训的核心所在，然后引出下文。

（3）提示式。对工作的主要内容做提示性、概括性的介绍。

（4）提问式。开头先提出问题，点明总结的重点，以引起人们的注意。

（5）对比式。采用比较法，将有关情况进行对比，显示优劣，说明成绩。

3.正文

正文是总结的主要内容，这一部分一般要写明以下几个问题：

（1）工作情况。即进行了哪些工作，采取了哪些措施、方法和步骤，有哪些效果，取得了什么成绩。

（2）经验和体会。即工作中哪些是成功的，取得成绩的主客观因素是什么，这部分是总结的重点，在全文中占主导地位。写时注意主次和详略，注意把感性的认识上升到理性认识的高度。

（3）问题和教训。即工作遇到哪些问题，给工作带来哪些损失和影响，要着重分析总结事项的不足，发现在工作中存在的问题，得出具有实际意义的教训。当然，这部分内容可视总结的出发点而取舍。如果是着重反映问题，则应把这一部分当作重点来写。

（4）今后的打算和方向。即针对工作中存在的问题，提出切实有效的改进措施，提出一些新的奋斗目标，以表示决心，展望前景，鼓舞斗志。

4.落款

总结的落款包括署名和日期。单位总结的署名一般不放在落款处，而写在标题中或标题下。有的总结随文发送，所以总结上不署名。个人总结署名，一般写于正文后的右下方。

（五）总结的写作过程

1.行文前的准备

总结行文前的准备很重要，大致要从以下四方面着手：

（1）调查研究，占有材料。这是总结的基础，其途径有二：一是在平时工作中深入调查，广泛听取意见，随时记下听到的事例、数据、点滴体会，并进行归纳、分析整理；二是查阅历史资料，如计划、简报、会议记录、报表、统计表等。

（2）认真筛选材料。一旦主旨确定之后，就要紧紧围绕主旨精心选择最能表现主旨的、最能说明问题本质的材料。在观点正确的前提下，材料越典型，总结的质量便越高。

（3）学习理论，掌握政策。总结要有正确思想作为指导，这个指导思想就是党的有关路线、方针、政策以及上级的有关文件精神。只有做到这一点，才能透过现象看本质，才能真正把感性认识上升到理性认识，才能做出有价值的总结。

（4）拟定提纲。要根据主旨表达的需要，精心编写提纲，谁主谁次，如何起、承、转、合等，都要设计好。这样写起来才能心中有数，条理井然。

2. 定稿阶段

总结写稿阶段是不断修改、不断完善的过程。总结的初稿完毕后，要求反复核实材料，以免内容失实；要求文字上精雕细刻；要集思广益，广泛吸取意见；要请领导审阅、指导。这样几上几下，最后才能定稿。

（六）总结写作的注意事项

1. 提高认识，端正态度

要认识总结的重要性，坚持以党的路线、方针、政策为指导，保证总结不出现认识上、方针政策上的问题。

2. 找出规律，揭示本质

总结的目的是面向未来，避免今后工作的盲目性。为此就必须总结出规律性的东西，这样的总结才具有指导今后工作的实际意义。不可为总结而总结；不要浮光掠影，泛泛而谈；不要堆砌材料，不加分析。

3. 主次分明，重点突出

所谓重点，是指事物的主要矛盾和矛盾的主要方面，具体来说，是指主要工作或工作中取得比较突出成绩的部分，或是具有典型意义的经验教训。进行总结时对这些方面要有所侧重，而且要选用适当的材料，使这些观点和材料统一起来。写总结绝不能平铺直叙、面面俱到，也不能不分主次地罗列现象、堆砌材料，做文字游戏。

4. 有理有据，实事求是

总结要求内容真实，如实反映本单位或个人的实际情况。因此，不能想当然地进行总结；不能以偏概全，夸大其词；不能先入为主，主观臆断；不能一时障目，真假、正误不分；不能张冠李戴，拼凑编造；也不能随意拔高，借题发挥。

5. 写出特色，写出新意

写总结是为了指导现实，预见未来，使前进步伐更快、更稳。因此，一定要研究新情况、总结出新经验，总结出单位的特色。不能搞通用化、老一套、一般化，观点材料缺少新意。当然,"新"不是标新立异,哗众取宠,而是正确反映客观实际的发展变化。

6. 条理分明,结构严谨

综合性总结内容多、篇幅长,因此,安排结构一定要严谨,层次一定要分明,通篇一定要连贯。要使人看了一目了然,听了一清二楚。

另外,还要注意语言的确切。事实准,不走样;数字准,不笼统;论断准,没漏缝;文风正,不浮夸。同样,还要注意语言的形象和修辞方法的适当运用。

2022 年北京市体育局工作总结

2022 年是党的二十大胜利召开之年,也是北京冬奥会、冬残奥会成功举办之年。一年来,全市体育系统深入学习贯彻习近平总书记对北京一系列重要讲话精神和对体育工作重要指示精神,全面贯彻党的十九大、十九届历次全会和二十大精神,认真落实市委市政府要求部署,完整、准确、全面贯彻新发展理念,与各区、各部门紧密合作,全力克服疫情影响,推进冰雪运动、群众体育、竞技体育、青少年体育、体育产业等高质量发展,圆满完成北京冬奥会参赛和服务保障任务,全面实现了各项工作目标。

一、聚焦冬奥举办,冰雪运动发展迈上新台阶

冬奥参赛成绩实现突破,我市 34 名运动员、3 名教练员入选北京冬奥会中国体育代表团,共参加 5 个大项、17 个小项角逐,赢得 2 枚金牌、1 枚银牌,创造了历史。持续优化市冰上项目训练基地综合保障能力,助力国家男子冰球队等 5 支国家队冬奥备战参赛,服务各级共 20 余支运动队入驻训练。火炬传递任务圆满完成,周密制定火炬传递组织方案,细化仪式工作流程,多次开展推演演练,高质量组织冬奥会火炬传递和冬残奥会火种采集、火炬传递活动。市民参与冰雪运动热情高涨,成功举办第八届市民快乐冰雪季,累计开展冰雪赛事、冰雪知识大讲堂、冰雪公益体验课等各级各类线上线下赛事活动 9075 项次,参与人次达到 1690 万。青少年冰雪运动广泛开展,举办中小学生校际冰球联赛,98 所学校的 1399 名运动员参赛,比赛场次 312 场。组织青少年冰球俱乐部联赛,25 家俱乐部的近 3200 名运动员参赛,比赛场次达 987 场,赛事规模继续保持亚洲第一。

二、紧扣群众需求,全民健身公共服务体系持续完善

政策保障进一步加强,制发《北京市全民健身实施计划(2021—2025 年)》任务

分工方案、《北京市全民健身场地设施建设补短板五年行动计划（2021—2025年）》，启动健身地图平台项目建设。场地设施不断增加，超额完成市政府重要民生实事项目任务，创建38个全民健身示范街道和体育特色乡镇，新建足球、篮球等106处体育健身活动场所，维护和更新1019处室外公共体育设施，为市民提供更加优质的全民健身公共服务。群众赛事活动丰富多彩，成功举办国际山地徒步大会、国际帆船赛、"和谐杯"乒乓球赛、"社区杯"足球赛、首届飞盘公开赛、桨板公开赛、露营大会等品牌和户外潮流赛事活动6135项次，参与人次达1414万。体育组织结构进一步优化，顺利完成市体育总会换届、11个体育协会和基金会年检审核工作，推进14家体育社会组织换届，持续开展基层健身团队备案和星级评定。科学健身指导广泛开展，举办20期社会体育指导员培训班，组织110余场社会体育指导员健身技能进校园、进基层培训活动，推送科学健身视频150余期，累计提供音视频节目超1000小时，超1.2亿人次受益。深化体医融合，培训各级各类医护人员、健康管理人员422名，积极推进智能社会治理典型应用场景搭建，探索智慧体医融合健康促进的科学模式。

三、狠抓训练备战，竞技体育实力稳步提升

项目队伍建设进一步优化，完成新周期教练员聘用工作，开展运动员选拔培养，整合学校和社会资源，新增攀岩、滑板、激流回旋3个项目，努力为国家输送人才，127人进入国家集训队。训练备战更加科学，开展科学训练大讲堂、体能大比武、专项挑战赛等活动，多种方式提高疫情期间运动训练质量，开展科技助力评估指导，加强全要素科技赋能，持续提升训练参赛科学化水平。国内外赛场佳绩频传，北京运动员在全国比赛中共获得62枚金牌、66枚银牌、69枚铜牌，在国际比赛中共获得36枚金牌、10枚银牌、7枚铜牌，马龙、王楚钦助力中国男子乒乓球队实现世锦赛十连冠，冯雨、常昊携手队友在游泳世锦赛上首次为中国获得花样游泳冠军。"三大球"发展取得新成绩，积极推进全国足球发展重点城市申报工作，北京市成功入选第二批全国足球发展重点城市。充分发挥市足协、篮协等社会组织作用，构建多个年龄段青训体系，完成3家三人篮球俱乐部落户和参赛准入工作，鼓励国安、首钢、北控、北汽等"三大球"职业俱乐部打好年度联赛，中国足协U21联赛北京国安以不败战绩夺冠。非奥项目竞技水平稳步提升，北京跳伞队在全国各项赛事中赢得6金、9银、11铜的优异成绩。坚持赛风赛纪和兴奋剂问题"零容忍"，加强赛风赛纪教育和管理，创新开展反兴奋剂宣传教育，加大食品、药品、营养品监督检查力度，开展重大赛事检查450余例，未发现兴奋剂违规问题。

四、深化体教融合，青少年体育工作全面推进

相关政策进一步完善，与市教委共同制定深入推进体教融合实施方案，印发关于加强和改进业余训练工作的实施意见，为提升业余训练工作整体水平提供政策保障。工作考评顺利推进，组织运动负荷监测与评价试点工作，创新青少年体育工作考评方

式，评估工作更加精细化。青少年赛事活动有序举办，开展"奔跑吧·少年"儿童青少年线上亲子体育活动，组织篮球等项目后备人才集训营，举办 12 个项目青少年锦标赛、中小学生篮球冠军赛、青少年足球俱乐部联赛等赛事，参赛青少年运动员超 10 万人次。后备人才培养持续加强，积极创建体育后备人才基地，推荐各层次体育后备人才基地 32 所。整合利用北京冬奥会资源，与市教委合作建成 30 个青少年校外冰雪活动中心，推进各区开展青少年冬季项目业余训练，命名区级青少年冬季项目运动队 125 支。

五、促进体育消费，体育产业稳定发展

促消费政策措施效果良好，制定实施《全面促进体育消费 助力国际消费中心城市建设实施方案（2022—2025 年）》，以全面促进全民健身和体育消费为抓手，丰富体育消费新业态，培育体育消费新场景，拓展体育消费空间，为体育消费赋能。成功举办第三届"8·8 北京体育消费节"，设置"线上买""线上订""线上学""线上赛"及线下嘉年华五大板块，成交总额达到 1.75 亿元，同比增长 27.3%。认定 4 家企业为市级体育产业示范单位，发挥示范引领作用。开展体育旅游精品项目评选，推介精品景区、赛事、线路、目的地等项目 34 个，联合举办京张全季体育旅游嘉年华。拓展体育彩票销售渠道，强化品牌引领作用，全年销售额超过 72 亿元，筹集公益金约 18 亿元，同比增长 8% 和 5%。冰雪消费形成热点，发布北京冰雪消费地图，全国约 2000 万人次、京内 100 万人次据此搜索"北京冰雪"，推动 15 万人次冰雪出游。服贸会体育服务专题成果丰硕，吸引 353 家企业机构参展，签约总金额再上台阶，达到 127.17 亿元。体育企业服务管理进一步加强，建立重点企业服务机制，搭建企银对接平台，推进 44 家企业与 17 家银行对接，做好体育领域设备购置贷款贴息项目相关工作，助力企业纾困解难。印发体育培训机构综合监管合规手册及体育运动项目经营单位信用评价方法，探索建立体育培训一体化综合监管体系。加强体育行业预付式消费监管，引导体育经营单位诚信经营，推进体育市场规范管理。联合多部门进行调查统计，体育产业名录库法人单位数超过 2.7 万家。体育行业安全生产管理扎实推进，修订《体育场所安全管理规范》地方标准，持续开展专项整治三年行动、"百日行动"、安全生产月、安全生产大检查、气膜体育场馆联合检查等活动，组织安全生产标准化评审和主体责任检查，全年未发生重大安全生产责任事故，圆满完成重大活动安全保障任务。

六、抢抓办赛窗口，重大赛事安全有序筹办

坚定办赛信心，科学研判疫情形势，精心制定、严格落实疫情防控措施，全力做好各项筹办工作。北京马拉松成功举办，把疫情防控放在赛事筹备工作首要位置，建立联合数据筛查机制，加强报名、领物、入场等环节管理，确保了赛事安全顺利，为长跑运动爱好者提供了期盼已久的舞台，提振了全社会战胜疫情的信心和决心，赢得

了国内外的广泛赞誉。采取"一赛一策"方式，圆满完成第十六届市运会赛事组织、疫情防控等任务，群众组近7000名体育爱好者参与15个大项比赛，青少年竞技组1.1万名选手参加28个大项和4个表演项目比赛，参赛规模再创新高。国际赛事申办取得积极成果，加强与国际体育组织联系，与国际冰壶联合会签署在国家游泳中心设立"世界冰壶学院培训中心"协议，与国际雪车联合会签署未来五年在国家雪车雪橇中心举办世界杯、亚洲杯等赛事合作备忘录，高山滑雪世界杯、短道速滑世锦赛等国际赛事申办工作积极推进。赛事监管和裁判员管理持续加强，制定体育赛事活动举办单位风险、信用监管等文件，进一步掌握全市各级各类体育赛事举办情况，审核、公示各类赛事信息477项，加强事中事后监管，保障各项赛事平稳开展。指导市级单项协会开展裁判员培训，举办晋级培训班12项次，全市一级（含）以上裁判员注册人数达到4921人，同比增加500余人。

七、坚持问题导向，重点体育项目建设稳步推进

重点项目顺利实施，积极谋划体育公园建设，全面优化绿心体育项目"一场一馆一配套"规划方案，完成潞城全民健身中心体育配套设施评审，"三大球"青训基地项目选址已经确定。按计划推进北京工人体育场改造复建，体育场主体工程已完成主要施工内容。中轴线申遗保护工作持续推进，积极开展先农坛门至内坛东门区域整治，组织编制先农坛坛墙、坛门修缮方案。地方标准制修订工作有序开展，《公共体育设施分类与配置指南》正式发布实施，《充气膜体育设施技术规范》已通过专家审查，《全民健身示范街道建设规范》《体育特色乡镇建设规范》已履行报批手续。

八、提高履责效能，政务服务水平持续提升

认真做好市领导重点检查督促提案办理工作，积极推动冬奥赛后场馆利用，高质量办理"全国两会""市两会"建议、提案76件。依法行政持续深化，积极落实普法责任制，严格规范性文件、合同协议合法性审核，坚持会前学法，开展体育执法人员专业培训，体育工作科学决策水平和依法行政能力进一步提高。加强事中事后监管，严格规范执法，开展体育行政执法7932件，随机抽查50余家高危险性体育项目经营单位。体育行业营商环境进一步优化，坚持清单化管理，积极推进电子证照和数据共享，完成第二批20项依申请政务服务事项一体化政务服务平台2.0拆解和配置工作。深入落实"证照分离"和告知承诺相关改革措施，同步更新办事指南，打通政策落地"最后一公里"。资金管理更加规范，落实政府过"紧日子"要求，增强成本绩效意识，深化全过程预算绩效管理，强化委托外包、政府采购、政府购买服务、"三公"经费等重点事项审核，预算执行效率和资金使用效益不断提升。群众诉求有效解决，全面落实接诉即办工作条例，推动社区体育设施建设与管理纳入市政府接诉即办"每月一题"，全力解决市民服务热线等反映的问题和诉求，解决率和满意率均显著提升。

九、强化政策落实，疫情防控扎实有效

严格落实疫情常态化防控要求，动态调整局系统和体育行业防控措施，并科学精准抓实抓细。做好办公场所常态化防控工作，加强离（返）京人员管理，加大疫苗接种力度。在严格防控期，特别是在重要赛事、重要会议期间，市体育局系统未发生阳性感染病例和传播事件。抓好体育行业监管，加强对全市体育健身场所检查抽查，严格落实预约、限流、测温、扫码、查验核酸阴性证明等防控要求。紧抓疫情窗口期和防控阶段性调整期推动复工复产复训，健身场所全面开放，恢复举办赛事活动，做好科学健身指导，倡导运动健身，促进体育消费，为体育事业安全有序发展奠定基础。

十、强化党建引领，全面从严治党向纵深发展

认真履行党建主体责任，坚持把政治要求、政治标准、政治教育摆在首要位置，坚持和捍卫"两个确立"，增强"四个意识"、坚定"四个自信"、做到"两个维护"，做到"三个一"和"四个决不允许"。坚持落实意识形态领域责任，切实维护意识形态领域安全和政治安全。持续强化理论武装，坚持把迎接党的二十大、学习宣传贯彻党的二十大精神作为贯穿全年的重大政治任务，认真抓好学习宣传、研讨交流、专题培训等工作，切实把党员干部的思想和行动聚焦到党的二十大作出的重大决策部署上来。深入学习贯彻市第十三次党代会精神，教育引导党员干部鼓起奋进新征程、建功新时代的精气神。把党史作为理论学习中心组、党支部（支委）学习的重点内容，巩固拓展党史学习教育成果，推进党史学习教育常态化、长效化。不断改进工作作风，落实中央八项规定精神及实施细则、市委贯彻落实办法，召开全面从严治党（党建）工作会议，强化监督执纪问责，进一步抓好巡视问题、经济责任审计问题、历史遗留问题整改。进一步深化基层党组织建设，认真落实"三会一课"等制度，深入推进基层党组织规范化建设，严格党员教育管理，开展第四轮巡察和前三轮巡察整改"回头看"，对15个直属单位2021年度预算执行与财务收支进行专项审计。

四、启事

（一）启事的适用范围

启事是行政机关、企事业单位、社会团体（或公民）向社会公开告知有关事项，请求得到支持或帮助的广告类文书。

（二）启事的特点

1. 广告性

启事是向社会公开告知有关事项，需要在电视台、电台、报刊等传媒播放、播送、刊登，或在公共场所张贴，使全社会广泛知晓，具有明显的广告特色。

2.事务性

启事通常为解决某项实际工作或问题所用，本身不具备法规性和约束力，属事务文书中的一次性使用文书。

3.多样性

启事用途广泛，从发文者来看，既可以是行政机关、企事业单位、社会团体，也可以是个人；从社会效用来看，既可以是大型的商业性广告，也可以是琐碎的纯事务性的告知。

（三）启事的基本格式和写法

启事通常由标题、正文和落款组成。

1.标题

启事的标题通常有以下五种方式：

发文者、发文事由和发文文种，如"技术进出口公司招聘启事""银行迁址启事"；事由和文种，如"国际马拉松比赛紧急启事""征集广告语启事""寻人启事"；文者和文种，如"房管所启事"；缓急程度和文种，如"紧急启事"；只有事由，没有文种，但其内容与写作方法仍属于启事一类，如"寻找车祸目击者""征婚""招租""招商"等。

2.正文

正文通常由中心内容与结束用语构成。

（1）中心内容。该部分内容因事而异，主要写明以下各项：一是需向社会告知的有关事项或提请有关人士予以协助、合作的事项；二是提请有关人士协助或合作的相关事项或条件，如联系方法、经济报酬等。

（2）结束用语。该部分内容一般情况下可写"敬启"之类的礼貌用语。也可不写，免落俗套。

3.落款

启事的落款有以下几种形式：标题上有发文单位名称的，落款只署日期；标题上没有发文单位名称的，落款可署上该单位名称或发文者姓名、日期；正文内容已经写明发文单位或发文者的，也可不署名称，只署日期；一些在报刊、电台刊登或播放的启事，发文日期以当天的时间为准。

（四）启事写作的注意事项

1.事项完备，条理清楚

各类启事基本上都应条理分明地告知有关事项的时间、地点、人物、原因、结果、请求事项、联系方法等。

2.语言精练，篇幅短小

全球大学生体育文化公益广告作品征集展示活动启事

在成都第31届世界大学生夏季运动会（以下简称"成都大运会"）即将召开之际，为更好地宣传全民健身理念，掀起体育育人热潮，特举办"全球大学生体育文化公益广告作品征集展示活动"。

活动由教育部新闻办公室主办，中国传媒大学承办。活动以"青春健康、体育互鉴、美美与共"为宗旨，为成都大运会召开营造积极、热烈的良好氛围，促进全球大学生间的文体交流与互动。以倡导体育文化为主题，鼓励中外青年学生分享和传播体育文化，立体展现校园体育教育、实践与文化特色，弘扬团结、拼搏、奋斗的体育精神，激发师生和广大市民投身于体育锻炼的热情，体现普及群众性体育运动对构建和谐社会的重要意义。

一、征集对象：全球各国（地区）在校大学生。

二、征集日期：2023年6月15日—2023年6月30日（北京时间）。

三、征集作品要求

（一）作品内容要求

1. 作品要求与主题相关，内容健康、具有正能量、富有创意、制作精良，有较好的传播力。

2. 作品不得违反中华人民共和国的法律法规，不得违反《广告法》及相关法律法规的要求。

3. 不得在报送的广告作品中出现任何参赛单位相关信息。参赛作品凡涉及肖像权、著作权、商标权、名称权等法律有关问题，由参赛单位和参赛个人负责。

4. 以个人方式、团队方式或以单位集体组织的方式参加均可，每位参赛者可同时提交不同作品类型。

5. 作品必须由投稿者本人（或单位）原创，严禁剽窃、抄袭。投稿者应拥有作品完整著作版权，严禁抄袭、模仿、拷贝他人作品。如在作品中使用了他人的作品，必须取得合法授权并提交相关授权的书面证明。否则主办方有权取消其参与资格。对活动造成恶劣影响的，主办方将追究其法律责任。

6. 主办方对全部投稿作品具有无偿使用权，包括：对所有投稿作品无偿拥有复制权、展览权、放映权、广播权、信息网络传播权、摄制权、改编权、翻译权、汇编权等在本次征集活动范围内的纯公益性用途的权利。

（二）作品格式要求

1.平面海报类

平面类作品格式为 JPG、PNG 等，50cm×70cm 规格，不得低于 300 像素，提供 RGB 和 CMYK 两种色彩模式。可以是单幅作品，也可以是系列作品；系列作品建议有一幅为作品综合展示效果图或展板。

2.视频类

视频类作品格式为 MP4，h.264 编码，分辨率不得低于 1280×720（16∶9）或 960×720（4∶3），限横屏，画质清晰，单条时长 15 秒—3 分钟。不可出现创作者相关信息。

3.动画类

动画类作品一律采用 MOV 和 MP4 格式封装，ProRes 422 或 h.264 编码，视频码率不低于 6Mbps，分辨率不得低于 1280×720（16∶9）或 960×720（4∶3），音频码率不低于 128Kbps。单条时长 15 秒～3 分钟。不可出现创作者相关信息。

四、音频类

特率不低于 128kbps，位深度不低于 16 位，采样频率不低于 44100Hz，格式为 MP3 或 WMA，单条时长 15 秒～3 分钟。

（三）投递方式

1.请于北京时间 2023 年 6 月 30 日 24∶00 前通过网盘链接形式提交作品，网盘下载链接请确保于北京时间 2023 年 7 月 30 日前有效。作品递交同时附上报名表，同网盘链接等信息一并发至：guscpsa@vip.163.com（国内提交者请使用百度网盘，国外使用谷歌 Drive）。

2.文件命名格式要求

文件命名格式：作品名称—作者姓名—手机号码

文件夹命名格式：作品类别—作品名称

五、奖项设置

活动将评选出 100 份优秀作品，包括平面海报类、视频类、动画类、音频类。对优秀作品创作者、指导教师和学校予以表彰，优秀作品将采取线上线下相结合的方式进行广泛展示，同时将邀请部分获奖大学生现场观看成都大运会赛事活动，差旅、门票等费用由主办方承担。

联系人及联系方式：×××。

教育部新闻办公室

中国传媒大学

2023 年 6 月

附件：全球大学生体育文化公益广告作品征集展示活动报名表

五、申请书

（一）申请书的概念及其分类

申请书是个人、单位、集体向组织、领导提出请求，要求批准或帮助解决问题的专用书信。

申请书的使用范围较为广泛，它与书信一样，是表情达意的有力工具。

（二）申请书与一般书信的区别

申请书是一种专用书信，与一般书信一样，也是表情达意的工具，但它与一般书信又有区别：一般书信大部分是个人与个人之间互通情况、交流感情、商量事情时使用的，内容比较广泛，既可以谈公事，也可该私事，谈一件或几件事都可以，具体写法也比较自由灵活。而申请书则大都是个人对组织、机关、团体或单位表达意愿、有所请求时才使用，一般是一事一书，内容比较单纯，文体格式也比较规范。

（三）申请书的写作方法

申请书一般由标题、称谓、正文、结尾、署名和日期五部分构成。

1. 标题

在申请书第一行的正中要写上申请书的名称。有的只写"申请书"字样，有的则根据申请书的内容标明具体名称，如"××申请书"等。标题的字体可以稍大，也可以和正文一样

2. 称谓

也叫"抬头"，即在标题下空一两行项格处写出接受申请书的组织机关、团体、单位的名称或有关负责同志的姓名，如"团支部""市工商局""×××同志""尊敬的先生、女士"等。名称后面加个冒号，表示下面有话要说。

3. 正文

这是申请书的主要部分，要写清所申请的事情和理由。正文要从接受申请书的组织和领导名称下一行空两格处写起，从第二行起再顶格写。申请的事情和理由最好分段写，每段开头都要空两格。这样既保证了内容的单一性和完整性，又条分缕析，使人看起来容易把握要领。如果申请的理由比较多，可从几方面、几个阶段谈认识，也可以分段写。

4. 结尾

申请书可以有结尾，也可以没有。结尾一般是写"此致敬礼"之类表示敬意的话，可以在正文完后接着写"此致"，再起一行顶格写"敬礼"；也可以在正文下一行偏左处写"此致"，另起一行顶格写"敬礼"。结尾还可以写表示感谢、表示祝颂的话。此外，还有人写"敬请核准""请领导批准"等语。

5. 署名和日期

在结尾下一行（没有结尾则在正文下一行）的后半行，写上申请人的姓名或申请单位名称（要盖章），在署名后面或下面写上写申请书的年、月、日。

入党申请书

敬爱的党组织：

我志愿加入中国共产党，拥护党的纲领，遵守党的章程，履行党员义务，执行党的决定，严守党的纪律，保守党的秘密，对党忠诚，积极工作，为共产主义奋斗终生，随时准备为党和人民牺牲一切，永不叛党。

中国共产党是中国工人阶级的先锋队，同时是中国人民和中华民族的先锋队，是中国特色社会主义事业的领导核心，代表中国先进生产力的发展要求，代表中国先进文化的前进方向，代表中国最广大人民的根本利益。党的最高理想和最终目标是实现共产主义。

中国共产党以马克思列宁主义、毛泽东思想、邓小平理论、"三个代表"重要思想、科学发展观、习近平新时代中国特色社会主义思想作为自己的行动指南。中国共产党自成立以来，始终把为中国人民谋幸福、为中华民族谋复兴作为自己的初心使命，历经百年奋斗，从根本上改变了中国人民的前途命运，开辟了实现中华民族伟大复兴的正确道路，展示了马克思主义的强大生命力，深刻影响了世界历史进程，锻造了走在时代前列的中国共产党。经过长期实践，积累了坚持党的领导、坚持人民至上、坚持理论创新、坚持独立自主、坚持中国道路、坚持胸怀天下、坚持开拓创新、坚持敢于斗争、坚持统一战线、坚持自我革命的宝贵历史经验，这是党和人民共同创造的精神财富，必须倍加珍惜、长期坚持，并在实践中不断丰富和发展。

党的二十大报告指出："不断谱写马克思主义中国化时代化新篇章，是当代中国共产党人的庄严历史责任。"作为新时代的年轻人，更要勇于担当，有所作为。可能是耳濡目染了各革命前辈对党的执着追求的原因，我从小就树立了一定要加入中国共产党的远大志向，并且一直持续到了今天，热情更是有增无减。为了早日加入党组织，平时，我定期向党组织递交思想汇报，同党员谈心、交流思想，使自己在正确的引导下更快地成长。在这不断学习、工作和奋斗的长路上，洒下了我无数的汗水，也耕耘出了丰硕的果实。我从最初的要当英雄的幼稚的感性认识，逐步上升到了为共产主义奋斗终生的理性认识阶段，思想境界得到了提升，工作成果也获得了领导和同事们的肯定。现在，我可以负责地说，我的入党动机就是要全心全意为人民服务。

在组织的关怀与培养下，我认真学习、努力工作，政治思想觉悟和个人综合素质都有了长足进步，已经基本符合了一名党员的标准，特此请求组织批准我的申请。如果组织批准我的申请，我一定会戒骄戒躁，继续以党员的标准严格要求自己，在积极工作时利用自己的特长，在社会中坚持党和人民的利益高于一切，个人利益服从党和人民的利益，吃苦在前，享受在后，克己奉公，多做贡献。密切联系群众，向群众宣传党的主张，遇事同群众商量，及时向党反映群众的意见和要求，维护群众的正当利益。与此同时还要切实开展批评和自我批评，勇于揭露和纠正工作中的缺点、错误，并发扬社会主义新风尚，提倡共产主义道德，为了保护国家和人民的利益，在一切困难和危险的时刻挺身而出。以我的实际行动来报效祖国，真正成为一名名副其实的党员。如果组织没有接受我的请求，我也不会气馁，会继续为之奋斗，相信总有一天会加入中国共产党。

我志愿加入中国共产党，为共产主义事业奋斗终生！请党组织在实践中考验我。

此致

敬礼！

申请人：×××

申请日期：××年×月×日

六、倡议书

（一）倡议书的概念

倡议书是为倡议、发起某项活动而写的号召性的、公开提议性的专用书信。是由某一组织或社团拟定、就某事向社会提出建议或提议社会成员共同去做某事的书面文章。它作为日常应用写作中的一种常用文体，在现实社会中使用得比较广泛。

（二）倡议书的特点

1.广泛的群众性

倡议书不是对某个人或某一小集体而发的，它的受众往往是广大群众，或是部门的所有人，或是一个地区的所有人，甚至是全国人民。所以，其对象十分广泛。广泛的群众性是倡议书的根本特征。

2.响应者的不确定性

倡议书的对象范围往往是不确定的，即便是在文中明确了倡议的具体对象，但实际上，有关人员可以表示响应，也可以不表示响应，它本身不具有很强的约束力。即便是与此无关的别的群众团体，也可以有所响应。

3.公开性

倡议书就是一种广而告之的书信。它是要让广大的人民群众知道和了解，从而激起更多的人响应，以期在最大的范围内引起共鸣。

（三）倡议书的格式

倡议书一般由标题、称呼、正文、结尾、落款五部分组成。

1. 标题

倡议书标题一般由文种名单独组成，即在第一行正中用较大的字体写"倡议书"三个字。另外，标题还可以由倡议内容和文种名共同组成。如，"'爱粮节粮，厉行节约'倡议书"。也可以用双标题形式，主标题用来表达主题，副标题由倡议对象和文种构成，如"修身守正，立心铸魂——致广大文艺工作者倡议书"。

2. 称呼

一般顶格写在第二行开头，可依据倡议的对象而选用适当的称呼。如"广大的青少年朋友们""广大的妇女同胞们"等。有的倡议书可不用称呼，而直接在正文中指出。需要特别指出的是，倡议书像其他专用书信一样，不写问候语。

3. 正文

一般在第三行空两格写正文。倡议书的内容需包括以下方面：

（1）写明倡议书的背景、原因和目的。倡议书的发出贵在引起广泛的响应，只有交代清楚倡议活动的原因，以及当时的各种背景事实，并申明发布倡议的目的，人们才会理解和信服，才会自觉地行动。这些因素交代不清就会使人觉得莫名其妙，难以响应。

（2）写明倡议的具体内容和要求。这是正文的重点部分。倡议的内容一定要具体化。开展怎样的活动，都做哪些事情，具体要求是什么，它的价值和意义都有哪些均需一一写明。倡议的具体内容一般是分条开列的，这样写往往清晰明确，一目了然。

4. 结尾

结尾要表示倡议者的决心和希望，或者写出某种建议。

5. 落款

落款即在右下方写明倡议者单位、集体名称或个人的姓名，署上发倡议的日期。

学习雷锋好榜样，奉献青春勇担当——学雷锋活动倡议书

2023 年是全面贯彻党的二十大精神的开局之年，今年 3 月 5 日是毛泽东主席提出"向雷锋同志学习"60 周年纪念日。为深入学习宣传贯彻党的二十大精神，传承雷锋精神，大力弘扬"奉献、友爱、互助、进步"的志愿服务精神，山东体育学院体育管理学院向全体同学倡议：

1. 争做学习雷锋精神的倡导者

志愿服务理念是雷锋精神在新时期的发展和延续。广大青年大学生要积极学习雷锋的先进事迹，进一步传颂雷锋故事、传唱雷锋赞歌、传承雷锋精神，广泛宣传"奉献、友爱、互助、进步"的志愿精神，传递友爱互助好声音，做新时代文明的倡导者，鼓励带动身边人，加入并壮大学雷锋志愿者队伍，让雷锋精神在体育管理学院深深扎根。

2. 争做践行雷锋精神的先行者

学雷锋贵在行动，贵在平时，贵在坚持。我们的行动不求轰轰烈烈，但必须勤勤恳恳、踏踏实实。坚持身体力行，从身边事做起，从点滴小事做起，积极参与体育管理学院志愿服务实践活动，广泛开展理论政策宣讲、帮扶助困、体育支教、尊老爱老、生态环保、文化文艺、科技科普等志愿服务活动，在互助中感受爱的温度，自觉成为践行雷锋精神的先行者。

3. 争做弘扬雷锋精神的传播者

始终以饱满的激情、乐观的态度积极参与、支持学雷锋志愿服务活动，在自己身体力行的同时，动员身边同学通过结对帮扶、走访慰问、运动指导、义务劳动等多种方式加入志愿服务活动中来，以力所能及的助人、点滴之间的奉献、持之以恒的坚守来支持体育管理学院学雷锋志愿服务活动的开展。

学习雷锋好榜样，奉献青春勇担当。新的时代赋予雷锋精神新的含义，让我们行动起来，与雷锋精神同行，让学雷锋活动融入日常、化作经常，让雷锋精神在新时代绽放更加璀璨的光芒，为全面建设社会主义现代化国家、全面推进中华民族伟大复兴凝聚强大力量。

体育管理学院团总支

2023 年 2 月 28 日

"创建文明城市 争做文明市民"倡议书

文明素养是个人综合素质的集中体现，文明和谐是城市发展繁荣的鲜亮名片。当前济南市正在全力争创全国文明城市，全市城管系统干部职工要主动作为、担当实干，争做文明济南人，汇聚起创建文明城市、共享美丽和谐家园的强大正能量。在此，谨向全市城管系统干部职工发出如下倡议：

1. 安全文明出行。走路出行时，自觉行走人行道，过马路要走斑马线或过街天桥，遵守交通标志标线和信号灯指示行走，杜绝闯红灯，乱穿马路，翻越道路隔离护栏等交通违法行为和不文明行为。

2. 杜绝违规行为。不乱停机动车、电动车、自行车，将车辆停放在停车场或道路旁的停车位；驾乘电动自行车出行时，要规范佩戴安全头盔；机动车驾驶员要主动礼让行人，杜绝车窗抛物，杜绝酒后驾驶、闯红灯、疲劳驾驶、拨打或接听电话，杜绝逆向行驶、压实线、随意变道、加塞、调头、超速超员等交通违法违规行为。

3.爱护环境卫生。不乱扔垃圾，不随地吐痰，不破坏公物；文明养犬，遛狗请牵绳，及时清理粪便；例行节俭，珍惜粮食，反对浪费用餐，倡导公筷公勺分餐制。

4.遵守文明公约。做到言行举止讲文明，不说粗话脏话，待人和善，衣着得体，行为规范；公共场所不吸烟、不大声喧哗，遵守一米线，守序不插队；积极参加文明创建志愿服务，随手、随时、随地监督和劝导各种不文明行为，形成创建文明城市强大力量。

文明从我做起，创城我做贡献，让我们共同行动起来，以实际行动影响身边人，共建美好和谐家园，共创全国文明城市。

济南市城市管理局

2022 年 9 月 5 日

七、证明信

（一）证明信的概念

证明信是机关、团体、单位或个人证明一个人的身份或一件事情，供接收单位作为处理和解决某人某事的根据的书信。

（二）证明信的特点

1.凭证的特点

证明信的作用贵在证明，是持有者用以证明自己身份、经历或某事真实性的一种凭证，所以证明信的第一个特点就是它的凭证作用。

2 书信体的格式特点

证明信是一种专用书信，尽管证明信有好几种形式，但它的写法与书信的写法基本一致，它大部分采用书信体的格式。

（三）证明信的写作格式

不论是哪种形式的证明信，其结构都大致相同，一般都由标题、称呼、正文、署名和日期等构成。

1.标题

证明信的标题通常有以下两种方式：

（1）单独以文种名作标题。一般就是在第一行中间冠以"证明信""证明"字样。

（2）由文种名和事由共同构成，一般也是写在第一行中间。如"关于×××同志××情况（或问题）的证明"。

2.称呼

要在第二行顶格写上受文单位名称或受文个人的姓名称呼，然后加冒号。有些供有关人员外出活动证明身份的证明信，因没有固定的受文者，开头可以不写受文者称呼，而是在正文前用公文引导词"兹"引起正文内容。

3. 正文

正文要在称呼写完后另起一行，空两格书写。要针对对方所要求的要点写，要证明什么问题就证明什么问题，其他无关的不写。如要证明的是某人的历史问题，则应写清人名、何时、何地及经历的事情；若要证明某一事件则要写清参与者的姓名、身份，及其在此事件中的地位、作用和事件本身的前因后果，也就是要写清人物、事件的本来面目。

正文写完后，要另起一行，顶格写上"特此证明"四个字。也可直接在正文结尾处写出。

4. 落款

落款即署名和成文日期。要在正文的右下方写上证明单位或个人的姓名称呼，成文日期写在署名下另起一行，然后由证明单位或证明人加盖公章或签名、盖私章，否则证明信是无效的。

（四）证明信写作的注意事项

（1）以个人名义所发的证明信，要写明写证明信者本人的政治面貌、工作情况等，以便使审阅证明信的人了解证明人的情况，从而鉴别证明材料的真伪与可信程度。

（2）如果本人对个人所写的证明信内容不太熟悉，应写"仅供参考"等提示性语言。因为证明信有时是作为结论性证据的，所以要实事求是，严肃认真，要尽量言之有据。

（3）对于随身携带的证明信，一般要求在证明信的结尾注明有效时间、过期无效的期限。

（4）证明信的语言要十分准确，不可含糊其词。证明信不能用铅笔、红色笔书写，若有涂改，必须在涂改处加盖公章。

证　明

××公司：

你公司××同志××年至××年曾在我校学习。

特此证明。

×××大学（公章）

××年×月×日

第三节 社交礼仪类应用文的写作

一、求职信

（一）求职信的概念

求职信，是个人写给某个机关、单位或团体，表达求职愿望，并希望获得某个职位或工作机会的专用书信。它具有自我推荐的性质。在市场经济时代，人才流动越来越频繁，如何寻求适合自己发展的职业或工作单位显得越来越重要。因此，熟悉掌握求职信的基本写法对我们求职或就业有很大帮助。

（二）求职信的写作格式及注意事项

1. 写作格式

求职信的写作格式与一般书信大致相同，只是写作内容侧重点不同而已。

（1）第一行顶格写明对方单位的名称，后加冒号。

（2）开头。另起一行空两格，简要交待写信的缘由或目的。

（3）正文。主要介绍自己对所求职位的认识；介绍自己的业绩、特长或知识能力，供对方录用时参考；对对方单位的工作性质表示认同；表达自己对所求职位的强烈愿望或向往之情；等等。

（4）结尾。希望对方给予自己面谈或试用的机会，并另起一行写上祝敬语，如"此致敬礼"之类。

（5）署名和日期。

（6）附件。在日期之后，另起一行，标明随信附寄的证明求职者知识能力或业绩的有关材料的名称。附件的具体材料，另外行文，随信寄发。

2. 写求职信应注意的事项

（1）语言要诚恳，行文要讲究礼貌，切不可措辞唐突。

（2）表达求职意愿时，要充分考虑和尊重对方的用人要求，不可无理强求。

（3）介绍自己的特长或工作能力时，要实事求是，讲究方式，切不可自吹自擂，以免给用人单位留下华而不实的印象。

（4）书写工整，行文规范。若能写出足够漂亮的字来，则可亲笔书写，争取在"字面"上给对方留下好印象。

求 职 信

尊敬的 ×× 经理：

您好！

贵单位于 ×× 年 × 月 × 日在《×× 媒体》发布了招总经理助理的招聘启事，现特备此函以应征该职位。

本人姓名 ××，年龄 23 岁，毕业于 ×× 大学国际贸易专业。在校期间，担任过两年校学生会主席，连续三年获得校级奖学金，两次获评优秀班干部。本人具备一定的策划组织能力，曾与校学生会团队一起策划组织了多次实践活动，获得学校和委托方的一致好评。在校期间，本人注重工作经验的积累，积极参与社会实践，曾在 ×× 外贸公司兼职两年，从事市场助理工作，主要是协助经理制订工作计划、外联工作以及文件、档案的管理工作。本人文字功底深厚，具有较强的策划组织能力和沟通协调能力，具有非常强的执行力，熟悉各种办公软件的操作，英语熟练，略懂日语。

本人相信自己可以胜任贵公司经理助理一职，个人简历及相关材料一并附上，希望我的加入能为公司经理分忧，为公司的发展助力，我的联系电话：1391111××××。

感谢您百忙中阅读此信，期待收到贵单位的面试通知。

此致

敬礼！

您真诚的朋友：陈嘉明

×× 年 × 月 × 月

二、简历

（一）简历的概念

简历，就是对个人学历、经历、特长、爱好及其他有关情况所作的简明扼要的书面介绍。简历是个人形象，包括资历与能力的书面表述，对于求职者而言，是必不可少的一种应用文书。

（二）简历的特点

1. 精益求精但不过于花哨的包装

包装是成功销售成品的关键因素。简历本身的设计不需要图形、图像和图片，如果你需要突出自己的个性，可以通过简单的文字编排、字体变化和格式突出特色，引人关注，但不要使用夸张的图片或模板。

2. 精准的信息定位和阅读引导功能

信息定位意味着有组织地选择信息。要组织简历中需要的资料以便能够提供给阅读者重要的信息。你需要在简历中设计一个重点阅读部分，列出关键信息。换句话说，设计一个醒目的部分，让这部分信息能够抓住招聘人员的眼球，并确保他们能给你面试机会。

3. 突出你的关键信息

这些要素非常重要。提供关键信息，就意味着你提供给招聘人员一些他们想要阅读的、感兴趣的信息。简历中个人的关键信息点可以证明一名职业人的技能和职业资质，这正是招聘人员所重视的。

4. 干净、整齐、利落的职业化写作风格

大多数招聘人员认为，一个人展现出的职业风格决定了其未来在公司中如何工作。穿着得体的服装，将自己收拾得整齐利落，保证我们在面试时呈现最佳状态，给招聘人员留下良好的第一印象非常重要。简历也同样如此。

（三）简历的写作格式

常用的简历格式有两种。一种是循序法，即按照时间的先后，列举自己的学习、工作、培训方面的经历。另外一种是倒序法，即把最新最近的经历写在简历前面，这种简历写法受到人力资源工作者的青睐。

一般来说，简历应包括四个部分。

第一部分为个人基本情况，应列出自己的姓名、性别、年龄、身高、籍贯、政治面貌、毕业学校、系别及专业、婚姻状况、健康状况、爱好与兴趣、家庭住址、电话号码等。

第二部分为学历情况。应写明曾在某某学校、某某专业或学科学习，以及起止日期，并列出所学主要课程及学习成绩，在学校和班级所担任的职务，在校期间所获得的各种奖励和荣誉。

第三部分为工作资历情况。若有工作经验，最好详细列明，首先列出最近的资料，后详述曾工作单位、日期、职位、工作性质。

第四部分为求职意向。即求职目标或个人期望的工作职位，表明你通过求职希望得到什么样的工种、职位，以及你的奋斗目标，可以和个人特长等合写在一起。

（四）简历的写作注意事项

1. 突出个人特点。一个招聘者希望看到你对自己的事业持有认真负责的态度。不要忘记招聘人员在寻找的是适合某一特定职位的人，这个人将是所有应聘者中最合适的一人。

2. 语言简练朴实。最成功的广告要简短而富有感召力，并且能够多次重复重要的信息。你的简历应该限制在一页纸以内，个人情况介绍不要以段落的形式出现，尽量运用简洁的语言。

3. 体现发展空间。要陈述对自己有利的信息，争取更多成功机会，体现自己有更多的发展空间（潜力）。

个人简历模板				
姓名		性别		
出生日期		民族		
政治面貌		籍贯		
婚姻状况		健康状况		
学历		联系电话		
家庭住址				
现居住地				

教育经历		
起止时间	学校名称	学历

工作经历		
起止时间	工作单位	职务

个人技能	
兴趣爱好	
自我评价	

个人简历

基本信息

姓名：×××　　　　　　　　　性别：男

学历：本科　　　　　　　　　专业：公关文秘

出生年月：×× 年 × 月　　　　手机：139×××1234

联系电话：0531-12345×××

电子邮箱：××××@sohu.com

联系地址：×× 市 ×× 路 ×× 号

学习经历

毕业院校：×× 大学中文系公关文秘专业

所学课程：秘书学、文秘写作、公关实务、谈判学、人际心理学、公共关系、公关语言、应用写作、政治经济学、哲学、外国文化史、档案管理学、中国文化史等。

另：其他培训情况。

现正在清华大学进修行政管理本科学历。

参加过驾照培训，并获得了 C1 驾照。

2023 年参加了接待礼仪课程培训，并获得了结业证书。

工作经历

2019 年 5 月—2020 年 2 月，×× 公司前台接待。

在此期间工作认真负责，深受领导和同事的好评。

2020 年 4 月至今，×× 公司办公室秘书。负责文档管理工作、文书写作、文件打印、机票、酒店预订及外联工作，协助负责人进行重要日程安排，协调同其他各部门的关系，做好沟通工作，收发来往信件，订购办公用品及其他办公事务。

求职意向

愿到企事业单位、国家行政机关从事行政管理、人力资源管理、文秘、行政助理等相关工作。

获得证书情况

国家英语四级证书、全国计算机二级证书、秘书中级技能证书、公共关系资格证书、微软 Office 办公软件专家等。

个人简介

多年的行政工作，使我深深体会到秘书工作的重要性，更喜爱上了这个工作，这是一个需要更多责任心和细心去完成的工作。英语的听、说、读、写能力达到四级水平。较擅长进行社交活动，更有组织各种文艺活动的经验。能够熟练地运用

Microsoftoffice 的各种功能进行高效的办公室日常工作。

自我评价

本人工作认真、负责，做事一丝不苟，且具有很强的责任心和进取心。爱好广泛，是公司的文艺骨干，性格踏实肯干，工作认真，责任心极强。性格温和、谦虚、自律、自信，有较强的实际动手能力与团队合作能力。能迅速适应各种环境。

三、感谢信

（一）感谢信的适用范围

感谢信，是一方得到另一方的关怀、帮助、支持、爱护等，为了表达感谢之情而写的专门信件。它是建设社会主义精神文明，树立良好的社会风气、道德观念的一种重要手段。

感谢信可以是个人写给个人、个人写给集体、集体写给个人、集体写给集体，也可以是个人或集体写给某一级组织的。

（二）感谢信的基本写作格式

首先，居中写上"感谢信"三个大字，有时可以写上"致……的感谢信"；另起一行顶格写上收信单位或人员名称；接着，写出感谢的原因，这一部分一般写得稍为具体些，可将事情发生的时间、地点、大体经过及对自己的影响等写出；在此之后，应将自己从对方学到、感受到的好思想、好品德等写出，并表示出自己向对方学习的决心和态度；最后，写上自己的姓名或单位名称，写上日期。

（三）感谢信写作的注意事项

1.感谢信的写作要热情洋溢，语言得体，将诚挚的感谢之情通过精练、热情的语言传达出来。

2.感谢信语言要热情，但不能夸大事实，滥加溢美之词，那样反而让读者感到这是在虚伪应酬。

3.感谢信最后表示自己学习的决心和态度，要注意有针对性，有感而发，切忌做官样文章。

感 谢 信

××公司：

×月×日下午我公司业务员××和××到时代广场购买物品，不慎丢失皮包一个，内有 5000 余元、工作证一个及发票单据若干张。当我们发现后正在焦急寻找时，贵公司职工××女士主动将捡到的皮包送到我公司。我们再三感谢并表示要赠送纪念品，××女士却说："这是我应当做的！"一再表示不能接受纪念品。她这种拾金不昧的高尚品德，使我公司员工深受感动，纷纷表示要向××女士学习！在此特对贵公司××女士和贵公司深表谢意，并建议对××女士的高尚行为予以表扬。

此致

敬礼！

××公司

××年×月×日

四、慰问信

（一）慰问信的适用范围

慰问信是以政府或个人的名义向在某方面作出特殊贡献或遇到意外损失、遭受巨大灾害的集体或个人关切致意，表示深切问候、同情的一种书信。比如，有的是赞扬、鼓励为社会主义现代化建设作出贡献的集体或个人，有的是对由于某种原因（如自然灾害、事故伤亡等）而暂时遭到挫折、困难和损失的集体或个人表示深切同情与慰勉，有的是赞扬中国人民解放军指战员、退伍军人、革命伤残军人在革命战争年代和社会主义建设时期的功绩，等等。一封好的慰问信，起着鼓舞斗志、增强勇气、激励人们奋进的巨大作用。

（二）慰问信的写作要求

1.要根据不同对象，不同情况，向对方充分表达出关怀、慰问、敬意之情。

2.要概括地叙述和热情地赞扬对方的崇高思想、感人事迹，并表示难忘之情。例如，"为了在抗日根据地给伤病战士以兄弟般的友爱，他曾帮助了许多人免于残废，救活了许多战士的生命。我们受惠于他的极多，使我们永不能忘"。

3.简述有利条件，提出希望，鼓励对方奋勇前进。例如，"我们坚信，有党中央的正确领导，有优越的社会主义制度，有广大人民群众的努力，有各级党政和有关部门的支持，一定能够克服灾害带来的困难，安排好受灾企业的生产和人民群众的生活，取得抗灾、生产的双胜利，推动工农业生产的大发展。"

4.要写得真诚，注意措辞，使收信人得到安慰和鼓舞。

（三）慰问信的基本格式和写法

在结构上，慰问信由标题、称谓、正文、落款或具名、日期构成。

1.标题。即"慰问信"，有的也写"×××致×××的慰问信，如"××市政府致节日期间坚守工作岗位的全体职工及家属的慰问信"。

2.称谓。即受信单位或个人的称呼，如"全体职工、家属""××女士"等。

3.正文。开头要写致以慰问的原因或背景，接着要"表示亲切的慰问"。主体部分要充分肯定受信者的先进事迹、模范行为、优良传统和美好品德，或者写受灾地区人民在战胜自然灾害过程中所表现出来的英雄气概、革命精神，以及他们值得学习和赞扬的事迹。

4.落款、具名和日期。即写发信单位或个人姓名以及年、月、日。

致全国双拥模范的慰问信

全国双拥模范城（县）、双拥模范单位和个人：

值此新春佳节来临之际，全国双拥工作领导小组、退役军人事务部、中央军委政治工作部，向全国双拥模范城（县）党委政府、军事机关和广大军民，致以节日问候和诚挚祝福！向全国双拥模范单位和个人，表示衷心感谢和崇高敬意！

过去的一年，是党和国家历史上极为重要的一年。党的二十大胜利召开，擘画了全面建设社会主义现代化国家、以中国式现代化全面推进中华民族伟大复兴的宏伟蓝图，吹响了奋进新征程的时代号角。面对风高浪急的国际环境和艰巨繁重的国内改革发展稳定任务，以习近平同志为核心的党中央团结带领全党全军全国各族人民迎难而上，统筹国内国际两个大局，统筹疫情防控和经济社会发展，统筹发展和安全，加大宏观调控力度，发展质量稳步提升，科技创新成果丰硕，改革开放全面深化，保持了经济社会大局稳定，全面建设社会主义现代化国家新征程迈出坚实步伐。全军坚持以习近平新时代中国特色社会主义思想为指导，深入贯彻习近平强军思想，紧紧围绕迎接党的二十大和学习宣传贯彻党的二十大精神，扣牢建军一百年奋斗目标，坚持边斗争、边备战、边建设，加紧练兵备战，加快规划执行，加强改革创新，国防和军队现代化扎实推进，在中国特色强军之路上阔步前行。

这一年，广大军民深入贯彻落实习近平总书记关于双拥工作重要论述，大力弘扬拥军优属、拥政爱民光荣传统，不断巩固发展坚如磐石的军政军民团结。双拥模范城（县）倍加珍惜政治荣誉，支持部队练兵备战担当有为，解决官兵急难愁盼倾注真情，爱民助民活动扎实开展，军民鱼水情谊更加深厚。双拥模范单位积极发挥自身优势，满腔热忱支持军队，满怀深情服务人民，持续掀起新的双拥热潮。双拥模范个人坚守初心、主动奉献，示范带动社会各界关心双拥、支持双拥、参与双拥，浓厚了爱我人民爱我军队的社会风尚。

踔厉奋发启新程，凝心聚力开新局。2023年是全面贯彻落实党的二十大精神的开局之年。全国双拥模范城（县）、双拥模范单位和个人，要更加紧密地团结在以习近平同志为核心的党中央周围，全面贯彻习近平新时代中国特色社会主义思想，深刻领悟"两个确立"的决定性意义，增强"四个意识"、坚定"四个自信"、做到"两个维护"，围绕服务党和国家工作大局、国防和军队建设全局，扎实做好新时代双拥工作，不断汇聚同心共圆中国梦的磅礴伟力！

全国双拥工作领导小组

退役军人事务部

中央军委政治工作部

2023 年 1 月 13 日

五、贺信

（一）贺信的适用范围

贺信是向有关单位或个人表示祝贺的一种专用书信。贺信用电报形式发出的称贺电，贺信与贺电的内容、格式是基本一致的。

（二）贺信的基本格式和写法

1. 标题。贺信第一行中间写"贺信"二字，另起一行顶格写祝贺单位或个人的姓名与称呼并加冒号。

2. 贺信正文，要表示热情的祝贺、赞颂。同时也可以表述热情的鼓励，殷切的希望和双方的共同理想。可简述当前的形势，说明对方所取得成绩的社会背景，或重要会议召开的历史条件，并概括说明对方在哪些方面取得了成绩，分析对方取得成绩的主观原因和客观原因，对这一方面的成绩给予适当评价。祝贺某组织、机构成立周年纪念的贺信、贺电，则往往对其机构、组织建立以来的历程进行回顾。如果是祝贺重要的会议召开，应说明会议内容及其重要性。如果是写给个人的寿辰贺信，或祝贺其他方面的成就，就精练地、概括地说明对方的贡献和品德。

3. 结尾要写一句表示祝愿的话，如"祝工程早日全面竣工""祝争取更大胜利""祝大会圆满成功""祝您健康长寿"等。

（三）贺信写作的注意事项

1. 表示祝贺的感情要饱满、充沛，给人以鼓舞。语言要热情洋溢，催人振奋。

2. 贺信的内容要实事求是，评价成绩要恰如其分，表示决心要切实可行，不可言过其实，空喊口号。

3. 贺信的篇幅短小，叙述要精练。

习近平致第六届海峡两岸青年发展论坛的贺信

值此第六届海峡两岸青年发展论坛开幕之际，我向论坛举办表示热烈的祝贺，向与会两岸青年和各位朋友致以诚挚的问候！

青年是国家的希望、民族的未来。海峡两岸青年发展论坛为两岸青年交流交心、互学互鉴提供了重要平台。希望更多两岸青年通过论坛成为同心同行、携手打拼的好朋友好伙伴，为推动两岸关系和平发展、推进祖国统一大业不断贡献青春力量。

实现中华民族伟大复兴是全体中华儿女的共同夙愿。两岸青年生逢其时，施展才干的舞台无比广阔，实现梦想的前景无比光明。我们欢迎台湾青年来大陆追梦、筑梦、圆梦。希望两岸青年把握历史大势，坚守民族大义，维护国家统一，勇担时代重任，坚定走两岸关系和平发展正确道路，把两岸关系发展的前途命运牢牢掌握在两岸中国人手中。

习近平

2023 年 9 月 15 日

六、请柬

（一）请柬的概念

请柬，又称为请帖、柬帖，是为了邀请客人参加某项活动而发的礼仪性书信。

（二）请柬的作用

1. 使用请柬，既可以表示对被邀请者的尊重，又可以表示邀请者对此事的郑重态度。

2. 凡召开各种会议，举行各种典礼、仪式和活动，均可以使用请柬。

请柬在款式和装帧设计上应美观、大方、精致，使被邀请者体味到主人的热情与诚意，感到喜悦和亲切。

（三）请柬的格式

请柬一般由标题、称呼、正文、结尾、落款五部分构成。

1. 标题

在封面上写的"请柬（请帖）"二字就是标题，一般要做一些艺术加工，可用美术体的文字，文字的色彩可以烫金，可以有图案装饰等。需说明的是，通常请柬已按照书信格式印制好，发文者只需填写正文而已。封面也已直接印上了名称"请柬"或"请帖"字样。

2. 称呼

要顶格写出被邀请者（单位或个人）的姓名名称。如"某某先生""某某单位"等。称呼后加上冒号。

3. 正文

要写清活动内容，如开座谈会、联欢晚会、生日派对、国庆宴会、婚礼、寿诞等。写明时间、地点、方式。如果是请人看戏或其他表演还应将入场券附上。若有其他要求也需注明，如"请准备发言""请准备节目"等。

4. 结尾

要写上礼节性问候语或恭候语，如"此致——敬礼""顺致——崇高的敬意""敬请光临"等，在古代这叫作"具礼"。

5. 落款

署上邀请者（单位或个人）的名称和发束日期。

（四）请柬注意事项

1. 文字要美观，用词要谦恭，要充分表现出邀请者的热情与诚意。

2. 语言要精练、准确，凡涉及时间、地点、人名等一些关键性词语，一定要核准、查实。

3. 语言要得体、庄重。

4. 在纸质、款式和装帧设计上，要注意艺术性，做到美观、大方。

请　柬

×××女士/先生：

兹定于6月6日晚7：00—9：00在市政协礼堂举行端午节茶话会，届时敬请光临。

此致

敬礼！

××市政治协商会

××年×月×日

请　柬

××电视台：

兹定于5月4日晚8时整，在××大学学习堂举行"五四"青年诗歌朗诵会，届时恭

请贵台派记者光临。

××大学团委会

5月2日

第四节　合同协议类文体

一、合同

（一）合同的概念

合同通常也叫和约或契约，有广义、狭义之分。广义的合同泛指发生一定权利义务关系的协议；狭义的合同专指当事人之间设立、变更、终止民事关系的协议。这里我们讲的是狭义的合同。

（二）合同的特征

1. 合意性

合同必须建立在双方或多方当事人意愿一致的基础上。意愿不一致，即未取得一致的协议，合同就不能成立。因此，合同是一种合意的结果。因此，合同的构成必须具备三个条件：

（1）合同必须是两个或两个以上的当事人所达成的。

（2）当事人做出设立、变更、终止其民事权利义务的意思表示。

（3）当事人的意思表示达成一致。

只有三者具备，合同才能成立。

2. 平等性

合同双方或多方当事人的法律地位是平等的。任何一方都不得把自己的意志强加给对方，任何组织和个人不得非法干预。采取胁迫手段所签订的合同是无效合同。

3. 合法性

签订合同的双方或多方当事人，必须具有合法的资格，即具有合同的权利能力和行为能力。经济合同一旦依法签订，就具有了法律效力，各方面的权利和义务受到国家法律的保护，任何一方违约都要承担经济和法律责任。执行经济合同中发生纠纷时，由当事人协商解决。协商不成时，任何一方均可向合同管理机关申请调解或仲裁，亦可向法院起诉。

（三）合同的基本格式和写法

1. 标题。标题要写明合同的种类，如购销合同、借贷合同等，用以表明合同的业务性质。放在合同开头的第一行居中写，字体稍大。

2. 立合同人。在标题下方写明签订合同的当事人的名称（写全称）。为了行文方便，在后面括号内注明一方为"甲方"或"供方"，另一方为"乙方"或"需方"。

作为代称，不能写"我方"和"你方"。

3.正文。正文是合同的主体内容部分，通常由引言、主体、结尾几部分构成。

引言。阐述签订合同的目的、意义或依据，可用"为了……，根据……规定，经双方协商，签订本合同，以便双方共同遵守"的句式概括表示。

主体。合同正文的主体部分是其核心，它包括合同应具备的必要条款（具体的货物、劳务和工程项目等标的，标的的数量、质量、价款或报酬，合同的履行期限、交货地点以及交货方式，违约责任和解决争议的办法等）和其他条款（根据实际需要自行确定）。

结尾。合同正文的结尾部分包括合同的生效日期和有效期限、合同的正副本及件数、保存及其效力、合同附件名称及件数等说明。

4.落款。由署名、盖章和日期构成。署名应写全称，并盖公章。经法定部门公证的合同，要注明签证机关名称及签证人姓名，并盖章、签字。签字日期如已在标题下注明，可以省略。

（四）合同写作的注意事项

1.内容要合法。合同的内容必须遵守国家的法律和行政法规、政策，否则属于无效合同。

2.条款、项目要完备、明确、具体。合同的条款与项目关系到双方的经济利益和法律责任，各项条款和有关项目缺一不可，一定要表述完备，不能有遗漏，并尽可能具体和做到标的、各方权利义务、各方经济和法律责任"三明确"。

3.表达要严谨、准确、简洁。合同在文字表达上必须严谨、规范、简洁，标点符号力求准确，文面要整洁，该大写的数字要用大写，切忌语义不明，词义含糊和一词多义等现象。

劳动合同范本

甲方	乙方
	文化程度
	性别
法定代表人	出生日期　　　　年　　　月　　　日
或委托代理人	居民身份证号码　　　　邮政编码
甲方地址	家庭住址
	所属街道办事处

根据《中华人民共和国劳动法》，甲乙双方经平等协商同意，自愿签订本合同，共同遵守本合同所列条款。

一、劳动合同期限

第一条　本合同期限类型为_____期限合同。

本合同生效日期_____年____月____日，其中试用期____个月。

本合同_____终止。

二、工作内容

第二条　乙方同意根据甲方工作需要，担任_____岗位（工种）工作。

第三条　乙方应按照甲方的合法要求，按时完成规定的工作数量，达到规定的质量标准。

三、劳动保护和劳动条件

第四条　甲方安排乙方执行_____工作制。

执行定时工作制的，甲方安排乙方每日工作时间不超过八小时，平均每周不超过四十四小时。甲方保证乙方每周至少休息一日，甲方由于工作需要，经与工会和乙方协商后可以延长工作时间，一般每日不得超过一小时，因特殊原因需要延长工作时间的，在保障乙方身体健康的条件下延长工作时间每日不得超过三小时，每月不得超过三十六小时。

执行综合计算工时工作制的，平均日和平均周工作时间不超过法定标准工作时间。

执行不定时工作制的，在保证完成甲方工作任务的情况下，工作和休息休假乙方自行安排。

第五条　甲方安排乙方加班的，应安排乙方同等时间补休或依法支付加班工资；加点的，甲方应支付加点工资。

第六条　甲方为乙方提供必要的劳动条件和劳动工具，建立健全生产工艺流程，制定操作规程、工作规范和劳动安全卫生制度及其标准。

甲方应按照国家或北京市有关规定组织安排乙方进行健康检查。

第七条　甲方负责对乙方进行政治思想、职业道德、业务技术、劳动安全卫生及有关规章制度的教育和培训。

四、劳动报酬

第八条　甲方的工资应遵循按劳分配原则。

第九条　执行定时工作制或综合计算工时工作的乙方为甲方工作，甲方每月_____日以货币形式支付乙方工资，工资不低于_____元，其中试用期间工资为_____元。

执行不定时工作制的工资支付按_____执行。

第十条　由于甲方生产任务不足，使乙方下岗待工的，甲方保证乙方的月生活费不低于_____元。

五、保险福利待遇

第十一条　甲乙双方应按国家和北京市社会保险的有关规定缴纳职工养老、失业和大病医疗统筹及其他社会保险费用。

甲方应为乙方填写《职工养老保险手册》。双方解除、终止劳动合同后,《职工养老保险手册》按有关规定转移。

第十二条　乙方患病或非因工负伤,其病假工资、疾病救济费和医疗待遇按照_____执行。

第十三条　乙方患职业病或因工负伤的工资和医疗保险待遇按国家和北京市有关规定执行。

第十四条　甲方为乙方提供以下福利待遇_____。

六、劳动纪律

第十五条　乙方应遵守甲方依法制定的规章制度:严格遵守劳动安全卫生、生产工艺、操作规程和工作规范;爱护甲方的财产,遵守职业道德;积极参加甲方组织的培训,提高思想觉悟和职业技能。

第十六条　乙方违反劳动纪律,甲方可依据本单位规章制度,给予纪律处分,直至解除本合同。

七、劳动合同的变更、解除、终止、续订

第十七条　订立本合同所依据的法律、行政法规、规章发生变化,本合同应变更相关内容。

第十八条　订立本合同所依据的客观情况发生重大变化,致使本合同无法履行的,经甲乙双方协商同意,可以变更本合同相关内容。

第十九条　经甲乙双方协商一致,本合同可以解除。

第二十条　乙方有下列情形之一,甲方可以解除本合同:

1.在试用期间,被证明不符合录用条件的;

2.严重违反劳动纪律或甲方规章制度的;

3.严重失职、营私舞弊,对甲方利益造成重大损害的;

4.被依法追究刑事责任的。

第二十一条　下列情形之一,甲方可以解除本合同,但应提前三十日以书面形式通知乙方:

1.乙方患病或非因工负伤,医疗期满后,不能从事原工作也不能从事由甲方另行安排的工作的;

2.乙方不能胜任工作,经过培训或者调整工作岗位,仍不能胜任工作的;

3.双方不能依据本合同第十八条规定就变更合同达成协议的。

第二十二条　甲方濒临破产进行法定整顿期间或者生产经营发生严重困难，经向工会或者全体职工说明情况，听取工会或者职工的意见，并向劳动行政部门报告后，可以解除本合同。

第二十三条　乙方有下列情形之一，甲方不得依据本合同第二十一条、第二十二条终止、解除本合同：

1. 患病或非因工负伤、在规定的医疗期内的；

2. 女职工在孕期、产期、哺乳期内的；

3. 义务兵复员退伍和建设征地农转工人员初次参加工作未满三年的；

4. 义务服兵役期间的。

第二十四条　乙方患职业病或因工负伤，医疗终结，经市、区、县劳动鉴定委员会确认完全或部分丧失劳动能力的，按_____办理，不得依据本合同第二十一条、第二十二条解除劳动合同。

第二十五条　乙方解除本合同，应当提前三十日以书面形式通知甲方。

第二十六条　有下列情形之一，乙方可以随时通知甲方解除本合同：

1. 在试用期内的；

2. 甲方以暴力、威胁或者非法限制人身自由的手段强迫劳动的；

3. 甲方不能按照本合同规定支付劳动报酬或者提供劳动条件的。

第二十七条　本合同期限届满，甲乙双方经协商同意，可以续订劳动合同。

第二十八条　订立无固定期限劳动合同的，乙方离休、退休、退职及死亡或本合同约定的解除条件出现，本合同终止。

八、经济补偿与赔偿

第二十九条　下列情形之一，甲方违反和解除乙方劳动合同的，应按下列标准支付乙方经济补偿金：

1. 甲方克扣或者无故拖欠乙方工资的，以及拒不支付乙方延长工作时间工资报酬的，除在规定的时间内全额支付乙方工资报酬外，还需加发相当于工资报酬百分之二十五的经济补偿金；

2. 甲方支付乙方的工资报酬低于本市最低工资标准的，要在补足低于标准部分的同时，另外支付相当于低于部分百分之二十五的经济补偿金。

第三十条　下列情形之一，甲方应根据乙方在甲方工作年限，每满一年发给相当于乙方解除本合同前十二个月平均工资一个月的经济补偿金，最多不超过十二个月：

1. 经与乙方协商一致，甲方解除本合同的；

2. 乙方不能胜任工作，经过培训或者调整工作岗位，仍不能胜任工作，由甲方解除本合同的。

第三十一条　下列情形之一，甲方应根据乙方在甲方工作年限，每满一年发给相当于本单位上年月平均工资一个月的经济补偿金：

1. 乙方患病或者非因工负伤，经劳动鉴定委员会确认不能从事原工作，也不能从事由甲方另行安排的工作而解除本合同的；

2. 劳动合同订立时所依据的客观情况发生重大变化，致使本合同无法履行，经当事人协商不能就变更劳动合同达成协议，由甲方解除劳动合同的；

3. 甲方濒临破产进行法定整顿期间或者生产经营状况发生严重困难，必须裁减人员的。

以上三种情况，如果乙方被解除本合同前十二个月的月平均工资高于本单位上年月平均工资的，按本人月平均工资计发。

第三十二条　甲方解除本合同后，未按规定给予乙方经济补偿的，除全额发给经济补偿金外，还须按该经济补偿金数额的百分之五十支付额外经济补偿金。

第三十三条　支付乙方经济补偿时，乙方在甲方工作时间不满一年的按一年的标准发给经济补偿金。

第三十四条　乙方患病或者非因工负伤，经劳动鉴定委员会确认不能从事原工作，也不能从事由甲方另行安排的工作而解除本合同的，甲方还应发给乙方不低于企业上年月人均工资六个月的医疗补助费，患重病和绝症的还应增加医疗补助费，患重病的增加部分不低于医疗补助费的百分之五十，患绝症的增加部分不低于医疗补助费的百分之一百。

第三十五条　甲方违反本合同约定的条件解除劳动合同或由于甲方原因订立的无效劳动合同，给乙方造成损害的，应按损失程度承担赔偿责任。

第三十六条　乙方违反本合同约定的条件解除劳动合同或违反本合同约定的保守商业秘密事项，对甲方造成经济损失的，应按损失的程度依法承担赔偿责任。

第三十七条　乙方解除本合同的，凡由甲方出资培训和招接收的人员，应向甲方偿付培训费和招接收费。其标准为：_____。

九、劳动争议处理

第三十八条　因履行本合同发生的劳动争议，当事人可以向本单位劳动争议调解委员会申请调解；调解不成，当事人一方要求仲裁的，应当自劳动争议发生之日起六十日内向_____劳动争议仲裁委员会申请仲裁。当事人一方也可以直接向劳动争议仲裁委员会申请仲裁。对裁决不服的，可以向人民法院提起诉讼。

十、其他

第三十九条　甲方以下规章制度_____作为本合同的附件。

第四十条　本合同未尽事宜或与今后国家、北京市有关规定相悖的，按有关规定执行。

第四十一条　本合同一式两份，甲乙双方各执一份。

甲方（盖章）　　　　　　　　　乙方（签章）

法定代表人
或委托代理人（签章）

鉴证机关（盖章）　　　　　　　签订日期：　　年　月　日

鉴证员（签章）

鉴证日期：　　年　月　日

租房合同范本

出租方：_____（以下简称甲方）

承租方：_____（以下简称乙方）

甲、乙双方就房屋租赁事宜，达成如下协议：

一、甲方将位于××市××街道××小区×号楼××××号的房屋出租给乙方居住使用。

二、本房屋月租金为人民币××元，按月/季度/年结算。每月月初/每季季初/每年年初×日内，乙方向甲方支付全月/季/年租金。

三、乙方租赁期间，水费、电费、取暖费、燃气费、电话费、物业费以及其他由乙方居住而产生的费用由乙方负担。租赁结束时，乙方须交清欠费。

四、乙方同意预交_____元作为保证金，合同终止时，当作房租冲抵。

五、房屋租赁期为_____，从____年____月____日至____年____月____日。在此期间，任何一方要求终止合同，须提前三个月通知对方，并偿付对方总租金_____的违约金；如果甲方转让该房屋，乙方有优先购买权。

六、因租用该房屋所发生的除土地费、大修费以外的其他费用，由乙方承担。

七、在承租期间，未经甲方同意，乙方无权转租或转借该房屋；不得改变房屋结构及其用途，由于乙方人为原因造成该房屋及其配套设施损坏的，由乙方承担赔偿责任。

八、甲方保证该房屋无产权纠纷；乙方因经营需要，要求甲方提供房屋产权证明或其他有关证明材料的，甲方应予以协助。

九、就本合同发生纠纷，双方协商解决，协商不成，任何一方均有权向××人民法院提起诉讼，请求司法解决。

十、本合同连一式×份，甲、乙双方各执×份，自双方签字之日起生效。

甲方：

乙方：

_____年_____月_____日

二、协议书

（一）协议书的概念

协议书是机关、社会团体、企事业单位或个人之间共同协商签订的建立协作关系或约定关系的书面契约。

（二）协议与合同的区别

1.合同内容一般限于经济活动方面；协议书内容可以是经济活动，也可以是其他活动，其适用范围较为广泛。

2.合同是从"微观"的角度，落实所要履行的具体明细的事项；协议书涉及"宏观"内容、总体原则。某些协议书内容很具体，也可作为正式合同使用。

3.合同一经签订就产生法律效力，协议书往往要经过行政主管部门鉴证或公证机关公证才能产生法律效力。

（三）协议书的分类

1.联营协议书。是指双方或多方共同出资、共同生产经营、共享所得利益、共担风险的协议书。

2.委托协议书。是指当事人一方约请另一方代为处理事务的书面协议。

3.调节协议书。是双方发生经济纠纷时，在第三方的主持下，通过协商，自愿达成解决纠纷的协议书。

4.补充协议书。是当签订合同或协议书后发现某些条款有遗漏需要补充，或出现新情况需要增加有关条款时，双方或多方经协商一致订立的一种协议书。

5.捐赠协议书。是一方向另一方无偿捐赠钱物的协议书。

（四）协议书的特点和作用

1.内容广泛

协议书内容的广泛性体现在两个方面：一是可以用协议书的方式来确定各种关系的内容非常广泛。政治的、经济的、军事的、文化的、教育的、科技的、外交的、法律的、宗教的、民事等关系，都可以签订协议书来确定。协议书在社会上的"通用性"决定了它内容的广泛性。二是在一份具体的协议书中，往往包含着广泛的内容。

2. 形式多样

协议书形式的多样性体现在以下几个方面：一是协议书的签订者之间的关系是多种多样的。国家与国家之间、国家与政党之间、国家与单位之间、政党与政党之间、单位与单位之间、单位与个人之间、个人与个人之间都可以签订协议书。二是协议书的条款多少也可以不受任何约束，可以订许多项，也可以只订一项。三是协议书的篇幅也不受限制。根据需要，可以洋洋万言，也可以只有几句话。四是协议书的有效时间灵活。可以长达数年、数十年，也可以短到几天、几个小时。

3. 签约自愿

签订协议书的各方必须是自愿的。这不仅是协议书本身所具备的一个特点，而且也是签订协议书的一个原则。没有各方的自愿协商，没有求同的决议，则无"协议"可言。一方强迫、威逼另一方签订的"协议"，不是真正的协议。

4. 法律性强

协议书一经合法签订，对签约各方都有法律效力。签约各方必须依法遵守协议、执行协议。因此，签订协议书是一项十分严肃的事情。签约人必须对内容作认真的、逐字逐句逐条款的推敲，权衡执行的种种利弊得失，万万不可草率从事。

（五）协议书的基本格式和写法

协议书一般由标题、立协议人、正文、落款四部分构成。

标题由协议内容和文种名称组成或由协议书性质和文种名称组成。前者如"联合办学协议书""集资办矿协议书"，后者如"赔偿协议书""委托协议书"。

在标题下写"立协议人"，写明协议各方当事人单位名称和个人姓名。在"立协议人"前面或后面，一般注明甲方、乙方。

正文由缘由、主体组成。缘由写签订协议的目的、依据等。主体写协议的内容，对有关事项用条款写法写清楚。正文有时也可以不写缘由，直接写协议的内容条款。

落款由署名、盖章和日期组成。

（六）协议书写作的注意事项

1. 符合国家法律、法规。协议书的内容要符合国家法律、法规和有关政策，维护国家和社会的公共利益。

2. 坚持自觉自愿、平等互利的原则，任何一方不得把自己的意愿强加给对方。

3. 协议书内容要明确，用词要准确，不能有含糊不清、模棱两可之处。

 例文1

协议书

甲方：_____　　身份证号码：_____

地址：_____　　联系电话：_____

乙方：×× 出国留学培训中心

地址：×× 市 ×× 路 ×× 号　　联系电话：××××－×××××××

应甲方要求，甲乙双方经协商，就乙方为甲方办理赴_____自费留学手续达成如下协议。

一、双方责任

1. 乙方向甲方提供的服务程序及国外学校情况为真实、合法。

2. 甲方向乙方提供申请所需的一切资料，并保证资料的真实和合法。

3. 甲方按付款标准和程序及时足额地向乙方缴付应缴的费用。

4. 乙方在收齐甲方的材料及应缴费用后，及时为甲方取得校方录取通知书。

5. 乙方指导甲方准备签证申请资料，并及时向所去国使领馆（移民局）递交签证申请，申请进展情况及时通告甲方。

6. 如申请成功，乙方可应甲方要求安排甲方到达所去国的接机、住宿等服务。

7. 乙方对甲方要求保密的资料负责保密。

二、费用及付款程序

1. 签订此协议时甲方需缴付_____元人民币（美元）的押金及_____元人民币（美元）的报名费。

2. 甲方在领取签证时需一次性缴清应缴的全部费用，此前交付的押金可冲抵服务费，多退少补。

3. 按所去国或所去大学的要求，根据乙方的通知，甲方应及时足额地向乙方缴付：（1）中介服务费_____元人民币；（2）学费_____元人民币（美元）；（3）住宿费_____元人民币（美元）；（4）生活费_____元人民币（美元）（2、3、4 项根据学校通知缴付）；（5）抵押金_____元人民币（美元）；（6）签证费_____元人民币（美元）（5、6 项申请签证时缴付）等费用。

4. 如使领馆需要申请人本人前往使领馆面试或面签的，申请人必须自己亲自前往，差旅费用自理。

5. 抵达所去国后，如需提供接机、安排住宿等服务的，需在领取签证时缴付_____元人民币（美元）的安置费。

6. 申请人办理公证、认证、使馆审核、翻译、护照、体检、汇费、应缴国外学校费用的汇款手续费及国际机票和行程费用等自理。

三、退款原则及程序

1. 双方一旦签署该协议，即正式进入申办程序，倘申请人中止申请，则报名费不退，并在押金中扣除外方损失费3000元人民币、中方损失费1000元人民币及500元人民币工本费，其余费用退还申请人。

2. 如乙方已为甲方办好国外入学通知，而甲方中止申请（甲方申明退办日期在入学通知书签发日期之后），则所收押金及报名费不退，扣除国外学校报名费。

3. 如甲方材料符合条件而未能获得所去国签证，扣除国外学校报名费_____元人民币（美元）和乙方500元人民币工本费（国内外通信费、材料费等）外，其他所收费用由乙方如数退还甲方。

4. 因甲方不能及时准确地提供申请留学所需的材料，造成留学申请自动中止，则所交报名费及押金不退。

5. 如属乙方指示甲方按校方要求在签证之前汇出的费用，倘若申请不成功，甲乙双方商定应退的费用由乙方负责为甲方追退，追退不回的由乙方赔偿。甲方在乙方不知的情况下自行向外方或校方汇入的费用，乙方不承担任何责任。

6. 如乙方为甲方获得签证，不论甲方是否出国留学，所收一切费用均不退还。

四、法律责任

1. 乙方保证为甲方办理的留学申请程序真实合法，否则将退还所收一切费用。

2. 甲方不得提供任何虚假材料，如因此造成申请被拒签，所收费用一律不退。

3. 即使甲方申请材料齐备，符合所去国的留学政策和条件，也存在被所去国拒签的可能。遇此情况，除按本协议三—3款执行退款，乙方不承担其他任何责任。

4. 甲乙双方只在办理出国留学手续上存在双方约定的法律关系。甲方如申请成功，其到达所去国后的一切人身合法权益受所去国的法律及中国驻该国使领馆的保护，受学校的监护，乙方不承担任何直接或连带责任。

5. 甲方申请成功后，其在所去国的一切行为受该国法律的规范和约束并对其后果负责，乙方不承担任何直接或连带责任。

6. 甲方在留学期间，如有需要乙方帮助的事项，乙方如能做到的，则尽可能予以帮助，但不属于双方约定的责任和义务。

7. 如因乙方过错造成的甲方在办理出国留学过程中合法权益受损，甲方可直接向省教育、公安等主管部门申请赔偿。如非乙方过错，乙方将不承担任何责任。

此协议经甲乙双方签字后生效。

甲方申请人：_____   乙方：××出国留学培训中心

甲方代理人：_____   乙方代表：

____年____月____日   ____年____月____日

三、条据

1. 借条

借条是向单位或个人借款借物时给对方写的凭证性条据。当归还款物时，要将借条收回并及时销毁。

借条由标题、正文和落款三部分组成。

（1）标题可以写成"借条""借据"等。

（2）正文用"今借到"开头，然后写明借于哪个单位或个人、所借款物的名称、数量、归还时间等，最后用"此据"结尾。

（3）落款写明借条人的姓名和借款时间。

借　条

今借到××电机厂财务科人民币伍仟元整，作搬家装修房屋用。借期五个月，到时一次还清。此据。

借款人：×××（签名盖章）

××年×月×日

2. 欠条

欠条是在未结清款物时写给对方的条据。当所欠款物全部归还后，要及时收回欠条进行销毁。

欠条由标题、正文和落款三部分组成。'

（1）标题可以写成"欠条"。

（2）正文包括所欠款物的原因、名称、数量、归还时间等。如已归还了部分款物，可采取"原借到……已归还……还欠……"的形式；如果是事后补写的欠条，可写为"××年×月×日借到……今特补写此据以作凭证'。最后以"此据"结尾。

（3）落款写明立据者的姓名和立据时间。

欠　条

今欠省食品公司第二门市部羊肉款叁佰元整，准于××年××月××日如数付清。此据。

欠款人：×××（签名盖章）

××年××月××日

3. 收条

收条是收到他人的款物时写给对方的条据。

收条由标题、正文和落款三部分组成。

（1）标题可以写为"收条"。

（2）正文以"今收到"开头，然后写明收到何人何种款物、其名称及数量等，最后以"此据"结尾。

（3）落款写明立据人的姓名和立据时间。

收　条

今收到市人事局交来的××年×月该局××名党员的党费叁佰伍拾元整。

××市组织部

××年×月×日

四、授权委托书

（一）委托代理与授权委托书

代理是民事法律行为的一种。《中华人民共和国民法典》第七章对"代理"有明确而详尽的阐述。《中华人民共和国民法典》第一百六十一条规定，"民事主体可以通过代理人实施民事法律行为"。第一百六十三条规定，"代理包括委托代理和法定代理"。而委托代理是基于被代理人的委托授权而发生代理权的代理，分为授权代理和意定代理。授权代理即代理人与被代理人之间通过授权确立的代理。授权必须以书面形式进行。这种通过书面形式的授权就是授权委托书，授权委托书是由被代理人出具的证明代理人具有代理权并指明其权限的书面法律文件。授权委托书只存在于委托代理中。

（二）授权委托书的分类

依据不同的标准，授权委托书可以分为不同的种类。根据委托内容不同，可以分为民事代理授权委托书和民事诉讼授权委托书；根据委托的主体不同，可以分为单位和单位间的授权委托书、单位和个人间的授权委托书、个人和个人间的授权委托书；根据授权的程度不同，分为全权委托书和部分授权委托书。生活中常见的是民事代理授权委托书、个人和个人间及单位和个人间的代理授权委托书。

（三）授权委托书的特点

在此，我们主要介绍一下两种较为常见的授权委托书的特点。

1. 民事代理授权委托书的特点

（1）它是非诉讼性的委托代理文书，由被代理人委托代理人在一定权限范围内进行民事法律行为，如委托他人出卖、管理房屋等。

（2）它是根据被代理人的授权而成立的文书。被代理人授予的权限有多大，委托代理人就行使多大权限。委托人委托的权限，应当依法进行，不得违反法律、法规的规定。

授权委托书必须出于被代理人的自愿，代理人不得强行要求代理。委托人委托的代理权限应具体明确，不能笼统含糊。

（3）授权委托书是代理的凭据。

2. 民事诉讼授权委托书的特点

（1）它是当事人、第三人、法定代理人委托他人代为诉讼的一种文书，是委托代理人为被代理人进行诉讼活动的依据，只有委托人签名或盖章的授权委托书才有效。

（2）它是根据被代理人在诉讼中的授权而成立的文书，规定了委托代理人的代理权限。

委托代理人有了诉讼代理权，才能在代理权的范围内为代理人行使诉讼行为。例如，查阅案卷、陈述辩论、审查证据等。被代理人授予的权限有多大，委托代理人就行使多大权限，受委托人无权行使没有被授予的权限。委托代理人在代理权限内的诉讼行为，和当事人自己实施的诉讼行为有同等效力。委托代理人根据代理权所实施的一切诉讼行为，其法律上的后果一概由被代理人承担。

（3）它是被代理人向人民法院送交的文书。委托代理人的代理权确定之后，就可书写授权委托书。被代理人应当向受理案件的人民法院送交这种文书，以证明代理权的确定及其范围。如果变更或解除代理权时，被代理人应当书面报告人民法院，并通知有关当事人。

案件在审结、裁判或双方和解后，授权委托书的效力即告终结，代理权也同时消失。

（四）授权委托书的基本构成与写法

《中华人民共和国民法典》第一百六十五条规定，"委托代理授权采用书面形式的，授权委托书应当载明代理人的姓名或者名称、代理事项、权限和期间，并由被代理人签名或者盖章"。

1. 标题

标题一般常见三种形式。其一，单文种的标题，如"授权委托书"；其二，是事由和文种组成的标题，即"关于某问题的授权委托书"；其三，是由授权人和事由、文种组成的标题，即"某人关于某问题的授权委托书"。

2.委托人和被委托人的基本情况

包括二者的姓名、性别、年龄、民族、籍贯、职业、住址和单位名称。

3.所授权的内容、权限和期间

这一部分是授权委托书的核心部分，需要写清楚委托人授权被委托人代其做什么事，被委托人是否能全权代表委托人，委托的时限是什么，委托处理事情的范围是什么等。在写作时，应特别注意授权内容要确切、具体；委托权限要审慎，若有疑惑，需咨询专业律师。

4.委托、被委托人签名或盖章

在授权委托书的右下方，由委托人、被委托人签名或盖章，以确认授权的有效性。

（五）授权委托书的写作注意事项

1.内容确切、清晰。授权委托书的各项内容，尤其是委托人、被委托人的基本情况，委托事项、权限和期间，要确切、清晰，不留歧义，方便事情的代办。

2.为保证授权委托书的真实性，委托书的各项内容必须写在同一页纸内，否则无效。

3.委托书落款处需要委托人和被委托人亲自签字，以保证委托的有效性、真实性。

4.受委托人凭借授权委托书和委托人证件办理相应事项的手续。

授权委托书

委托人姓名：_____身份证号：_____工作单位：_____
地址：_____联系电话：_____

受委托人姓名：_____身份证号：_____工作单位：_____
地址：_____联系电话：_____

_____（委托人姓名）特委托_____（受委托人姓名）在委托人与×××××（单位/个人）的_____业务中，作为委托人的取货代理人，其代理权限为全权代理，即全权收取委托人有权从×××××（单位、个人）收取的全部货物。

委托人：（签名）

受委托人：（签名）

××年×月×日

1. 以学校近期举办的活动为例，写一份反映校园生活的简报。

2. 请根据本学期自己在学校学习、生活等方面的表现，写一份个人总结。

3. 假设陈嘉明同学因病住院，需要全权委托你代为补办身份证手续，请代其写一份授权委托书。

4. 假如你是某公司公关部职员，要邀请数据公司的曹先生参加座谈会，会后备有午餐，请你设计制作一份请柬。

第四章　新闻类文体的写作

第一节　消　息

一、消息的概念与特点

消息是以简明扼要的文字，对新近发生的或发现的，为公众所关心的事实所做的迅速报道。"简明扼要"是其文体写作特点；"新近发生的或发现的"和"迅速报道"，说明消息有着极强的时效性；"为公众所关心的事实"，强调了消息的真实性和价值性。

一条完整的典型的消息，一般要具备六个新闻要素，即"何时""何地""何人""何事""何故"及"如何"。因为前五项英译的第一个字母是"W"，第六项英译的第一个字母是"H"，所以被称为五个"W"和一个"H"。其中"何时""何地""何事"这三个要素最重要，任何消息中都不可缺少。其他要素在某些简明短小的消息中，根据内容的不同，也允许部分省略。

消息是新闻报道的主角。消息的主角地位已经延续了一个半世纪以上，构成了报纸、广播、电视和网络新闻最基本、最重要的部分。消息是报纸、门户网站的要闻版特别是头版头条的首选文体。消息是最基本的新闻体裁，其他新闻体裁，从某种角度来说，是消息的扩大、延伸和发展。

二、消息的分类

根据消息的写作特点和报道内容，可以将其分为五类：

（一）动态消息

动态消息是迅速及时、简明扼要地报道国内外新近变动的事实，将社会生活中发生的新变化、新成就、新动向、新情况报道给读者或听众，如《苏炳添以 9 秒 83 闯入奥运会男子百米决赛，并创造亚洲纪录》（2021 年 8 月 1 日 "新华网"）。

动态消息的特点是篇幅短小，主题集中，一事一报，简洁明快，在报纸上出现最多。它时效性强，要求作者十分重视事态的变化情况，并随时将最新动态报告给关心事态发展的读者。

（二）经验消息

经验消息是向读者、听众报道某地区、某单位某一方面的典型经验、成功做法的一种消息。

经验消息指导性强，它要通过典型经验的报道，达到以点带面、推动全局工作的目的。因此，要求具有较强的针对性和说服力，在提出问题的同时还要讲清解决的办法，在叙述事实、讲清做法的基础上还要总结出能切实解决问题的具有指导意义的经验，使读者、听众知其然又知其所以然。如《舍弃八亿收入，换来鸥翔水美——"禁砂"三年，黄河下游最大湖泊东平湖生态效应显现》（2021年3月15日《大众日报》）就是一篇介绍东平县通过禁砂护湖，使得东平湖的面貌为之一变，水质持续改善，重现鸥翔水美的佳作，该作品获得第三十二届中国新闻奖一等奖。

（三）综合消息

综合消息是以综合反映全局情况为内容的一种消息。它一般围绕一个中心，集中全国或某个地区、某个部门、某条战线、某个单位带有全局性的新情况、新成就、新动向、新问题加以综合报道，在内容上常常是一地多事或多地一事，把一个地区、一个单位的若干事实或不同地区、不同单位的若干事实撮合起来，进行概括的报道，如《线上线下结合　形式多样精彩——全国各地积极开展全民健身主题活动》（2022年6月10日《中国体育报》）介绍了湖北、江苏、河北、山东、重庆、广州等地开展的全民健身主题活动，并总结这些主题活动的特点为线上线下结合的方式与丰富多彩的形式。

（四）人物消息

人物消息是以写人物为主的消息，用以迅速地反映新闻人物的某种行为或某个侧面，写作上要求抓住新闻人物的本质特征，选取新鲜的具有普遍教育意义的典型事实，表现人物的先进思想、精神面貌。不要求面面俱到，要求写出人物的"新"，在"新"字上做文章，突出一点，不及其余。它与人物通讯最大的区别是快、短。如《马龙：冠军的心》（2021年7月31日"新华网"）是在马龙获得东京奥运会乒乓球男单冠军之后，对他的成功之路与内心历程的采访报道。

（五）社会消息

社会消息（或新闻）是指反映社会生活、社会问题的消息。它以社会道德、伦理为基础，写作上富有人情味，讲究趣味性，能引起广泛的社会兴趣。凡日常生活的新人新事、新道德新风尚的事例、社会人物的生活与活动、恋爱婚姻家庭方面的事件、民事与刑事案件、社会秩序与交通安全方面的事件、某些社会问题及丑恶的社会现象等，皆是社会新闻报道的内容。由于社会新闻多是用来伸张正气、抵制邪气、影响社会舆论的，往往要有叙有评，评中又有褒贬。如《"民法典实施第一案"广东诞生 35 楼扔下矿泉水瓶被判赔偿 9 万多元》（2021 年 1 月 4 日《羊城晚报》）、《"辣笔小球"犯侵害英雄烈士名誉、荣誉罪一审被判有期徒刑 8 个月》（2021 年 5 月 31 日"新华网"）。

三、消息的写作格式

消息有其独特的写作格式，典型的消息由标题、消息头、导语、主体、背景和结尾组成。

（一）标题

标题是新闻的眼睛，是对内容最鲜明、最精炼地概括，起画龙点睛和吸引受众注意的作用。它有三种类型：多行标题、双行标题、单行标题。

1. 多行标题

此类标题一般由引题、正题、副题组成，信息量丰富，宣传声势大，常用来报道比较重大的新闻事实，例如：

里程碑！（引题）

全球最大碳市场开市（正题）

湖北"十年磨一剑"，"磨"出注册登记系统（副题）

（2021 年 7 月 17 日《湖北日报》）

正题是消息标题的主体，又称主标题、主标、主题，用于概括和揭示消息中最主要的事实或思想，是消息内容的精华所在。引题，又称眉题、肩题，它的作用是介绍背景、烘托气氛、引出主题；或揭示新闻事实的意义，以辅助正题。副题，又称子题、辅题，它对正题起补充、说明、印证、注释的作用。多行标题三者的次序为引题、正题、副题。

多行标题还有"双正一副""一引双正""一正双副"等情况，例如：

梦想藏在心里　努力落在脚下（正+正）

——专访亚洲首位世锦赛跳远冠军王嘉男（副题）

（2022 年 7 月 20 日"新华网"）

川崎田径大奖赛"中国飓风"（引题）

13 秒 09 刘翔栏上飞翔夺冠

10 秒 04 苏炳添百米平添金牌（双正）

（2012 年 5 月 7 日《中国体育报》）

2. 双行标题

双行标题有两种：一种是在正题之前加引题，一种是在正题之后加副题。例如：

群众主创（引题）

贵州"村超"掀起夏日"足球热浪"（正题）

（2023 年 6 月 9 日"新华网"）

"复兴号"在西藏通车引起各族群众欢呼和赞誉（正题）

"这是我们新的团结线幸福路"（副题）

（2021年6月26日《西藏日报》）

3. 单行标题

单行标题也是常见的一种标题。例如：

"全民健身场地设施提升行动"启动

（2023年6月7日"人民网"）

中国足协：中国足球处于困难期

（2022年1月11日《北京青年报》）

（二）消息头

消息头位于消息的开头部分，标明新闻的来源，是"版权所有"的一种标记，也是读者将消息与其他文体区分的明显标志。消息头的主要形式有"讯"和"电"两种。

"讯"主要是通过邮寄或书面递交的形式向报社传递的新闻报道。若消息从本埠发出，一般冠以"本报讯"；若消息从外埠发出，应标明消息的时间和地点，如"本报济南7月2日讯"。

"电"主要是通过电报、电话、电邮等形式向报社、新闻网站传递的新闻报道，如"本报北京3月4日专电""路透社叙利亚5月6日电"等。

（三）导语

关于导语，至今无统一的、通用的和权威的定义。一般说来，导语是一则消息的第一段或者前两段，是消息所特有的，是新闻事件或问题的结果、提要或高潮。

导语的这些特性是由读者的阅读习惯决定的，人们往往都希望在第一时间阅读到最重要的内容。因此，消息多是从高潮开始的，所以在消息写作过程中，一般采用倒金字塔结构，即将最重要的部分放在开头。倒金字塔结构的发明源于美国内战时电报的使用。因为当时发电报是按字付钱，报社要求记者将最重要的信息放在最前面。

导语写作，应遵循以下几个基本要求：

一是须有实质性内容。最早的导语强调六要素俱全，一般应涵盖谁、什么事、时间、地点、为什么和如何这六个基本问题；20世纪50年代起，西方的导语倾向于只写出重要的新闻要素，近年来，导语的类型多样化，显得更加活泼。以下是一个要素齐全的导语：

6月7日晚上，民生路一所民居发生火灾。大约造成了10万元的家庭损失。消防队长王强说，火灾是由在床上吸烟引起的。

二是须将最有新闻价值和吸引力的事实写进导语。比如，在报道暴雨、火灾、空难等灾难性事件时，读者更关注灾情。因此，在导语中写进灾情的基本情况十分必要。

三是力求精简。麦尔文·曼切尔曾说："为了保证导语的鲜明性和可读性，要尽可能把字数限制在30至50个（英文）字以内。"历史上有不少著名的一句话导语。如：

［路透社达拉斯（1963年）11月22日急电］肯尼迪总统今天在这里遭到刺客枪击身死。

四是富有美感，做到优美生动。如：

［新疆日报墨玉12月25日讯］25日上午，在墨玉县扎瓦镇托格拉亚村，村民穆乃外尔·如则瓦柯熟练地发动五菱小货车，拉着客户定做的馕坑，一溜烟向远处驶去。"我们村共有565户村民，现在拿到和正考取驾照的妇女有95人。从以前不能抛头露面，到过上现代生活，这些年我们女同胞的面貌发生了难以想象的变化！"村妇联主席阿依古丽·米热布都拉说。

在我国，常用的导语写法有以下几种：

1. 叙述式

简明扼要地写出消息的主要事实。如新华社对第十四届全运会10米气手枪混合团体决赛报道的导语：在第十四届全运会10米气手枪混合团体决赛中，里约奥运会女子10米气手枪冠军张梦雪搭档张博文组成的山东一队以16∶10战胜浙江一队冯思璇/刘军辉，夺得冠军。由东京奥运会10米气步枪混合团体冠军杨皓然领衔的河北队获男子10米气步枪团体冠军。（2021年9月16日"新华社"）

2. 描写式

对消息中具有代表性的人和事或现场环境，进行简洁形象的描绘，渲染气氛，以达到作者预期的某种情绪效应。如：

已经中年的吴芝欣（音）午餐时点了一份泛着油光的肉丝面。为了能吃下这碗面，她还要了一瓶类似伏特加的白酒。吃完饭她点燃了一支香烟。尽管服务员走上来说"这里不允许吸烟"，但吴还是坚持抽完了最后一口，然后将烟头扔在了地上。这是一幅典型的中国场景，说明这个国家正面临防止各种慢性疾病暴发的严峻挑战。心脏病和癌症已成为导致中国人死亡的两大"杀手"。（2011年10月17日哥伦比亚《时代报》）

这个导语，用镜头语言呈现画面和场景，绘声绘色，形象生动，给受众留下深刻的印象。

3. 议论式

导语中对本消息的主要内容进行评论、说明意义、进行判断。这类导语又可细分为"结论式""评论式""提问式"三种类型。如：

青春应该是什么颜色？竞技场上的中国青年，志存高远、满怀激情、努力拼搏、成就梦想，他们如此回答。(《体育时评：青春应该是什么颜色》，2022 年 5 月 3 日"新华网")

这则导语就属于议论式中的"提问式"。提出问题，引人思索，更加吸引读者。

再如"结论式"导语：

少年强则国强。少年儿童的健康不仅关系个人成长与家庭幸福，也关乎国家未来和民族希望。毛泽东提出"欲文明其精神，先自野蛮其体魄"至今已百余年，仍有现实意义。在"六一"国际儿童节到来之际，倡导孩子从小强身健体、合理膳食、养成锻炼习惯，是送给孩子们最好的礼物。(节选自《述评："野蛮其体魄"是送给孩子最好的礼物》，2022 年 5 月 31 日"新华网")

4. 引语式

导语中引用一两句生动、隽永的话或者"权威人士"的话，或者报道中所反映的"对立面"的话。如：

健康是全方位的。党的二十大报告提出："重视心理健康和精神卫生。"这一重要部署，为新时代新征程推动我国心理健康和精神卫生事业取得新的更大进步吹响了奋进号角。(《建设健康中国保障人民健康》，2023 年 11 月 15 日"人民网")

与引句式类似的还有引诗式、典故式、史实式，即在导语中引用著名的诗句、典故或历史事实，以增强报道的知识性、趣味性，使其更能引人入胜。如：

"山重水复疑无路，柳暗花明又一村。"用这两句诗来形容中国女排目前在奥运会女排四强决赛中的处境，应该说是很贴切的。

引语式导语一是要严格引用直接引语，不能改变说话者原意；二是所用引语应尽量挑选"掷地有声"的"点睛"之语，能起到一语胜千言的作用；三是引语应是容易理解的短句，句式不能太复杂。

（四）主体

主体位于导语之后，是消息的主干、正文。主体是对导语的展开、补充和阐释。主体的写作，同样需要倾注大量心血，以吸引和满足读者。

根据消息内容和读者需求，主体会采用倒金字塔结构、纵向结构、横向结构或点面结构。

倒金字塔结构即按照消息内容的重要程度安排段落顺序，将最容易吸引读者、最能够反映事件的重要内容放于主题的靠前部分。

纵向结构是按事件发展的先后顺序安排结构。这种结构可以反映新闻事件的大致经过，让读者了解前因后果。

横向结构是打破时间顺序，时空结合，将同一时空范围内发生的事情按照一定顺序组织起来。

点面结构是按照点面结合，以点带面的方式，通过叙述或描述典型事件，反映总体情况。

无论采取哪种方式，主体的写作都必须围绕着导语展开，完成补充导语的作用。

（五）背景

背景指消息发生的背景条件以及与社会环境的联系。它可以烘托新闻人物与事件，深化主题，增强消息的知识性、可读性，揭示事物的意义、唤起关注。

背景材料一般分为三类：

1. 对比性材料

通过今昔正、反材料对比，以突出消息的现实意义。如：

金灿灿的柚子挂满枝头、精致的多肉植物株株争奇、一只橘猫在暖阳下酣睡……初冬时节，敲开尹萍、尹玲姐妹俩所住房屋的木门，一方生机勃勃的小院映入眼帘。四年多前，这里还是一处年久失修、日渐破败的老屋。经过一番整修，这里已成为她们的"新家"。（节选自《乡村振兴老屋里寻乡愁》，2023 年 11 月 27 日"新华网"）

2. 说明性材料

介绍新闻事实的有关背景，说明消息产生的原因、条件和环境等，以加深读者对消息内容的理解。

中国京杭大运河是一项举世瞩目的伟大工程。这条人工河北起北京，南至杭州，全长 1794 公里，是世界上里程最长、工程量最大的古代运河。（节选自《品赏流动千年的运河文化》，2023 年 11 月 28 日《人民日报》）

3. 注释性材料

对消息中一般读者不易理解的内容或名词，加以解释说明，以增加和增强消息的知识性和可读性。如《中原我军解放南阳》，对"南阳"一地引用大量材料进行注释：古称宛县，曹操与张绣曾于此地发生争夺战，刘秀曾于此地起兵……这些知识性很强的材料，充分说明了南阳自古为兵家必争之地，从而表现了"解放南阳"的重要性。

（六）结尾

结尾是消息的收笔，它与导语相照应，但不能重复。结尾各式各样，有的是对主体的归纳，有的进行画龙点睛式议论，有的是对新闻事件发展的预测……没有固定格式。如《中国女篮晋级亚洲杯决赛，将与日本队争冠！》（2023 年 7 月 1 日"中国新闻网"）的结尾是：

决赛中，中国女篮将与老对手日本女篮争夺最终的冠军，后者在早先进行的另一场半决赛中击败新西兰女篮闯入决赛。中国女篮上一次在亚洲杯（亚锦赛）夺冠还是在 2011 年，此次晋级决赛后，中国姑娘距离重夺亚洲冠军仅一步之遥，继续加油吧！

该消息通过新闻报道者之口对比赛做了预测和期待，突出了新闻主题。还有的结尾吸收了文学技法，出人意料，给人留下了极深印象。如美联社的一则消息，写的是科恩特小姐请求报社编辑刊登她弟弟的一首诗。结果是科恩特小姐告辞了，但编辑没有告诉她，她弟弟已于一小时之前在空难中丧生。消息的主题平平。但有了这一结尾，就突然提高了消息的价值，它展现了科恩特小姐与编辑的人间真情，使读者产生了共鸣。

有的消息没有结尾部分。特别是简短的消息，主体部分已将内容叙述清楚，便可戛然而止。倒金字塔式结构的消息，也可以不要结尾。

四、消息的写作要求

关于消息的写作，在前两个问题中，结合消息的特点、分类与结构，实际上已有所论述。写作消息，就要符合消息的特点和结构模式，要根据消息体裁的特征来组织材料、安排层次、表达主题。下面再集中谈三点要求。

（一）消息要新

指的是时间新、内容新、角度新。时间新，强调消息要迅速及时地反映生活。消息是"易碎品"，时间一过，就失去了新闻价值。一般是事情发生后几小时就要加以报道。如，我国射击运动员许海峰在23届奥运会上夺得第一块金牌，记者在10分钟后就发出了消息。美国总统里根被刺，17分钟后电视就播出了录像（视觉新闻）。可见争分夺秒抢时间对消息来说是十分重要的。

内容新，指的是消息中的事实要典型具体，要反映新气象、新面貌，提供最新消息。重复老套与消息是绝缘的。这就要求作者深入生活，眼光敏锐，及时发现。如2014年1月20日《解军报》刊发的《准备打仗，先向"和平积习"开刀——北京军区三九演兵重在端正训练作风一针见血查问题》，报道了北京军区按照实战标准抓训练的工作典型事例。然而作者没有就事论事，而是将主题直指制约我军部队战斗力发展的根本性、倾向性矛盾——和平积习。文章打破时空维度，既截取水平面，又截取横断面，灵活调用9个耐人寻味的训练细节，打开了第一现场的广度，拓展了第一时间的深度，撞响了全军官兵乃至国人"心中有、口中无"的警钟，振聋发聩，意味深长。

角度新，指的是撰写消息要根据内容与主题寻找新的表达角度。消息虽然有固定的结构模式，但并非千篇一律，应在固定模式中采取不同的表现方法，给读者以耳目一新的感受。如《利益面前，干部退一步》（2013年8月29日《解放日报》）抓住上海虹桥镇集体经济二次改制中"干部"退股的新鲜事，从小切口提炼出城乡一体化进程中"让广大农民平等参与现代化进程，共同分享现代化成果"的大主题，与十八届三中全会决定提出的有关城乡一体化改革方向高度契合。这篇报道还提供了一个深刻的启示：深化改革就要触动利益；调整利益格局，干部就要带头让利。有了这两点，再难的改革也能推进。这对深入开展群众路线主题教育实践活动，全面深化改革，都有很强的指导性。消息标题有特色，吸引力强；导语简练，开门见山点出了新闻事件核心——"干部退股"。新闻主体部分把复杂的改制过程梳理得非常清晰，且矛盾冲突展现充分，语言凝练生动，读来全无工作报道常见的枯燥乏味之感。

（二）消息要准

消息要准，这里有三层含义。

一是事实要准确无误，不能有一点编造。在行文时，应注意使用具体的例子，用细节为读者还原现场，再现情景。如：

当她第二天早上醒来的时候，窗户大开。屋里一片狼藉，丢失了一些小东西、一个烤箱、一个用了15年的破旧录像机、一个空书包和立体声单声道遥控器。

这个例子再现了细节，使读者一眼便能看出这桩盗窃案给失主造成的损失。

再如：

这里整夜都在交火，来复枪嗵吭嗵吭的，机关枪也不停地叫着。机关枪口径更大，声音也更大——嗒嗒嗒，哒哒哒。

这是海明威在西班牙内战期间从现场发给《纽约时报》的新闻稿件中的一段。这种写作方式无疑最大限度地还原了战争现场，富有感染力。这比用"这里的战斗很激烈，枪声很响"的表达效果好多了。

二是提法要准确，不能有片面性。比如有一篇《培养孩子懂礼貌》的消息，写的是上海一附小少先队员参观交通大学，正碰上一批外国人也在参观交大，于是这些孩子就坐在校门外的寒风里，秩序井然地等待着。通过这件事来"培养孩子懂礼貌"，是不太确切典型的。外国人进去了，孩子们却被拦在校外的寒风中，这在孩子幼小的心灵中将会造成什么影响？恐怕外国友人心中也不安。作者考虑不周，很可能造成负面影响。

三是用词要准确，避免使用带有偏见的词语，选词时切忌粗心大意，数字引用应力求精确。

（三）消息要短

指的是内容精要，文字简洁，标点正确。简短，应该是消息的重要特点。胡乔木同志曾主张，消息要在500字上下。在过去，出现过许多篇幅短小的重大新闻。如毛泽东同志写的《我三十万大军胜利南渡长江》只用了100多字，这应该是消息写作的方向。

怎样把消息写短呢？一是文字上要注意精练简洁，要像发电报一样，不能把消息文章化；二是要一事一报，取其一点，突出精华。有时消息内容比较复杂，如报道中央的重要会议，可以分开写成几条消息，仍旧要一事一报。

落后两球情况下连扳三球　中国女足夺取亚洲杯冠军

人民日报北京（2022 年）2 月 6 日电　（记者陈晨曦）时隔 16 年，中国女足重回亚洲巅峰。印度当地时间 2 月 6 日，中国女足的姑娘们在落后两球的不利情况下连扳三球，以 3∶2 击败韩国队，第九次获得亚洲杯冠军。

面对首次闯入亚洲杯决赛的韩国队，中国队派上了脚部有伤的锋将王霜，队长王珊珊依然领衔后防线，球队以稳为主。双方上半时基本处于均势，但韩国队凭借一次反击和一个点球，以 2∶0 领先中国队。

中国女足在本届赛事中最亮眼的标签就是顽强不屈。面对两球落后的不利局面，主教练水庆霞及时调整，换上小将张琳艳，并将客串后卫的王珊珊推上锋线。中国女足随之吹响反击号角。在短短 5 分钟时间里，唐佳丽和张琳艳连入两球，将比分扳平。

就当比赛即将进入加时赛之时，中国队发起最后一次进攻，肖裕仪突入禁区单刀破门，以 3∶2 锁定胜局。中国女足再度登上亚洲女足的冠军之巅。

中国女足在闯入本届比赛 4 强后已经取得 2023 年女足世界杯决赛圈资格。中国队队长王珊珊当选本届亚洲杯最有价值球员，中国队朱钰获得最佳守门员称号。

纪念中美"乒乓外交"50 周年乒乓友谊赛在旧金山举办

人民网旧金山（2021 年）8 月 15 日电　（记者邓圩）8 月 14 日，美国乒乓球协会在旧金山湾区举办纪念中美"乒乓外交"50 周年乒乓友谊赛，"中美关系是最重要的双边关系之一。它影响到所有人，每个人都是利益相关方。在这个关键时刻，非常需要发扬乒乓外交的精神。"中国驻旧金山总领事张建敏出席活动并发表讲话时表示："希望两国之间能逐步重建信任，恢复交流与合作，齐心协力共同创造更好的世界。"

美国乒乓球奥运选手 Lily Zhang、Nikhil Kumar 和 Zhou Xin 在现场与参会宾客展开友谊赛。参加过二十世纪 70 年代"乒乓外交"的美国乒乓球老队员 Dell 和 Connie Sweeris 也到场助兴。

驻旧金山总领事张建敏说，"外交有助于解决问题，拉近各国人民的距离。我从事外交工作已有三十多年，能为中国与世界各国的相互了解与合作尽绵薄之力，我为此感到自豪。我也喜欢乒乓外交。有关乒乓外交的故事，我已读过多遍，也建议我同事和很多球员都去读。每次读，我都会情不自禁被两国人民之间善意的力量所震撼。"

他说，五十年前，尼克松总统访华时曾经说过："如果我们两国人民是敌人，我们共同拥有的这个世界的未来将是黑暗的。但是，如果我们能找到共同点，共同努力，世界和平的机会将不可估量地得以增加。"

中美关系是最重要的双边关系之一。它影响到所有人，每个人都是利益相关方。在这个关键时刻，非常需要发扬乒乓外交的精神。希望两国之间能逐步重建信任，恢复交流与合作，齐心协力共同创造更好的世界。

张建敏最后说，"我仍然充满希望。毕竟，中美两国人民都是伟大的人民，而对两个伟大的人民而言，与其为敌，不如为友。让我们为此目标尽最大努力吧。"

1. 消息可分为几类？消息有何写作要求？

2. 自定内容，练习用叙述式、描写式、评论式、提问式写导语。写后检查一下，看看自己写的这些导语是否将最新鲜、最重要、最吸引人的内容写出来了，能否吸引读者。

3. 到学校周边观察采访，练习写一篇有导语、主体、背景、结尾的消息，写时要注意交代清楚"五个 W"。

第二节　通　讯

一、通讯的概念

通讯，是运用叙述、描写、抒情、议论等多种手法，具体、生动、形象地反映新闻事件或典型人物的一种新闻报道形式。它是记叙文的一种，是报纸、广播电台、通讯社常用的文体。通讯包括人物通讯和事件通讯两类，和消息一样，要求及时、准确地报道生活中有意义的人和事，但报道的内容比消息更具体、更系统。

二、通讯的特点

1. 现实性

通讯要求报道新近发生的有意义的事实，新时代涌现出来的新人、新事、新经验，紧密配合当前形势，为现实中心工作服务。

2. 形象性

通讯常采用叙述、描写、抒情、议论相结合的写实，要求对人对事进行较为具体形象的描写，人物要具备音容笑貌，事情要有始末情节，以此来感染读者。

3. 评论性

通讯一般采取夹叙夹议的手法，直接揭示事件的思想意义，并评说是非，议论色彩较浓，常常表现出强烈的政治倾向和流露出作者的爱憎感情。

三、通讯的分类

1. 人物通讯

人物通讯是以报道各领域的先进人物为主的通讯，以表现英雄人物为中心，从不同哲学思想角度反映人物的事迹和方法论，有的写一人一生的，为人物全面立传；有写一个人的一个或几个侧向的，集中反映人物的某一思想品质；也有写群像的。

2. 事件通讯

事件通讯是以记写事件为中心，重点描绘社会生活中带倾向性和典型性的生动事件及具有普遍教育作用的新闻事件。它的特点是以记事为主，交代清楚事件的原委，从而抒发某种思想。

3. 工作通讯

工作通讯又称经验通讯，是以报道先进工作经验或某项工作成就和存在的问题为主要内容的通讯。写工作通讯要有针对性，抓住当前带有普遍性的，又需要解决的结构性问题。介绍经验要科学、有理论根据。经验要写得具体，使人看得见，摸得着，学得到。

4. 概貌通讯

概貌通讯也叫风貌通讯、综合通讯。它是以反映社会生活、风土人情、自然风光和现实中的建设成就为主的。这类通讯取材广泛，气势大，笔墨重，给人以完整深刻的印象。

四、通讯的结构

（一）纵式结构

纵式结构是按照新闻事实发生、发展的时间顺序组合和编排事实材料的一种结构形式。也叫单线条过程链接法。这种结构有如下特点：

1. 按照一个事件的发生、发展过程，按时间顺序叙述下来。

2. 按照生活中发生的一连串故事的时间顺序，依次叙述。

3. "纵切式结构"。这种形式，强调的是人为地"切割事实"。这种结构反映的往往不是事件或故事，而是对客观世界中人的生存状态或某种现象的存在状态切出一个按时间顺序的纵向剖面，以展示新闻事实中蕴含的传播价值。

4. 将多线条事实"编织"成单线条的纵结构。即记者为了理清事实头绪，对事实一目了然，有时采取简化于一根时间主线的做法安排通讯结构，如《金钱炮制的弥天大谎——广西南丹"7·17"透水事故调查日记》。

（二）横式结构

横式结构是按照新闻事实的内在性质的区别和联系，以多侧面拼接的形式来安排新闻素材。即以主题为圆心串联不同空间的事实。

1.空间转换式结构。如，获奖通讯《爱心无价》。它由三个不同空间方位组织全篇。

镜头一：广州中医学院附属一院无偿地给病人治疗；

镜头二：病房——一个用爱筑成的"庇护所"；

镜头三：社会——一个爱心荡漾的天地。

2.并列式结构。即按材料性质归类，并列地写几个不同的方面，如《变化就在你的身边——从衣食住行看中国》。

3.对比式结构。从形式上看是并列，但内容却是一正一反或一新一旧，使作品形成鲜明的对比、强烈的反差。

（三）纵横式

1.纵横交叉结构。这种结构又叫复式结构，就是综合运用纵式结构和横式结构的方式来安排材料。这种结构，一般以纵式为主，横式为辅。

2."蒙太奇"式结构。把电影镜头的组合关系和连接方法，即"蒙太奇"手法，运用到通讯写作中的一种特殊的结构形式。

"蒙太奇"手法就是依据情节的发展和受众注意力关心的程度，把一个个镜头合乎逻辑地、有节奏地连接起来，使受众得到一个明确的印象和感觉。

五、通讯的写作要求

1.选好典型，确立主题

典型是通讯的筋骨，表现形式是通讯的灵魂。选好典型，确立主题对通讯来说非常重要。偏好什么样的典型呢？要选择那些具有代表性、具有普遍意义、具有宣传价值和教育意义的人和事，选择那些在一定时期内人们所关注的问题。奠定什么样的主题呢？要确立集中体现时代精神、树立时代风尚的主题，确立反映人物和话语、某种程度和规律的主题。

2.写好人物

踏实写好人物是通讯写作的重要任务。不论是人物通讯还是事件通讯，都要把人物写好。写人离不开事，因此，写人必写事、写人物所做的小事，写能揭示人物内心世界的好事。写人物还要用人物自己的语言，行为活动来表现人物；人物要写得有血有肉，有音容笑貌，有内心活动；写事要具体形象，有原委，有情节。

3. 安排好结构

纵式结构，是按时间顺序、事物发展的顺序或作者对报道事物认识发展的顺序来精心安排结构。在这种结构里，时间发展的顺序、情节展开的顺序、作者见识事物行文的顺序成为行文的线索。在采用这种结构时，要详略得当，布局巧妙，富有变化，避免平铺直叙。

横式结构，是按照事物性质来安排材料的。这种结构概括面广，要考虑不同空间的变换，恰当地安排通讯所涉及的各方面的问题。

冬奥之路

2022 年 2 月 4 日，农历大年初四，立春，奥运主火炬继 2008 年之后将在鸟巢再次燃起，北京将成为世界上首座"双奥之城"，全球的目光将再次聚焦东方。

2015 年 7 月 31 日，伴随着"北京"从国际奥委会主席巴赫口中念出，北京申冬奥代表团的成员们一跃而起，第 24 届冬季奥林匹克运动会的举办权落户中国。

近七年时光倏忽而过，中国的奥运冰雪路，走得步履坚定。

回望来路，初心未泯。冀望未来，大道宽广。

北京标杆

北京冬奥组委总体策划部遗产管理处处长刘兴华还记得，2008 年 8 月 8 日晚，他和同事们在库房里支了个电视，自己接了天线一起看奥运。五彩斑斓的焰火在鸟巢上空绚丽绽放，奥林匹克之火终于在古老的东方古国点燃。

2 月 4 日，2022 年北京冬奥会开幕式的大幕将在鸟巢拉开。

"我们每个人都还记得 2008 年夏天那个激情盛会。"世界反兴奋剂机构主席班卡说，"北京奥运会很成功，我相信冬奥会依然会展现出和 2008 年同样的高水平。"

世界对北京充满期待。国际奥委会主席巴赫说："北京全力筹办冬奥会，工作出色，有目共睹，使我们可以真正'一起向未来'，携手共创全世界冬季运动的光明未来。"

从夏奥到冬奥，伴随着 14 年的奥运之路，中国已然从奥林匹克运动的顺应者蜕变为引领者。

在北京申办 2022 年冬奥会举办权之时，走过 100 多年历程的现代奥林匹克运动正面临时代发展带来的挑战。在奥运举办成本不断攀升、滥用兴奋剂之风愈演愈烈、网络时代青少年参与体育运动热情下降的大背景下，国际奥委会围绕可持续发展、提高公信力和吸引青少年等主题推出了以改革为目标的《奥林匹克 2020 议程》。

2015 年 11 月，习近平总书记作出了坚持绿色办奥、共享办奥、开放办奥、廉洁办奥的重要指示。"绿色、共享、开放、廉洁"的办奥理念既与《奥林匹克 2020 议程》的改革思路不谋而合，又彰显出阔步走向世界舞台中央的东方大国对于奥林匹克运动更深层次的理解和认知。

自 2015 年底北京冬奥组委成立以来，沿着四个办奥理念的总原则、总方向，冬奥筹办工作稳步推进，成果有目共睹。2017 年下半年，北京冬奥会、冬残奥会新建竞赛场馆和基础设施建设全面开工。2017 年 12 月，北京冬奥会会徽和冬残奥会会徽在国家游泳中心"水立方"正式亮相。2019 年 9 月，北京冬奥会吉祥物"冰墩墩"和冬残奥会吉祥物"雪容融"揭开面纱。2019 年 12 月，北京至张家口高速铁路开通运营。2020 年年末，冬奥会北京市 8 个竞赛场馆全部完工。2021 年 10 月，北京冬奥会火种在希腊古奥林匹亚小镇的赫拉神庙前采集完成。2021 年 10 月，北京冬奥会、冬残奥会奖牌发布……

2021 年 12 月 31 日，国家主席习近平在二〇二二年新年贺词中说："再过一个多月，北京冬奥会、冬残奥会就要开幕了。让更多人参与到冰雪运动中来，这也是奥林匹克运动的题中之义。我们将竭诚为世界奉献一届奥运盛会。世界期待中国，中国做好了准备。"

在北京冬奥会、冬残奥会筹办的过程中，"绿色、共享、开放、廉洁"的办奥理念贯穿始终，为世界树立了典范。北京冬奥会、冬残奥会所有竞赛场馆将 100% 使用绿色电力，践行可持续性原则；冬奥小城崇礼 2019 年 5 月退出贫困县行列，树立以冰雪产业促进区域发展典范；"简约、安全、精彩"的办赛要求也落实到冬奥会筹办中，充分考虑赛事需求和赛后利用，坚持节约原则。

北京冬奥组委高效、有序、出色的筹备工作给巴赫留下了深刻印象。在北京冬奥会筹备的进程中，他就多次盛赞"北京标准"。巴赫说："北京筹备工作高效，在《奥林匹克 2020 议程》下尽可能节俭，同时传承奥林匹克精神、尊重运动员体验。因此，我们非常有信心北京将为《奥林匹克 2020 议程》树立新标杆。"

冰强雪壮

2017 年，22 岁的黑龙江姑娘倪悦名第一次站到了高山滑雪速度项目的起点上。在她脚下，是落差近千米的陡峭雪道。

虽然从 10 岁就开始滑雪，但倪悦名从未接受过滑降、超级大回转等高山滑雪速度项目的训练。这些项目赛道落差近千米，滑行速度超过时速百公里，并且运动员要在硬度颇高的冰状雪赛道上完成。受国内雪季短、雪道条件有限的限制，整个中国以前几乎都没有开展过这些项目的训练和比赛。

倪悦名的运动生涯转折，就始于 2015 年的那个夏夜。申冬奥成功的喜悦过后，中国冰雪的备赛压力随之而来。

　　虽然中国在冬奥参赛史上已取得过 13 枚金牌，短道速滑等王牌之师处于世界领先水平，但长期以来的"冰强雪弱""冰雪运动不进山海关"等问题，反映出中国冬季项目发展的结构性、地域性失衡。在北京冬奥会的 109 个小项中，大约有三分之一中国此前从未开展过，许多已开展项目远远落后于世界先进水平。

　　2022 年，成为中国冰雪人心中倒计默数的节点。他们把全项目参赛和取得历史最佳成绩作为征战目标，确定了"扩面、固点、精兵、冲刺"的备战方略。

　　倪悦名记不得，自己看过多少次凌晨四点的阿尔卑斯山脉和云层上的日出。2017 年，中国高山滑雪集训队组建速度组。面对这项高风险、高难度的挑战，倪悦名和队友主动请缨加入。为了能延长训练时长，队伍夏季远赴奥地利的冰川雪场，每天四点起床，顶着月光奔赴海拔 3000 多米的冰川刻苦训练。

　　"为的就是全项目参赛，为中国高山滑雪实现突破！"队员们说。

　　除了高山滑雪，中国队在雪车、雪橇、跳台滑雪、北欧两项等落后项目上也广选英才、恶补短板，创造了一个又一个第一，实现了一次又一次突破。

　　正当中国冰雪健儿阔步向前之际，新冠肺炎疫情突袭，为备赛带来不确定性和巨大挑战。中国冰雪人克服重重困难，有的蛰伏国内潜心磨剑，有的辗转全球恶补短板。2021—2022 赛季，当中国选手全面回归国际赛场，他们的表现令人惊喜。王牌之师短道速滑队在世界杯系列赛中保持强队水准；速度滑冰名将宁忠岩、高亭宇刷新个人最佳提前锁定奥运"门票"；在最新的花样滑冰双人滑世界排名中，隋文静/韩聪和彭程/金杨位居前列。雪上项目中，谷爱凌、蔡雪桐分别在各自项目中夺得世界杯年度总冠军，徐梦桃和孔凡钰收获多个分站赛冠军……

　　宝剑锋从磨砺出，梅花香自苦寒来。2018 年平昌冬奥会，中国参加的小项约占总数的一半。而根据新近公布的中国冬奥代表团名单，中国运动员将参加北京冬奥会全部 7 个大项、15 个分项的比赛，实现了全分项参赛，共获得 104 个小项 194 个席位的参赛资格。

　　这些选手中，年龄最小的是 17 岁的男子自由式滑雪选手何金博和女子跳台滑雪的彭清玥。两人均为通过跨界跨项进入雪上项目，均为 2018 年才第一次踩上雪板。中国代表团中，有 131 名运动员为首次参加冬奥会，占比高达 74.43%。运动员平均年龄仅 25.2 岁，来自全国各地，17 岁的彭清玥就是在云南出生的"热带姑娘"。

　　年轻的面孔为中国冰雪带来了蓬勃的朝气。谷爱凌、苏翊鸣成为新一代青年偶像，为以往少人关注的雪上项目增添了热度。18 岁的谷爱凌更是凭着靓丽的外形、优异的学习成绩，以及乐观开朗的性格频频"出圈"。"无论你的起点在哪里，你可以改变世界。"金句频出的她也为无数年轻人带去了鼓舞和激励。

　　从冰强雪弱到冰强雪壮，中国冰雪的冬奥战队，已集结完毕。

共享芬芳

　　来自北京的糕点师张嘉豪也有一个冬奥梦想。17 岁初识滑雪，26 岁"高龄"决定独立全球参赛，冲击冬奥参赛资格。在南美大陆，为了在回暖的天气下寻找能训练的雪场，他曾独自驾车"追雪"，自己当自己的厨师、司机、体能教练……虽然最终没能跻身冬奥会，但他说："重要的是，这个目标能激励我有这么强大的动力，能带我走这么远的路，这就是我理解的奥运精神。"

张嘉豪的故事感动了无数人。在北京冬奥会的带动下，还有无数这样的冰雪种子已经在青少年的心中生根、发芽。北京冬奥会的筹办和举办，极大地激发了全民的冰雪热情，也让普通人从冰雪运动和产业的发展中受益。

时间回到近八年前。2014年2月应邀出席索契冬奥会开幕式期间，习近平主席对国际奥委会主席巴赫说："在中国，冰雪运动不进山海关。如果冰雪项目能在关内推广，预计可以带动两三亿人参与，由此点燃中国冰雪运动的火炬。"2015年1月，习近平主席会见国际奥协主席、亚奥理事会主席艾哈迈德亲王时说："北京举办冬奥会将带动中国三亿多人参与冰雪运动，这将是对国际奥林匹克运动发展的巨大贡献。"

在北京申办冬奥会过程中，中国正式向国际社会作出"带动三亿人参与冰雪运动"的庄严承诺。几年来，大众冰雪运动已热遍大江南北。

在河北省遵化市山里各庄村，村里受到即将办奥的鼓舞，在村里的遗留尾矿里改造出了一座小型滑雪场，曾经闭塞的乡村与冬奥同频，冰雪运动给村里人的业余生活增添了更多亮色。在少雪的南宁，热爱花样滑冰的孩子们在2021年度冰纷盛宴上翩翩起舞。从到北方城市寻访高水平教练，到能在家门口的冰场上表演，一名小运动员的母亲说："我们用行动告诉大家，南方的孩子也能实现冰雪梦想。"

国家体育总局冬运中心大众冰雪部部长罗军介绍，北京申冬奥成功之后，中国努力克服南北气候差异明显、冰雪资源分布不均、设施服务尚不完善等不足，坚持以人民为中心，全面实施冰雪运动"南展西扩东进"和"四季拓展"战略，创新扩大冰雪运动产品和服务供给，完善建立冰雪运动普及推广体系，打破了冰雪运动时空局限，让冰雪运动的参与人群从小众走向全民，参与空间从地区走向全国，参与时间从冬季变为全年。

截至2021年10月，全国冰雪运动参与人数达到3.46亿人。国际奥委会主席巴赫盛赞："冰雪运动将因此在北京冬奥会前后成为全球的体育运动。"

六年多筹办之路，成果全民共享。今年1月，北京冬奥组委发布《北京2022年冬奥会和冬残奥会遗产报告集（2022）》。北京冬奥会尚未揭幕，已在经济、社会、文化、区域发展等多方面留下宝贵遗产。

仁立在鸟巢附近的国家速滑馆，以其极具流动感的外形被形象地称为"冰丝带"。作为北京冬奥会唯一新建的冰上竞赛场馆，这座场馆从设计之初便将赛后利用纳入规划。

"冬奥赛后，'冰丝带'将着力打造集'体育赛事、群众健身、文化休闲、展览展示、社会公益'五大功能于一体的多功能冰雪运动中心，成为人民群众体验冬季美好生活的新地标。'冰丝带'近 1.2 万平方米的亚洲最大全冰面，未来将成为市民百姓的冰上乐园。"负责"冰丝带"投资运营的北京国资公司董事长岳鹏说，"以人民为中心，一直是奥运场馆运行秉持的理念。"

"场馆在赛后怎么让老百姓还用得上，场馆也能持久运营下去，不能赛后才开始想，要从规划之初就想。"刘兴华说。

刘兴华也参与了 2008 年北京奥运会的筹办工作，是名副其实的"双奥"工作者。2008 年夏天的一个瞬间，他萌生了想为奥运干到退休的想法。他说，奥运为中国社会与民众留下的遗产，就像种下的苗，不只是为了这一季的绽放，而是为了留下长久的芬芳。

在冬奥盛会即将开幕之际，巴赫说："中国实现了超过三亿人从事冰雪运动目标，这是前所未见的伟大成就，将成为本届冬奥会向中国人民和国际奥林匹克运动作出的重大贡献，也将从此开启全球冰雪运动的新时代。"

自北京成功申办冬奥会以来，世界发生了巨大变化。冷战思维卷土重来，局部冲突此起彼伏，新冠疫情更是让世界经济步履蹒跚。

困局之中，五环旗下的聚会如同"隧道尽头的一束光"。2 月 4 日，北京冬奥会将如期开幕，这将是新冠肺炎疫情发生以来首次如期举办的全球综合性体育盛会，是对"更快、更高、更强——更团结"奥林匹克新格言的成功实践，将为来自全世界的运动员们提供他们日思夜想的交流与竞技的舞台，也将促进全世界的和平与友谊，重塑疫情之下国际社会的信心。

迢迢冬奥路，殷殷体育情。让我们共同期待即将到来的北京冬奥盛会，见证奥林匹克运动与古老东方文明的再度融合，祝福全世界首个"双奥之城"举办又一场无与伦比的奥运盛会，在建设体育强国的伟大进程中写下新的华章。（执笔记者：王沁鸥、王镜宇；参与记者：刘阳、岳冉冉）

——新华社 2022 年 2 月 3 日电

六、通讯的作用

有了消息，为什么还要有通讯呢？一个明显的原因是消息和通讯有不同的功能，各自满足着读者的不同阅读需求，是相互不能替代的。通讯的作用主要有以下几点。

1. 为读者提供更多的新闻细节

按说，有了消息，新闻受众就可以即使不出门，也全知天下事了。消息把国内国外、各行各业的有价值的新闻都做了报道，保证了新闻的全面性。可是，读者不会因此而满足，对于他们特别关心或感兴趣的新闻，他们总是想知道得更详细一些。

举例说，中国女排首次夺得世界冠军之后，中国出现了"女排热"，女排的国际比赛成了人们关注的焦点。如果报道一场女排的重要国际比赛，只用消息的形式，说什么时间在什么地方，中国女排战胜了某国家女排，比分是多少。这对于一篇消息而言大概是只能如此了。可是有些读者关心的东西却没有报道出来：双方派出了什么样的主力阵容？比赛过程是一边倒还是有起伏波澜？教练在关键时候采取了哪些措施？××球星的表现如何？比赛中有哪些扣人心弦的场面发生？观众有哪些反应等等。对这些方面，消息即使有所涉及也多是语焉不详的。为此，当时我国各个媒体在报道关键性比赛的时候，在刊发消息的同时还刊发相应的通讯，以满足读者了解详情的要求。

2. 使新闻具有感染心灵的艺术品格

新闻固然主要靠新闻事实本身的魅力征服读者，作者采取的形式是第二位的。但是我们不能忽视形式的重要作用，有的时候，形式甚至就是内容。一个新闻事实，采用消息的形式给读者这样一种印象，采用通讯的形式就可能给读者那样一种印象了。

通讯和消息的本质区别在于消息是概括的实用性的反映，而通讯是详细的，在实用的基础上还有些审美化的反映。通讯是有文学性的，文学性一方面表现在形象性上，一方面表现在情感性上。有了一定的文学性，形象感强了，感染力强了，阅读的效果就大不一样。虽然就这两种文体而言无所谓孰优孰劣——它们都有着各自的长处，适应着不同的需要。但是，就某些题材而言，具有艺术品格的通讯要比消息更感人。例如，穆青等人的著名人物通讯《为了周总理的嘱托》所报道的吴吉昌的事迹，如果用消息的形式加以报道，肯定没有这篇通讯的魅力大。

3. 在消息不能有所作为的地方发挥作用

有一些有价值的新闻题材，不适合写成消息。因为消息是以新闻事件为基本内容的，而有些新闻是非事件性新闻。

例如，一个平平常常的劳动者，在平平常常的一天之中度过，这其中有没有新闻呢？按过去的眼光来看，没有新闻，可是在现代记者的眼中，它很可能是有价值的新闻。近期全国各大媒体都刊登或热播的"记者走基层"节目，讲述老百姓自己的故事，受到观众的一致好评。那些出现在其中的普通百姓的普通生活，如果用消息的形式去报道，很可能无话可说，除了琐琐碎碎的细节之外，并没有什么能够惊动世人的"新闻事件"。可是用通讯的形式写出来，就可以是十分动人的。有一些当代的记者，把眼光盯向普通人的生活，有的还整天整天地跟随扫马路的清洁工、变电站的巡线员、出租车司机、传呼台的工作人员等，跟他们一起劳动一起生活，感受他们的生活艰辛和喜怒哀乐，然后写成通讯发表。这样的新闻有时更为感人。

通讯写作注意的问题

通讯是以叙述、描写为主要表达方式，将具有新闻价值的人物或事件及时、具体、生动地予以报道的新闻体裁。

写作通讯稿时，应注意以下问题。

1. 关于选材与提炼主题

占有材料对通讯写作来说，就是通过扎实细致的采访广泛搜集第一手材料，随后在纷繁的直接材料中剥离出典型材料、背景材料。

这些材料不仅要求真实，而且要有意义，具有典型性、指导性，同时还要有意味，具有具体、完整、感人的生动性、情节性。

在这般基础上根据深和新的原则提炼主题，通讯才可能呼应社会关注热点，反映时代风尚特点，宣传党的路线方针，从而以正确的舆论引导人，以先进的人物激励人，以真实的事件震撼人。

通讯写的是真人真事，其主题必须从实际生活中提炼而来，不能随意"拔高"，更不能虚构夸大，它永远不能违背新闻的真实性原则。

2. 关于写人

事因人生，人以事观。人与事虽不可分，但在人物通讯与事件通讯中的确有以人为主和以事为主之别，为叙述方便故而分之。

写人在文学创作中已积累丰富经验，在"非虚构"的原则下，我们不妨可借用其多种手段，并注意以下三个方面：

第一，形与神兼备。即不仅要写出人物的行为和事迹，更要展示其精神世界。

第二，言与行统一。人物语言、行为表达传递出人物的思想，而不同的语气、句式、词汇及动作表情、神态等是极富个性色彩的内心表露形式。写好了人物的言与行，无疑是写活了人。

第三，画龙必须点睛。如果说言行、事例、情节勾勒出人物的整体形象称为"龙"，那么揭示人物行为意义，指出人物个性特点的评点便是"睛"。"画龙"用的是纪实的叙述、描写，"点睛"则是超脱的议论或抒情。

3. 关于叙事

通讯离不开写事，事件通讯更须完整地叙述事件的起因、人员、场面、结果等，以交代事件的复杂性和社会影响度。叙事要注意两点：

第一，理清主线、丰满细节。

一个新闻事件的发生、发展过程中，有因有果，有人有事，头绪多而关系复杂，作者须理清主线，按事件原貌将其完整地、动态地、立体地呈现给读者。而为实现这一目标，就须选择典型的细节。

一篇优秀的事件通讯，必然有几个生动感人的细节来充分展示主线，使作品丰满而具现场感。

第二，时间为经、空间为纬。

通讯须有一定的时间要领，因为事件、故事总在于一定的时间和空间中。组织好时空画面既是一个结构，也是一个表达方法问题。

篇幅不长而情节不太复杂的事件通讯可多运用插叙、补叙、分叙等手段，充分展开矛盾和利用背景材料，使文章有变化起伏。

容量大而情节复杂的事件通讯则常常运用时空交叉方式，以时间推进、空间变换等手段来切割事件，构成若干侧面。经过作者精心的组合剪辑将事件完整而利落地报告于世。

第三节　体育评论

一、体育评论的概念和特点

体育评论是针对人们普遍关心的重大的体育比赛和体育事业发展中的一些问题发表意见、阐述道理的文章。体育报刊或网站上常见的体育评论有专题评论、社评、体育评述、小议论、观后，还有体育杂文"纵横谈"等。

体育评论具有针对性、时效性、论辩性三个特点。

（一）针对性

体育评论有其明确具体的评论对象，目标集中，有的放矢。它总是针对重要体育以分析、判断，对现实发挥其指导作用。如《期待"铿锵玫瑰"再次绽放》（2022年2月4日《新华网》）这篇评论，它针对中国女足在印度举行的女足亚洲杯半决赛中点球击败日本队，成功晋级决赛，中国女足时隔14年再次杀入决赛这一令人兴奋的现象，给予了充分的肯定，既诠释了正确的体育观，又与"体育强国"的国家政策联系在了一起。

这不仅为正处春节假期的球迷带来了惊喜，也让人们看到了中国女足复兴的希望。"铿锵玫瑰"再次绽放，成为大家共同的期盼。期待女足姑娘在"风雨彩虹，铿锵玫瑰……"那首激动人心的战曲激励下，在亚洲杯决赛场上继续展现拼搏精神，为女足世界杯备战打下坚实基础、积累充分信心，为"体育强国"建设做出贡献。

（二）时效性

体育评论要迅速、及时，尤其是针对某一重大赛事或群众关心的焦点问题，要迅速做出评论，以起到指导作用。因此，许多评论者为了最大限度地发挥体育评论的影响作用而抢时间、争速度，力争发出第一声，在发布消息的同时就发表了评论。比如2021年9月27日全国运动会闭幕式在西安举行，新华网借闭幕之际，发布了名为《体育为人民——写在第十四届全国运动会闭幕之际》的体育时评，文章将此次全运会的精彩瞬间进行了汇总，并对中国体育的发展进行了评论。

体育的精彩永不停歇。还有不到半年时间，北京冬奥会和冬残奥会就将召开。随着"北京之约"如期而至，相信北京将向世界奉献一届"简约、安全、精彩"的体育盛会。

聚散终有时，再见亦有期。2025 年，领略了黄土风情的全国运动健儿，将汇聚粤港澳大湾区参加下一届全运会，迎来中国体育的又一个高光时刻。

（三）论辩性

这是体育评论的又一个特点。凡评论都离不开论辩事理。体育评论不仅要就事论事，而且还要上升到一定的理论高度，以指导人们的认识。如 2021 年人民日报 1 月 29 日《不妨再做一回"小队员"》一文，对竞技之路上小运动员们的努力拼搏进行了评论，文章充满论辩性，文中的话让我们印象深刻，充满思考。

"艰难方显勇毅，磨砺始得玉成。"竞技之路，输赢都是磨砺，再次出发，目的是再次赢得荣誉，但也意味着可能再次经历挫折。要如何面对？这些优秀运动员用行动作出回答——再做一回"小队员"：输，不过重整旗鼓；闯，就要迎难而上。如此，才够热爱，才显担当。

二、体育评论的结构

体育评论和一般议论文一样，基本上是按提出问题、分析问题、解决问题这几个步骤展开的，表现在文章的外部形式上，就是开头、主体、结尾三个部分。

（一）开头

评论文章的开头是提出评论的话题或把文章的中心论点介绍给读者，目的是引起读者的兴趣。

评论开头的方式多种多样，但总的要求是简明、生动、易于展开论证。通常开门见山，落笔破题。如《人民足谈：卸下包袱，坚定前行》（人民网 2023 年 7 月 23 日）用了这样的开头直接切入主题：

看完中国女足在 2023 年女足世界杯首场小组赛，以 0 : 1 不敌北欧劲旅丹麦女足的比赛，几乎所有中国球迷都会不约而同发出"可惜了"的感慨。

直接切入主题，显然简洁明快，但还有些体育评论以"由头"作为触媒，生发开去，联系所论事物，更加富有吸引力，如《体育文化要从以往的"冷板凳"上站起来》（新华社 2021 年 3 月 9 日）的开头：

正在召开的全国两会上，青少年体育再度成为热门话题，让孩子赢下"未来的大考"不能只有分数渐成共识。

每个人"未来的大考"凝聚起来，是一个国家和民族的"大考"，少年强则国强，从娃娃的体质和完全人格抓起，是体育强国蓝图中尤为浓墨重彩的一笔。

缘事入笔、新颖生动、发人深省。"由头带入"属于形象引入法，好处是生动、吸引人、可读性强。但使用时注意"由头"概述要简洁，不要把情节细节都罗列出来，拖泥带水反而使人抓不住要领。

（二）主体

主体部分是针对中心论点展开分析、论述的部分。这一部分论述得清晰、严谨，文章的观点就得到了有力的支持，结论也就水到渠成了。

主体部分的写作要承接开头，扣住论题，合理地安排组织材料。展开时注意先后位置，详略分寸。常用的展开形式有以下三种：

1. 递进式

递进式是逐层深入地论述文章的中心论点。各分论点之间的关系是层层相生、逐层推进，直到得出结论。

例如，《弘扬体育精神，凝聚奋进力量》（《人民论坛网》2022年2月10日）一文的主要部分有三个层次。第一层通过冬奥会引入话题，随后提出体育的魅力就在于体育精神；第二层进一步论述了体育精神既是一笔特殊财富，还应该成为全民精神，论证了体育精神对于生命的意义；第三层承接第二层，再进一步论述了体育精神将会在我国"强国家"新征程的事业中产生的积极作用。这样，文章的主体部分就逐层深入地论述了体育精神与人类文明的关系，并顺势表达出作者的期望。

弘扬体育精神，凝聚奋进力量

北京冬奥会赛程将半。精妙绝伦的开幕仪式，精彩纷呈的赛场英姿，精心营造的冬奥村保障设施，场内运动员、场外观众，无不被这一届非同凡响的奥运体育文化氛围所感动。时令尚在数九隆冬，而赛场内外的北京，再无寒冷。各国奥运健儿的大聚会，使神州欢腾。

体育的魅力，在于她弘扬和展现出的生命之美，在于她诠释拼搏向上、挑战超越极限的人生之志，在于她播撒人类希望、一起向未来的魔幻之力。我们以坚强的决心和无限的热情举办冬奥会，是为了弘扬奥林匹克精神，为人类文明进步展示大国担当，为中华民族伟大复兴注入体育文化力量。

体育精神是一笔特殊财富。通过体育运动展现生命价值、揭示生命意义、激发生命力量，是体育精神的深层内涵，也是我们发掘、繁荣、发展体育运动事业的根本出发点。奋力拼搏、永不言败，挑战自我、超越极限，集体聚力、协同攻坚，公平竞技、团结友谊，这些都是具体化的体育精神。如果我们能够把这种生命不息、奋斗不止的体育精神传承延续，发扬光大，那么，还有什么艰险不能战胜，还有什么困难不能克服？

体育精神应该成为全民精神。体育运动的魅力、体育精神的品质，不仅仅局限于竞技体育中；体育精神的弘扬，也不仅仅是专业运动队和专业运动员的任务。竞技体育的发展、竞赛项目的数量、比赛成绩的提升，归根结底，其基础在于广泛的群众体育的普及和全民健身意识的普遍增强。一个国家的竞技强项，一定以这个国家民众的参与和喜爱为依托。同时，我们发展竞技体育的目的，从根本上说，也是为了最终推动全民素质的提升，实现体育强国战略目标。随着国家从富起来到强起来的飞跃，我国在全民健身上也逐渐加大了政策支持力度，设立全民健身日，把全民健身提升到国家战略，在场馆建设、设施保障、产业带动等方面，不断加大投入，人民群众健身热情持续提升，这次冬奥会又提出"带动3亿人参与冰雪运动"。通过强身健体、磨炼意志、改变生活，这种大众体育精神的形成，将直接或间接带动和影响国民综合素质和国家综合实力的整体提升，大众参与、全民健康、一起向未来，应该成为全社会的思想共识和行动自觉。

用体育精神凝聚力量。体育强则中国强，国运兴则体育兴。在体育发展的整个过程中，我们要善于把"强体育"焕发出的力量，注入"强国家"新征程的事业中。中国人民向来具有不怕艰苦、勇往直前、奋勇拼搏的精神品质，中华民族向来以不惧风浪、不屈不挠、无往不胜的文化品格扬帆远航，这与体育精神、奥林匹克精神具有高度的契合性。我们要通过举办这次冬奥会，把拼搏向上的体育精神发扬光大，用这些精神凝聚力量、鼓舞斗志、激发干劲，把"更快、更高、更强——更团结"的宽广胸怀和无穷力量，汇聚成磅礴的创业力量，劈波斩浪，一路向前，为实现第二个百年奋斗目标、实现中华民族伟大复兴中国梦提供精神力量和动力源泉。

2.并列式

并列式是围绕中心论点，分几个层次展开论述，层次之间的关系是平行、并列的，同为论证中心论点服务。

3.综合式

综合式是以递进为主，在论述中又局部采用并列的方式。这种方式在较复杂的评论中被经常使用。例如《人民日报》（2022年10月13日15版）的评论员观察文章《建设体育强国，为社会提供强大正能量》，就是先通过场景引出话题；随后用三个论点从"体育强则中国强""体育是人民健康幸福生活的重要组成部分"以及"体育能为民族伟大复兴提供凝心聚齐的强大精神力量"三个方面一同强调体育的重要性；最后总结呼吁并展望未来。

建设体育强国，为社会提供强大正能量

户外草坪上，玩飞盘成为年轻人的运动新潮流；下班回到家，不少人跟随网络直播跳起健身操；炎炎夏日，室内雪场成为市民避暑娱乐新选择……时下，体育、健身新项目新形式层出不穷，人民群众参加体育运动、健身活动热情高涨，展现出健康阳光、昂扬向上的时代风貌。

体育是提高人民健康水平的重要途径，是满足人民群众对美好生活向往、促进人的全面发展的重要手段，是促进经济社会发展的重要动力，是展示国家文化软实力的重要平台。习近平总书记强调："我们要弘扬中华体育精神，弘扬体育道德风尚，推动群众体育、竞技体育、体育产业协调发展，加快建设体育强国。"党的十八大以来，以体育强国建设为引领，群众体育蓬勃发展，竞技体育成绩辉煌，体育产业亮点纷呈，我国体育事业取得了令人瞩目的成就。新征程上加快建设体育强国，必须把握体育强国梦与中国梦息息相关的定位，深化体育改革、更新体育理念，不断开创我国体育事业发展新局面。

体育强则中国强，国运兴则体育兴。积贫积弱的年代，"奥运三问"不仅传递着人们对竞技体育的热爱，还饱含着对国家强盛的热望。从"派一名运动员参加奥运会"到"派一支代表队参加奥运会"，从"自己举办一届奥运会"到北京成为全球首个"双奥之城"，百年奥运见证了国运的变迁。对中国人而言，体育承载着国家强盛、民族振兴的梦想。加快建设体育强国，必须提高竞技体育综合实力，更好发挥举国体制作用，把竞技体育搞得更好、更快、更高、更强，提高为国争光能力，让体育为社会提供强大正能量。广大体育健儿坚定自信，在重大国际赛事上勇创佳绩，必能在体育强国建设中再立新功。

体育既是国家强盛的应有之义，也是人民健康幸福生活的重要组成部分。建设体育强国、健康中国，最根本的是增强人民体质、保障人民健康。数据显示，我国经常参与体育锻炼的人数已超过4亿人，城乡居民达到《国民体质测定标准》合格以上的逾九成。截至2021年底，全国体育场地数量增至397.1万个，体育场地面积达34.1亿平方米。运动正在成为一种生活方式，擦亮人们幸福生活的健康底色。加快建设体育强国，必须坚持以人民为中心的发展思想，把人民作为发展体育事业的主体，把满足人民健身需求、促进人的全面发展作为体育工作的出发点和落脚点，落实全民健身国家战略，不断提高人民健康水平。

发展体育事业不仅是实现中国梦的重要内容，还能为中华民族伟大复兴提供凝心聚气的强大精神力量。北京冬奥会、冬残奥会上，我国体育健儿不畏强手、顽强拼搏、为国争光，五星红旗高高飘扬，每一位中华儿女都倍感荣光。从北京奥运精神到北京冬奥精神，从女排精神到中华体育精神，广大体育工作者一次次实现运动成绩和精神文明双丰收，汇聚起海内外中华儿女万众一心、接续奋斗的磅礴力量。实现体育强国目标，就要把弘扬中华体育精神同坚定文化自信结合起来，不断开创新时代体育事业新局面，激励中华儿女向着实现中华民族伟大复兴的中国梦奋勇前进。

今年以来，《"十四五"国民健康规划》等文件相继印发，新修订的《中华人民共和国体育法》将于 2023 年 1 月 1 日起施行，为体育强国和健康中国战略提供更为坚实的制度支撑。随着全民健身的种子在更广袤的土地生根发芽，体育强国建设步伐进一步加快，定能为中华民族伟大复兴打下坚实健康基础。

（三）结尾

结尾是文章的终结，起着归纳全篇大意或扩展文章内涵，进一步增强说服力和感染力的作用。结尾的方法多种多样，但总的要求是自然得体、精练有力、回应开头、富有余味。

常见的结尾式有：

（1）归纳全篇，卒章显志。

（2）赞扬表彰，提倡发扬。此种结尾多带有号召性、鼓励性。

（3）余音绕梁，引人深思。这种结尾是"言有尽而意无穷"，给人留下深思回味的余地。例如《插上翅膀　追寻梦想》（人民网 2021 年 1 月 18 日）结尾：

对于很多像棒球少年、滑轮少女这样的孩子，体育就像是点燃梦想、照亮前行的一束光，从懵懂迷茫到坚定向上，这就是成长。

我们不妨期待，多一些运动场地设施，多一些趣味体育课，多一些循循善诱的教师，多一些积极行动的俱乐部……当这些力量汇在一起、形成合力，更多孩子将在运动中感受体育的快乐，追寻拼搏的梦想。体育，就为他们插上了向着未来飞翔的翅膀。

此外，还有"提出问题、引起注意""对症下药、提出办法"等结尾方法，也是体育评论经常采用的方法。

以上讲了评论结构的几部分内容。要设计好一篇评论的结构，不单是一个技巧性问题，更重要的是思想认识问题，是作者思路的一种体现。这种体现是建立在对客观事物认识的清晰度上的。

三、体育评论的写作要求

（一）精心确立论点

论点就是对问题的看法和观点，犹如支撑文章的脊骨。短小的评论只有一个论点，较复杂的可以有一个中心论点和若干分论点。中心论点是对整个论题总的看法，它统辖所有的分论点；分论点是为中心论点服务的。一篇评论质量的高低，主要取决于中心论点的准确与否。

确立论点的原则和要求包括以下两点：

1. 正确

正确就是能准确地反映客观事物的诸因素和联系，反映事物发展的趋势。比如《前瞻：东京奥运会网球比赛"三大看点"》（新华社2021年7月23日）一文，在东京奥运会网球比赛开赛前，讲解了男单、女单赛场的最大关注点，认为在伦敦和里约连续夺冠的伤愈复出的英国老将穆雷，竞技状态没有完全恢复，能在奥运赛场上走多远还有待观望。比赛结果证明这篇文章的分析预测是正确的，德国选手兹维列夫夺取东京奥运会网球男单金牌。这篇短评的作者十分熟悉各国网球队的成长道路和战斗历程，对他们的素质以及战术的发挥了如指掌，做出了正确的估计。正如有人所说："短评成功的秘诀同样告诉我们这样一个道理：写评论如同作诗，除了文学和写作技巧之外，更要有深厚扎实的社会生活基础，要熟悉你要写的对象，只有深入地了解它，才能对它做出中肯的评价，实事求是地预测它的发展前景。"这段对话对我们如何保证论点的正确性指出了一个有效的方法和途径。

2. 新颖

新颖就是能从独特的角度观察事物，得出与众不同的新的立意，给人以启示。要做到这一点，就要注意了解信息，避免重复别人的结论；对同一论题，要善于变换立论的角度，得出自己新的结论，启发读者的思路。如2023年6月21日《人民日报》刊登的《村里的球赛何以火起来》，针对贵州省黔东南苗族侗族自治州榕江县举办的"和美乡村足球超级联赛"在网络走红一事进行了分析和评论，呼吁各地推出更多的乡村体育赛事，将体育热情继续火热下去，为人民群众提供更精彩的文体活动、更丰厚的精神滋养。

总之，体育评论确定论点，主要是正确和新颖，当然也蕴含着鲜明和深刻。

（二）严格筛选论据

论据就是说理的理由和依据，是据此得出结论的材料，是评论不可缺少的要素之一。可以作为论据的材料是极其丰富的，归纳起来，主要有事实性论据和理论性论据两类。事实性论据可以是具体的事实，也可以是准确、科学的统计数字。事实性论据是体育评论中不可缺少的。理论性论据是指来源于实践并经过实践检验证明过的正确的观点，如马列主义基本原理，历史上著名思想家、科学家、文学家的论断，一般公理、常识及成语、警句等。这类论据在论述某项体育工作的意义时常被引用来作为推理的理由。

选择和运用论据时，首先要注意论据必须真实可靠。要用第一手的权威材料或经过认真核对的材料，不能使用道听途说、未经核对证明的材料，更不能用歪曲或捏造的材料，也不要选用那些过于偶然或特殊的事例证明一般性的、本质的问题。

其二，还要注意论据的充足性。论据充分，文章的内容就充实饱满，论点也就显得有力。但充分不是指越多越好，而是指足以证明观点正确，就是恰到好处了。

其三，还要注意论据的典型性。典型是指同类事实中最有代表性的事例。一篇评论如果论据典型，文章就生动，观点就鲜明，论据不典型，文章的论点就显得无力，说服力也不强。

（三）正确使用论证方法

论证是运用论据证明论点正确的说理过程。一篇评论光确立了正确的论点和选择了充分有力的论据还不行，还必须通过恰当的方法把它们有机地结合起来，形成一个严谨的统一体。

论证方法多种多样，写作者可以根据写作内容、目的和习惯灵活运用。常用的方法有以下几种：

1. 具体分析法

具体分析法就是对事物的具体矛盾进行细致、透彻的分析，找出这些矛盾的主要方面和其中的联系。对枝枝蔓蔓条分缕析，把握主次，具体对待。

具体分析法是体育评论使用最多的一种论证方法。

2. 历史分析法

历史分析法是通过对事物历史状况的分析，揭示出事物发展的趋势、规律、性质及对事物现状的影响。比如多年来我国篮球运动水平比较低，有的问题早就发现了，为什么一直没有得到解决呢？2021年2月9日《人民日报》上一篇短论《每场球，都是磨炼成长》，运用了历史分析的方法指出中国男篮在2021年男篮亚洲杯预选赛上面临着全新的挑战，既有来自外部的压力，也有内在的动力。原因就在于受疫情影响，国际篮球赛事一度停摆，时隔一年半回到国际赛场，中国男篮国家队也需要找回比赛感觉。同时，2019年篮球世界杯的失利对于每个篮球人来说也是非常难忘的。文章认为，这恰恰能让男篮的小伙子们化压力为动力，利用好每场球的机会，才能"以无畏，向征程"。

3. 理论分析法

理论分析法是以一定的理论作为说理根据，通过对事物现象的分析，揭示出事物的性质、类别、意义等。1985年6月12日《体育报》上一篇题为《努力表现体育的美》的文章，在论述体育是美的时候，以俄国著名美学家车尔尼雪夫斯基关于美的著名论断作为说理依据，通过对体育美现象的分析，论述了体育是美的观点。文章写道：

体育是美的，车尔尼雪夫斯基说过："美就是生活"。在现代生活中，蓬勃发展的体育更显示着独特的健与美的光彩。且不说有些体育项目如冰上舞蹈、艺术体操等本身就是美的艺术。其他各种各样的体育运动中运动员们雄健的体态，巨大的力量，丰富多彩的技艺，不同样给人以美感吗？特别是我国运动员在为国争光的奋斗中所显示的那种奋发向上、竞争不止的精神，那种崇高的思想品德，理想情操，也是一种美，一种内在的精神美。

这一段论证就是运用理论分析的方法。

4. 例证法

例证法是运用典型事例来证明观点的方法。例如《成长是场马拉松》（人民网2021年1月21日）一文认为运动员的竞技生涯好比一场马拉松，要有敢和对手一较高低的闯劲，也要有持之以恒的韧劲，才能有持续发力的后劲。文章列举了斯诺克大师赛冠军的颜丙涛、中国围棋首位"00后"九段的谢科，以及捧得2020中国足球金童奖的郭田雨三个案例，讲述了他们是如何在这成长的马拉松中一步步实现突破的。文章所举的事例典型、生动，很有说服力和启发性。

5. 对比论证法

对比论证法就是将不同情况的具有一定内在联系的事物加以说明、比较，找出它们之间的差别进行论证。比如《辩证看金牌与民生》（2012年7月29日新华网）一文运用对比的方法，横向对比了印度人对待奥运冠军的态度，纵向比较了中国在奥运会和体育事业上取得的进步，还引用了不断增长的民生数据进行对比，说明了金牌与民生同样重要的道理，希望人们树立正确的金牌和民生观念，恰当处理二者之间的关系。

评论的论证方法还有很多种，这里不再一一介绍。为了加强论证的说服力，除了采用恰当、灵活的论证方法外，还要注意在分析问题时善于抓住关键和要害，多侧面、多角度分析，善于综合比较，增加说服力。在具体论述中，要九九归一，不离中心，防止东拉西扯谈不到要害，节外生枝扭转了议题，更要防止自相矛盾，混乱错讹。

中国女排：不要低估一颗冠军的心

在2023年世界女排联赛总决赛中，不太被看好的中国女排3:1力克巴西队、3:0"复仇"波兰队，闯入决赛的同时创造了自东京奥运会以来参加国际比赛的最佳战绩。事实证明，不管是不被看好的队员，还是不被看好的球队，只要有一颗冠军的心，就不可被低估。

四分之一决赛和半决赛这两场胜利，是团队之胜、气势之胜，更是信念之胜。在今年的世界女排联赛中，队长袁心玥和主攻王云蕗的表现一度有些起伏，也曾遭遇批评。但是，她们始终无畏前行，在关键比赛中为自己正名。在对巴西队的比赛中，袁心玥强势的拦网带动了全队。在对波兰队的比赛中，她又在进攻端爆发拿下 13 分。而王云蕗不仅在这两场比赛中延续了自己在一传、防守方面较为稳定的发挥，更是在对波兰队的硬仗中得到全队并列第二高的 13 分，有力撑起了李盈莹的对角。一分耕耘，一分收获，她的坚持得到了应有的回报。

包括三大球在内的集体项目与个人项目不同，"一花独放不是春"。拿排球来说，一支球队需要的不是"6 个最好的个体"，而是最好的"6 名队员形成的整体"。并非每位球员都是天赋异禀，但是像王云蕗这样重要的角色球员同样是球队取得成功的基石。

在中国女排夺得 3 个"三大赛"（奥运会、世锦赛、世界杯）冠军的里约和东京奥运会周期，队中不乏像王云蕗这样拥有冠军的心的角色队员。刘晓彤在大部分时间里并非主力，却是招之即来、来之能战的超级替补。没有她在里约奥运会对阵巴西队的四分之一决赛中的"单骑救主"，很可能就没有中国队的惊天逆转。在龚翔宇成长起来之前，曾春蕾撑起了中国队的接应位置。2015 年世界杯赛，在惠若琪临战缺阵的困难局面下，她担起队长重任成为攻防两端的核心，为中国队夺冠立下汗马功劳。尽管无缘里约奥运会，她依然是中国女排里约周期重现辉煌的拼图中不可或缺的一块。自由人"双子星"王梦洁、林莉在里约和东京周期都有高光和低谷，但她们都在不同阶段为队伍作出了不可磨灭的贡献。东京奥运会之前，未能入选的林莉坚持训练到队伍出发前最后一刻，也是对女排精神最好的诠释。

冠军的心，并不能保证永远拿冠军，也并非冠军运动员所独有。它是无论顺境、逆境都永不放弃的精神，是对胜利的强烈渴望，是由对运动项目本身的挚爱点燃的无尽激情。有了冠军的心，天赋没有那么出众的运动员也能激发出潜能。如果冠军的心"冷却"了，冠军运动员也可能失去前行的动力。

由于种种客观原因，中国女排在巴黎奥运周期注定将是挑战者和冲击者，队伍前进的道路不太可能因为这次世联赛总决赛的高光表现而变成一片坦途。这支队伍也并不完美，出现过的很多问题还有可能再次暴露。但是，有蔡斌这样"不信邪"的教练，有团结一致的保障团队，有一批拥有冠军的心的队员，这支队伍很可能继续给我们带来惊喜。运动员和教练员们勇攀高峰的决心没有动摇，我们对队伍的耐心和支持也不应动摇。

只要永不止步，一切皆有可能。

四、体育评论写作的注意事项

在报纸体育评论写作中如果能处理好以下几个方面的关系，有助于实现体育评论的社会价值和有效传播。

（一）要娱乐性也要导向性

随着竞技体育的职业化和商业化，体育本身具有的娱乐休闲功能更大程度地得以释放，体育评论中融入了娱乐元素，有时直接与文化娱乐嫁接，邀请名人"跨界"评论，来吸引受众的目光。总体来看，娱乐化体育新闻评论虽然在报纸上时有所见，但更多地出现在网络并受到一些网民的宠爱。

尽管体育评论中增加了娱乐元素，但其舆论引导功能依然存在，只是这种引导是通过多元化的表达形式巧妙地传递给受众，而不是采用教条化的口吻进行"灌输"。从发展趋势看，20世纪80年代时政式体育评论的逐渐退出，体现的只是体育评论风格的演变。追本溯源，体育评论仍属于新闻评论的范畴，而新闻评论从来都是反映舆论并引导舆论的。当体育评论就最新发生的有价值的体育新闻事件和攸关体育的紧迫问题发议论、讲道理时，就有着鲜明的针对性和引导性。北京奥运会期间在《解放军报》"五环论兵"言论专版上发表的《体能连着胜利》与《永远的团队精神》等文章，就奥运聊"打赢"，给人以超出体育赛事本身的启迪；北京奥运会后，在"全民健身日"发表的《健身是一种责任》，旗帜鲜明地指出，"强身健体对全军官兵来说，是一种健康文明的生活方式，更是一种沉甸甸的历史责任"，其政治导向性不言而喻。

（二）要大众化也要专业化

体育评论大众化是指以普通体育爱好者为受众，与其建构一种平等的交流方式，以大众视角阐述体育观点。媒体为了取胜于市场，在其传播中更加自觉地渗透着一种大众意识。报纸体育评论的大众化，不是让专业人员"靠边站"。恰恰相反，在信息爆炸的今天，体育受众了解体育的渠道大大拓宽，对体育评论的专业化水准要求也越来越高，如果评论不够专业，一些"专家"可能还真得靠边站了。

北京时间2023年7月28日19时，中国女足将迎来2023女足世界杯小组赛第二个对手海地队，但鉴于目前D组的竞争形势及积分排名情况，本场对阵海地队的比赛，被视为中国女足真正的"生死战"。在人民网发表的评论《女足世界杯｜次战海地或变阵　中国女足无路可退将迎"生死战"》中，作者通过中国队和海地队的球员年龄技术分析，得出对阵海地，中国队需要简化进攻套路，充分发挥自身优势，提升射门质量，提高对机会的把握能力，结论令人信服。

体育评论的大众化与专业化并不相悖。专业体育编辑、记者和评论员主动与大众平等交流，往往能获取灵感，找到新闻眼。2023年夏天，贵州省黔东南苗族侗族自治州榕江县，榕江（三宝侗寨）和美乡村足球超级联赛开展得如火如荼，新华社就此发表《不只是快乐："村超"给中国西南小城带来了什么？》。这篇评论通过一个贵州普通的个体工商户的生活经历，剖析我国乡村足球发展现状，进而引申到对乡村体育振兴的探讨，对少数民族文化和乡村振兴的时代背景进行了深入分析，不仅契合大众需求，更体现了专业的力量和深度，具有重要的社会价值。

（三）要审美愉悦也要观点供给

今天的读者"胃口"很高，干巴巴的评论遭人厌弃。报纸体育评论要引人瞩目，不得不尽力增强读者的精神愉悦和审美享受。为不断适应读者新的阅读习惯和审美情趣，采用兵家和武侠话语方式、使用文学化和散文化笔法的体育评论已经屡见不鲜。

言之无物，行之不远。有人将只有华丽外壳而没有思想性的评论，比作"一个十足的傻瓜穿了一身华贵的衣服"。读者即使被这种文章吸引，当从一堆华丽辞藻中脱身而出时，他们也会一片茫然。体育评论像其他新闻评论一样，需要用思想的穿透力进行新闻解读，为公众提供独家观点和独家视角。

（四）追求风格而不出格

报纸体育评论的风格首先基于作者而存在。专业素质和知识积累、独立思想和批判精神，甚至包括个人修养和幽默感，无不在塑造作者的同时塑造他们的作品。报纸体育评论的风格当然也受到其他外在因素的影响，这其中就包括网络。网络体育评论为博人眼球往往观点偏激，带有强烈的感情色彩和个人倾向。网络中的情绪发泄如果不加节制，就会带来"语言暴力"。追求风格而不出格，这是对报纸体育评论的基本要求，因为它的文字表达代表着一个社会文字表达的风向标，它的行文和立论虽然也要新颖独特，但是必须用语规范，并自觉接受道德观、价值观和媒体责任的约束。

（五）篇幅简短而不简单

体育评论短下来，是受众的要求。据心理学家分析，普通人的最佳视野是20多度。这个最佳视野以10个汉字以内最好，六七个字以下的标题也能"一目了然"。题短文也应该短，评论篇幅的长短直接影响着评论最终的传播效果。对过于"冗长"的体育评论，普通体育受众往往选择直接忽略。翻阅《人民日报》《中国青年报》等报纸的体育评论，长度多在千字以内。

体育评论的篇幅与读者的耐性是一对矛盾。篇幅较长的评论很难达到预期的传播效果；然而，如果评论的目标需要深度探讨，过短的篇幅却很难把问题讲清楚。一个诚恳的建议是，当一篇体育评论谋篇布局时，作者不应苛求这篇文章包罗万象，再大的话题也可以从小处着眼，意见性信息可以与新闻性信息有机融合，用直接破题、简要叙述、麻利收尾的方法，可以在一定程度上避免"冗长"。简短，不是降低要求。撰写"简短而不简单"的体育评论，其实是在考验作者的智慧。近年来国内报章中最短的体育评论，是国足再度无缘世界杯后《新文化报》刊登的《国足再败我们无话可说》，标题下面一片空白，连一个字的正文都没有——国足多次无缘世界杯后，人们内心五味杂陈，要说的话语千千万万却又实在是"老鼠啃天无处下口"。此时的"无话可说"，其实是无声胜有声，反映了球迷甚至编辑、记者失望、漠然和茫然的情绪，引起了大家的情感共鸣。

（六）语言通俗而不庸俗

新闻评论是各种新闻体裁中的"高端产品"，代表着一张报纸的权威性和战斗力。在具体的实践过程中，体育评论的通俗化和庸俗化这两种趋势同存，并包含一些共性，那就是对于体育受众口味的某种迎合。媒体迎合受众，是市场化决定的，但是用什么来迎合受众决定了评论的格调是通俗还是庸俗。体育评论可以聚焦热点，却不能人云亦云随机炒作；可以轻松活泼、幽默风趣，却不能格调低下；可以调侃、批评甚至讽刺，但不可让人感觉尖酸刻薄；可以引经据典、纵横于历史与现实之间，但不能让读者感觉晦涩和认为作者在故作高深。

作者必须准确把握体育受众主体对于这项运动的了解情况，来决定专业化描述的分寸以及专业化词汇的解释程度。这就对体育评论员的专业水平，以及把握体育受众心态变化的水平提出了越来越高的要求。

2022年2月5日至20日，《红星新闻》连续发布22篇《我看冬奥》系列评论，将焦点对准北京冬奥会上的运动员、讲解员、吉祥物等多个视角，让观众从多角度全面了解冬奥会。

"我看冬奥"系列评论①｜"史上最小主火炬"传递了什么

红星新闻特约评论员　赵志疆　《红星新闻》（2022年2月5日）

黄河之水天上来，燕山雪花大如席……昨晚（2月4日），2022年北京冬奥会在国家体育场"鸟巢"盛大开幕。开幕式上，天马行空的创意演绎出美轮美奂的场景，令世界为"中国式浪漫"赞叹不已。

如北京冬奥会导演组所说，"开幕式从第一秒钟起，就有中国文化的定义。"恰逢二十四节气中的"立春"，此次开幕式由此"破题"。"立春"意味着冬去春回，生机勃发，破冰而出的"冰雪五环"寄托着无限美好的寓意。作为开幕式的"重头戏"，点燃奥运主火炬是人们期盼的焦点。就在昨晚，主火炬以一种令人惊讶的方式亮相，而这样的另类方式差点并不被国际奥委会接纳。

当火炬手将火炬嵌入主火炬台时，这个最大的秘密以一种令人惊讶的方式揭开了面纱——在100多年的奥林匹克运动史上，第一次没有点火动作，没有熊熊燃烧的主火炬塔的点火仪式就此完成。"史上最小的奥运主火炬"之外，是"史上最大的雪花"，所有参赛代表团的名字簇拥在一起，围绕在奥运主火炬的身边。从远景看，火炬很小，火光"微弱"，没有以往的"磅礴大气"，一度令不少观众不解。很快，媒体揭开了主火炬变"小"的秘密——以清洁能源做燃料，以"微火"取代熊熊燃烧的大火，传递低碳、环保的绿色奥运理念，成为奥运历史上的一次创新。它没有"点"的过程，没有盛大的火焰，它产生的碳排放量只有之前的五千分之一。有网友感叹，一开始有点失落，细细品味却觉得好有张力。与那些激荡人心的点火仪式相比，这一次主火炬的点燃仿佛月轮穿沼、润物无声，同样显得匠心独运、意蕴深长。而无论最终观众喜欢还是不喜欢"微火"，它都清晰传达出低碳环保的理念。

从历届奥运会的创意看，人们见过射箭点火、水中点火、"飞人"点火……无一不惊艳。但正如张艺谋所言，"熊熊燃烧的火焰当然是奥运精神的体现，但环保吗？"为此，主创团队想的是如何把火焰变得更小，以及如何说服国际奥委会接受百年传统的改变。当然，他们最终如愿。

为了纪念为人类盗取火种的普罗米修斯，人们以奥运之名传递火种。作为一种仪式，奥运开幕式上必须有"火"，但从来没有人限定"火"的表现形式。大雪花上的微火，诠释出一种新的意义——只要熊熊燃烧的是世界的热切与激情，又何必在意实体的火大火小？

北京冬奥组委开闭幕式工作部部长、国家体育场运行团队主任常宇在回忆说服国际奥组委支持这一大胆方案时感叹：火炬的例子说明，在国际活动中，大家的出发点不一样，都是源自自身的传统和想法，碰撞之后取得一致，再为一致的目标一起付出努力。这个过程就像国与国之间的关系、人与人之间的关系。

一场全球瞩目的文化体育盛事中，那些美轮美奂的场景会被人长久记忆，但真正体现温暖与智慧的细节，同样直抵人心。

"我看冬奥"系列评论②｜冰墩墩火到"一墩难求"，也是一种冬奥"参与感"

红星新闻特约评论员　和生（2022年2月5日）

作为冬奥吉祥物，"冰墩墩""雪容融"备受追捧和喜爱。日本电视台记者辻冈义堂还因为喜爱冬奥会吉祥物"冰墩墩"在中国社交媒体上走红：一则网络热传的视频中，辻冈义堂开心地掀开衣服展示他的"冰墩墩"徽章；听说"冰墩墩"来到场馆，他立马放下手中的工作，化身迷弟"求"合影。

连日来，奥林匹克官方旗舰店"冰墩墩"周边不断售罄，可谓"一墩难求"。在北京王府井的冬奥特许商店，不少人排队一两个小时，只为抢购几个冰墩墩雪容融回家。就连"冰墩墩"的设计团队负责人曹雪也表示，有点始料未及，他的儿子都没买到。

拥有熊猫形象和冰晶外壳，酷似航天员，萌宠可爱的"冰墩墩"，固然是其广受欢迎的一个原因，但另一方面，人们通过购买冬奥会吉祥物"冰墩墩"的背后，更多是个人对于这场赛事的关注，刷出来的存在感也是一种"参与感"的表达。

事实上，随着春节假期和北京冬奥会的开幕，人们对于这场赛事的关注与参与的热情，远不止于购买吉祥物周边。自 2015 年北京成功申办冬奥会以来，冰雪运动的国民度便在迅速提高。据国家体育总局最近发布的报告显示，全国居民冰雪运动参与率为 24.56%，冰雪运动的参与人数已经高达 3.46 亿人。

根据多个社交平台的检索信息，有许多年轻人不约而同地将滑雪安排为今年元旦假期的重头戏。全国各地大大小小的雪场，都充斥了炫技的、摔跤的、拍照打卡的，与永远在排队的人。有媒体报道，北京周边的一热门滑雪场人头爆满，雪具全被租完，最终不得不停止售票，进行限流。在微博平台上，"整个朋友圈都去滑雪了"的话题，有 3.3 亿人围观，网友直称"刚到手的年终奖，都被我用来滑雪了"。

人们巨大的滑雪热情被点燃，无疑跟今年北京冬奥会有直接关联。统计数据显示，截至 2021 年年初，全国已有 654 块标准滑雪场和 803 个室内外各类滑雪场，较 2015 年分别增长了 317% 和 41%。仅 2020 年一年，国内开业的室内滑雪场便有 36 家，数量为全球第一。数据非常清晰地记录了这股冰雪热潮的"燃烧轨迹"。

不止线下，在线上的互联网世界，似乎一夜之间也被冰雪覆盖。在某社交平台搜索＃滑雪＃，相关笔记超过 49 万篇，滑雪运动员谷爱凌、张嘉豪都是活跃用户。这些体验类的分享，也是促使冰雪运动快速走向人们生活的一大推力。

冬奥会总有这样神奇的迷人魅力，用它巨大的感召力，唤醒人们最纯粹的运动热情，吸引人们去感受、去响应、去参与，去自发地追求冬天里的运动快乐。也由于冬奥会的原因，人们能接触到的冰雪运动也愈加丰富，花样滑冰、冰壶等冰上运动，也逐渐普及开走入大众视野，成为不少人心中的热门运动项目。

奥运赛场是人类力与美完美结合的最高舞台。通过观赏精彩赛事，体验过程中的紧张、激情与热烈，进而激发人们从运动员身上吸取精神、力量与经验，找到自己的目标和乐趣——这也是公众释放巨大冬奥热情的题中之义。

2022 年北京冬奥会的大幕刚刚拉开，精彩纷呈的赛事正纷至沓来，全世界将再一次进入奥运时刻，共襄盛举，同享这场冰雪之乐。人们高涨的冬奥热情，也因为这场赛事盛会，被进一步点燃。当看到运动健儿，在蓝天白雪之间，驰骋飞跃时，又有谁能按捺心中的激动与雀跃呢？

"我看冬奥"系列评论③｜中国代表团首金，尊重规则也是一种体育能力

红星新闻特约评论员　李哲（2022 年 2 月 6 日）

2 月 5 日，在首都体育馆举行的北京 2022 年冬奥会短道速滑项目混合团体接力决

赛中，中国队夺得冠军。这是短道速滑男女混合项目的奥运历史第一金，也是中国代表团在本届冬奥会的第一金。有些观众只看了决赛，甚至只是看到夺冠的那一刻，其实整个比赛充满了曲折和艰辛，它的过程同样值得我们去用心感受。在当天的半决赛中，张雨婷与任子威交接棒时没能成功导致落后。随后当值裁判在长时间回看录像后，判定其他队的队员犯规，中国队得以晋级决赛。

在短道速滑比赛中，交棒的队员在完成交棒之后应该迅速离开赛道，避免本队同时有两名队员在赛道上，也不能影响其他队伍队员的滑行。裁判的最终判罚，正是基于这样的原则。

这种一波三折的情节，让这块金牌显得更加来之不易。有人说，中国队多多少少有些幸运的成分。但还是要认识到，能够始终保持对规则的充分尊重，本身也是一种体育能力。这种能力不是体力上的，也不是技术性的，而是精神性的。

正如王濛所说，短道速滑比赛本身就充满了意外。能够有效减少甚至消除这种意外（犯规），本身也是一种竞技能力，它离不开长久的训练和团队协作。体育的一大魅力，就是在于它的规则性。所谓无规矩不成方圆，有了规则才有最起码的公平可言，才具备比赛的前提。

一场冬奥会，既是一次对冰雪运动相关知识的普及，也是对冰雪运动中迸发出的体育精神的传递。

当然，和任何比赛的胜利一样，夺冠的关键还是在于出众的实力和奋勇拼搏的精神。武大靖在赛后坦言，在冲线前的最后一圈，"其实在最后我感觉到身后的人越来越近，这个时候是队友给了我力量，他们在支持我，一直在喊让我拼命滑"。

拼命滑，这是最简单的诀窍，也是最难的诀窍。每个国家的每个队员都知道，但并不是人人都能做到。在决赛的第二枪中，范可新从第四道超越到第三位，曲春雨"接棒"后超越到第二位，任子威"接棒"时顺势冲到第一位……这种"全员拼"的团队精神，弥足珍贵。

其实，不只是赛场上拼搏的队员，也不只是直播间热情的解说员，现场观众的呐喊和打气，电视机或者手机前中国观众，都无形中给出了自己的助攻。这枚首金的背后，是所有团结、专注、充满活力的人们。

思考与练习

1.体育评论的特点是什么？

2.分析本节中各例文的文章结构。

3.参照以下题目，写一篇体育评论。如，《从赛场起哄谈起》《学院足球联赛的启示》《"金牌"为何不再闪光？》《我看中国足坛现状》，也可另拟题目。

第四节　调查报告

一、调查报告的概念和特点

调查报告是对客观事物或社会问题进行调查研究之后，将得出的结论整理和表达出来的书面报告。调查报告简称为"调查"，有时也叫"考察报告"。它是机关工作中普遍使用的一种应用文体，同时也是报刊上常见的新闻体裁之一。

调查报告兼有应用文体和新闻文体的特点，使用频率较高，具有重要的社会宣传教育功能。它用事实说话，系统地向人们介绍事物发生、发展、变化的全过程，从一个地区、一个部门、一个新生事物或一项具体工作中，总结出有普遍意义的经验，来回答现实生活中人们普遍关心又急待解决的问题。调查报告的内容广泛，形式多样；它可以调查现状，也可以调查历史；它可以介绍某项具体工作经验，也可以揭露存在的具体问题。凡是带有普遍意义的社会事物，都可以用调查报告的形式反映出来。在当前的改革开放和经济建设中，调查报告的写作将显得更为重要，运用也将更加广泛。

调查报告的特点主要有：

（一）用事实说话

调查报告要用事实说话，内容真实可靠是其显著特点之一。客观事实是调查报告存在的基础。调查问题的提出，由事实引起；事件的变化过程，让事实说话；调查结论的得出，用事实证明。客观事实，贯穿于调查研究、写出报告的全过程，离开了客观事实，调查报告便不复存在。

（二）针对性强

写调查报告就是为了解决某一个问题，其写作目的是非常明确的，假若客观现实没有出现某些问题或变化，就不会有与之相适应的调查报告问世。现今的调查报告，多是上级机关或调查人员，针对现实生活中出现的新问题、新变化，根据工作的需要，组成调查组，抓住带普遍性的、为群众所关心的问题，深入实际，调查研究，站在通观全局的高度，写出调查报告。与一般文章的写作动因相比较，调查报告有着针对性强的特点。

（三）夹叙夹议和第三人称

夹叙夹议，就是在以叙述为主的同时进行必要的精当的议论。这种表现手法，在读后感、记者述评等文体也都经常使用。调查报告中的"叙"，不要求情节的连贯和形象性，只要讲清事实即可，所以多为概括叙述。"议"，也不必用逻辑推理的方法来证明观点的正确，其观点是在叙述事实的基础上自然得出的结论，所以这种"议"也一定是简要的，画龙点睛式的。

调查报告是调查者处于客观位置，针对社会生活中的问题，进行调查研究，用事实说话，得出正确的结论。因此，调查报告要使用第三人称。

二、调查报告的分类

调查报告按其内容不同，可以划分为以下几类。

（一）介绍典型经验的调查报告

这类调查报告主要用以介绍先进的典型经验，因此也称"经验调查"。所谓"典型"，主要是指具有普遍指导意义的典型事件和典型经验，即认定为典型的事物，必须是客观存在并能揭示事物发展变化规律的、富有生命力的事物。

介绍典型经验，应写清楚典型产生的客观环境，典型的主要事迹、具体做法及其效果，阐明他们"怎么做"和"为什么能这样做"的问题，以发挥典型引路、以点带面，起到促进和推动的作用。此类调查报告，主要是为了配合党和政府在某一时期中心工作的开展，所以大都有很强的政策性和指导性。

（二）反映基本情况的调查报告

这类调查报告简称"情况调查"，它主要用于向上级机关和社会广大群众反映某些情况或某一方面的具体事实，以叙述情况和事实为主，反映的范围非常广泛，可以说所有的社会事物都可以成其反映的对象。

这类调查报告，通常由反映情况、列举事实、分析问题、提出对策等部分构成。

（三）介绍新生事物的调查报告

介绍新生事物的调查报告，是反映现实生活中涌现出来的新人、新事、新思想、新观念，其特点是"新"。这种"新"，在一定的历史阶段中，多具有方向性的意义。

这类调查报告，通常要写新事物产生的历史背景、产生与发展过程及其所遇到的问题，阐明新生事物在现实生活中的作用和意义，并揭示它的成长规律和发展方向，显示其必然性，以扶持、促进其成长和发展。

（四）揭露社会问题的调查报告

揭露社会问题的调查报告，主要用来揭示当前工作和社会生活中发生的种种不良现象和社会弊端，揭露的目的是引起有关部门和整个社会的重视，以便引以为戒，达到解决问题和教育群众的目的。这类调查报告，通常以剖析反面事例为主，披露事实真相，摆出造成的严重后果，分析出现问题的原因，提出解决问题的建议等，以起到振聋发聩、驱邪除害的作用。

常见的调查报告，主要有以上四种。另外，由于调查的目的、要求、范围不同，

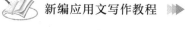

调查报告又可分为综合调查和专题调查两大类。

三、调查报告的格式要求

调查报告是应用文体，其结构有惯用的格式，一般由标题、前言、正文、结语四个部分组成。

（一）标题

调查报告的标题，有单标题和双标题两种形式。单标题一般都直接标明调查的对象、内容范围，有的就是全文提出的主要问题或总观点。双标题由一个正标题和一个副标题组成。正标题多为全文的总观点，副标题标明调查的对象或内容范围。

（二）前言

前言是调查报告的开头部分，用一个自然段或几个自然段，简要介绍调查的时间、地点、对象、范围、方式、全文主旨或基本观点，应写得简明扼要。有的调查报告的前言只用一两句话作为"引子"引起下文，而将调查和调查对象的基本概况等内容作为一节，排列在正文的第一个部分。

（三）正文

正文是一篇调查报告的核心部分。事实的概述、观点的说明、精当的议论都在这一部分。一般要把主要情况、经验或问题归纳为几个部分来写。每个部分有一个中心，加一个小标题（多为小观点）来提示和概括该部分的内容；也有的不加小标题而用序码来排列顺序，使之眉目清楚。使用序码表示的每个部分开头的第一句话，也多是一个小观点，是这一部分内容的"纲"。

正文部分的结构形式，通常有两种：一种是横式结构，另一种是纵式结构。横式结构是把调查的内容分成几个问题或几个方面，从不同的侧面去说明问题。纵式结构是按照事物的发生、发展、变化、结果的顺序和阶段写出，从过程的叙述和前后对比中总结和阐明结论。

（四）结语

结语即调查报告的结束语。有的用以总结全文，给读者一个总的印象；有的提出问题，引导读者深思；有的向社会发出呼吁，引起人们的关注；有的展望前景，鼓舞人们的斗志。如果在正文中已把话讲完，调查报告也可以没有结语部分。结语的有无，要根据内容表达的需要而定。凡有结语的，都应写得简短有力，切忌拖沓重复。

四、调查报告的写作要求

（一）明确写作目的

毛泽东同志指出，"没有调查就没有发言权""一切结论产生于调查情况的末尾，而不是在它的先头"。这些著名论断，至今仍闪耀着真理的光辉，它不仅对领导机关的领导工作至关重要，而且也是调查报告写作的基本指导思想。

有的调查报告公开发表，有的在内部使用。写调查报告的目的，解决问题，或为领导机关解决问题、制定政策提供依据，在当前来说，就是为"一个中心、两个基本点"这一基本路线服务。调查报告这一鲜明的写作目的是非常明确的。所以，它不是为调查而调查，也不是为写报告而报告。

调查报告属于应用文体的范畴，同时它又可以划归为广义新闻一类，因此它兼有应用文体和新闻的基本特征。同时，由于调查报告的内容多涉及党的方针政策，政策性很强，与一般的文章写作相比，调查报告的写作是有难度的。

既然调查报告是为了解决问题，那么我们就必须站在客观的立场上，目的明确，一切从实际出发，坚持实事求是的原则，不带任何主观色彩和框框，在整个调查研究的过程中，用"解剖麻雀"的方法，"将丰富的感性材料加以去粗取精、去伪存真、由此及彼、由表及里的改造制作功夫。"（毛泽东《实践论》）只有这样，才能揭示出事物的本质和内在联系，在调查报告中提出符合客观实际的、深刻的、富有创建性的见解来。

（二）讲究调查方法

文章写作离不开材料，材料是文章形成的物质基础。写调查报告的材料从哪里来？调查。没有调查，便不会有调查报告的写作。调查要讲究方法，即方法要正确、得当。调查的方法分直接调查和间接调查两大类。常使用的调查方法有以下几种。

1. 座谈会

参加座谈会的人最好是了解情况的"知情人"，人数不宜过多。会前要告之调查的中心，或印发调查提纲，使到会者有较充分的准备。座谈时，一般不要生硬索答，以漫谈的形式为最好。关键问题、重要情况，要注意谈深谈透，对不同的见解，要善于启发引导，但也要让人把话讲完，不能按图索骥。出现冷场时，可以及时穿插点别的内容，尽量使参加者放下思想顾虑，打开言路，做到畅所欲言，集思广益。

2. 个别采访

个别采访一般是先找有关方面负责人谈一谈，交代调查采访的目的，了解事情的基本情况，然后找当事人深谈细谈。重点人物和事件，是体现调查报告内容的核心材料，是调查报告写作成功的关键，一定要调查清楚，了解透彻。个别采访并非一次成功，要区别对象，因人而异，交谈时要平易近人，要打破拘谨的局面，做到双方有问有答，相互交流思想感情。个别采访会出现种种预想不到的情况，要注意发现新的线索，不断扩大调查的范围。

3. 现场观察

现场观察是一种非常重要的调查方法，俗话说"百闻不如一见"。这种实地观察的方法，可以获得大量的第一手材料，可以了解事件发生发展的背景，可以目睹事件的动态场面，获得现场感受，捕捉许多生动具体的细节，也可以对手中已经掌握的材料进行核实。现场观察要深入细致，不能走马观花、马虎从事。

4. 实地考察

实地考察的方法是调查者就某一方面的问题，对历史或现状所进行的考证性调查，通过考察核实，得出正确的结论。这种考察所涉及的时间与空间跨度都比较大，包括查阅文字资料和实际查看两个方面。在查阅报纸、刊物、书籍、文件、统计资料、账册等方面材料时，要注意做好采择、摘录或编辑工作，并且要尽量核实材料的可靠性，必要时仍需有第一手材料来印证，才能达到实地考察的目的。

5. 问卷调查

问卷调查是一种既简便又迅速、既广泛又比较准确的调查方法。这种方法现在已被普遍使用。根据调查的需要，将调查的内容分成若干项，拟制出调查表格，寄发给有关部门或个人，待填写好之后收回。调查部门将回收的问卷进行统计，得出相应的数据或结论。这种调查方法所获得的材料比较客观，有一定的说服力。

（三）占有材料和分析材料

在调查报告写作中，占有材料十分重要，全面占有材料是写作调查报告的第一步，是写好调查报告的前提和基础。调查报告不同于一般文章写作，它要用事实说话，用事实阐明观点；调查报告也不同于文学作品，文学作品中的人物、事件、情节、场景都可以虚构。调查报告是对事实及其研究结果的报告，它的内容不仅不允许虚构，即使一个细节，一个数字，也不允许有丝毫差错，也必须完全符合实际，经得起时间的验证。事实材料是调查报告的"血肉"。有了事实材料，调查报告的内容才能充实丰厚。而对于这些事实材料，除了去做深入细致的调查之外，没有别的办法可以取得。只有经过深入细致的实地调查，占有一定数量、质量的事实材料，观点也才能够得以形成，并进而得到充足有力的证明，调查报告也才能写出、写好。所以，在调查报告写作中，占有材料最为重要。

占有材料要深入、细致、全面。任何客观事物都有其现象与本质两个方面。人们认识客观事物也总是一个由浅入深、由现象到本质的认识过程。由这些特点所决定，人们在进行调查研究与搜集客观事实材料时，就不能像蜻蜓点水似的，浮在表面上，而要深入到事物和问题的内部，系统了解客观事物发生、发展的全过程，搞清楚问题的来龙去脉，摸清全部底细。只有这样，才能获得反映事物本质和规律的事实材料。

占有材料固然十分重要，但对于调查报告的写作来说，占有了材料，仅仅是完成了第一步，还必须对占有的材料进行分析，发掘出本质，提炼出观点。调查是为了解决问题，调查事物是为了发现规律、利用规律，去推动事物的发展。而要解决问题、发现规律，对事物不进行一番"去粗取精、去伪存真、由此及彼、由表到里的改造制作功夫"是办不到的。所以，对占有材料进行分析，是得出正确结论的关键。

在调查过程中获得的材料，有些是表面的、零散的，有些可能是虚假的。这与提供情况人的认识水平和其他原因有关。例如，提供情况的人，身份不同，认识各异，背景复杂，所提供的材料，有的道听途说，有的张冠李戴，有的添枝加叶，有的由于种种原因有意掩盖和歪曲等。这些情况在调查过程中屡见不鲜。

对占有的材料进行分析，就是要"去粗取精"：选取那些精要的、能反映事物本质的材料，剔除、舍弃那些表面的、粗劣的材料；"去伪存真"：辨别真伪，去掉那些虚假的、不真实的材料，留下真实可靠的材料；"由此及彼"：把各方面的材料连贯起来思考，进行全面分析，既不简单肯定，也不简单否定；"由表及里"：透过现象看本质，深入到事物内部，搞清它们彼此之间的联系。所以，对占有的材料只有多看、多思考、多比较、多核实，才能得到真实典型的材料，才能找到事物发展的规律，提炼出调查报告所需要的观点。

（四）观点与材料统一

通过对材料的分析综合提炼出观点，这是由感性认识向理性认识的飞跃过程。但观点一经形成，反过来又成了选择、组织材料的唯一依据。一篇调查报告，如果只有观点而没有充分的事实材料支撑、证明，那么再好的观点也难以让人信服。反之，如果只有事实材料而没有观点，那么材料就是无帅之兵，就成了没有多大意义的东西。所谓观点与材料统一，即观点由材料得出，观点统帅材料，材料为说明观点服务，二者有机结合。

调查报告是应用文体，实用性强，有其惯用的格式，写作基本形式又比较固定，像标题怎样拟定、前言和主体要写哪些内容、有无结语等，都是有规律可循的。因此，在调查报告的写作中，除了占有材料和分析材料之外，观点与材料统一问题就成了调查报告写作的重点。这是必须全力以赴处理好的，也是一篇调查报告成败的关键。

怎样才能做到观点与材料统一呢？

第一，观点必须是从分析材料中自然得出的正确结论。调查报告的观点，不是写作者事先确立好了的，不是对材料进行简单归类得出的，也不是写作者某种主观意向的随意附贴，而是写作者对大量事实材料进行分析综合自然得出的结论，是写作者站在理性高度上对事实材料认识的结果。所以，只有当观点是从全部事实材料中得出的正确结论的时候，这个观点才能是真实可信的，才是一种理性认识，才会为观点与材料统一提供内在基础。

一篇调查报告，有总观点和小观点之分，它们都是由分析综合事实材料得出的。总观点（多为调查报告的大标题）统帅着小观点（调查报告每个部分的小标题或每一部分开头的第一句话）和通篇的事实材料，小观点从不同的侧面对总观点进行阐述。

第二，事实材料要充分地、有力地说明观点。观点统帅材料，决定材料的取舍；材料要充分地、有力地说明观点。这是一个问题的两个方面。没有材料支持的观点是空洞的、苍白无力的，只有当观点得到充分而有力的支持和说明时，观点才能使人相信，并心悦诚服地接受。

在选取材料支持、说明观点时，要特别注意选取那些典型材料。所谓典型材料，是指那些思想深刻的、有代表性的、生动的材料。因为典型材料能以一当十，说服力强，能反映事物的本质，能收到事半功倍的效果。

在方法上，使用材料要精当。可以用一组材料说明观点，可以运用两个材料加以对比说明观点，也可以用综述与举例相结合的方法说明观点，还可以用某些精确的统计数字说明观点等。

观点与材料统一处理得好的调查报告，才会有实用价值。

2022 年全国游客满意度调查报告

一、全国游客满意度自 2016 年以来首次回落

2022 年全国游客满意度综合指数 80.52，同比下降 2.37%，为 2016 年以来的首次回落。从细分指标看，现场调查游客满意度指数 83.19，同比下降 3.21%；网络评论游客满意度指数 78.84，同比增长 0.76%，整体与 2021 年持平；投诉与质监游客满意度指数 68.30，同比下降 2.95%。因突发疫情导致旅行强行终止、退款纠纷、酒店无法入住、隔离期间权益受到损害等问题，致使游客体验和综合满意度下降。

疫情管控导致"盲盒式出游"体验不佳是游客满意度下降的主要因素。2022 年，不可预期的出游环境降低了游客获得感和满意度，中国旅游研究院游客行为专项调研（以下简称"游客行为调研"）数据显示，41.5% 的受访者表示 2022 年出游频率低于 2021 年。认为出游体验不如去年的受访者比例为 10.3%，明显高于 2021 年的 4.7%。从调查结果看，疫情防控要求过高导致出行不便（71.2%）、散发疫情中断旅游（50.4%）、节假日高峰出游（28.8%）是游客满意度下降的主要原因。

团队游客和散客满意度均有下降，旅行服务受疫情防控和发展滞后拖累。现场游客满意度调查数据显示，2022 年团队游客和散客满意度分别为 83.05 和 83.27，同比降幅分别为 3.92% 和 2.28%，散客满意度降幅相对较小。旅行社退费纠纷、购物纠纷、导游服务等问题成游客体验痛点。事实表明，以旅游地标打卡为卖点，以价格竞争为主要手段的传统旅行服务已经难以为继。

目的地城市涉旅服务评价回落，购物和餐饮成体验短板。游客行为调研数据显示，受工作单位、子女入学等疫情防控要求影响，国内游客省内游占比约为 77.9%，其中市内及周边游占比 46.3%，游客对城市的公共服务、商业环境和生活服务提出了更高要求。数据表明，2022 年交通、餐饮、住宿、购物、娱乐等涉旅服务游客满意度指数下降，交通拥堵停车困难、住宿性价比偏低、娱乐创新不足、价格不合理等问题制约了旅游服务质量提升。

二、谨防 2022 年游客满意度的技术性回落转为 2023 年的周期性下降风险

2022 年全国游客满意度出现 2016 年以来的首次下降，季度和节假日环比下降，总体属于疫情影响下的技术性回落。疫情管控特别是各地事实上存在的层层加码，让游客出游预期与实际感知差距不断扩大，导致游客满意度连续性增长趋势出现技术性中断。2022 年前三季度游客满意度分别为 81.52、81.02、79.35，从"满意"回落至"基本满意"区间，随着"新十条""乙类乙管"等政策出台，居民出游体验明显好转，2022 年第四季度游客满意度指数回升到 80.18。2020—2022 年全国游客综合满意度平均达到 81.31 的满意水平，同比 2019 年增长 1.29%，维持了稳定发展的趋势。从节假日监测来看，2020—2022 年主要节假日满意度均值达到满意水平，国内游客满意度的底部支撑仍然稳定。

旅游城市多措并举提升服务质量，有望为游客满意度回落托底。2022 年，纳入监测的 60 个样本城市游客满意度平均为 80.58，同比下降 1.5%，66.7% 的城市游客满意度处于满意区间。2022 年，全国游客满意度排名前十位的城市分别为杭州、青岛、重庆、厦门、济南、武汉、无锡、西安、北京、苏州。城市作为重要的旅游目的地，通过对交通基础设施、商业接待体系、公共服务体系等领域的不断完善，努力弱化疫情等因素对游客满意度的影响，支撑旅游服务质量的长期可持续提升。

警惕游客满意度可能出现的周期性下降风险。"乙类乙管"政策实施后，国内居民出游意愿增加、出游需求迅速释放，各地"拼经济""抢跑"意愿强烈，总是自觉不自觉地想回到"人山人海吃红利、圈山圈水收门票"的传统发展模式。当前，散客、自助、个性和品质已经成为主流的旅游方式和消费诉求，市场期待新场景、新业态和新产品，如果城市和企业不能适应这些变化，游客满意度下降的潜在风险很可能就会成为现实。中国旅游研究院 2023 年春节假日文化和旅游市场专项调研数据显示，21.2% 的受访企业认为旅游接待量完全恢复但接待能力跟不上，供给侧恢复滞后直接影响了游客体验；29.4% 的受访游客认为景区或场馆内各项服务跟不上；11.8% 的游客感觉旅游成本大幅上涨，部分地区不合理涨价和临时取消订单等现象引发负面舆情。研究表明，旅游行业的价格体系监管、客流监测与疏导、旅游安全管理等现代化治理水平仍有待提升。

三、用好全国游客满意度调查成果，推进城市旅游高质量发展

用好游客满意度成果，加强对重点城市旅游目的地建设和游客视角下的旅游业高质量发展的专业指导。加大旅行社、旅游景区和度假区、星级酒店和旅游民宿的市场监管和安全检查工作力度。加强对散客、自助旅游需求的理论研究、政策创新和行政指导，指导地方和行业面向新需求，创造新场景、研发新产品。

2022年浙江省全民健身活动状况调查报告

2022年全民健身活动状况调查工作由浙江省体育局委托浙江师范大学体育与健康科学学院与浙江体育科学研究所开展，旨在全面、准确、系统掌握全省城乡居民日常体育锻炼的时间、频率、强度以及体育指导、体育锻炼场所、体育消费水平、科学健身知识知晓度和体育文化感知度等情况。本次调查对象是全省20周岁及以上的人群（不包含学生），在全省共抽取48个县（市、区），根据每个县（市、区）常住人口数同比例确定各自有效样本数，共获取有效样本总数为34236个。日前，2022年浙江省全民健身状况调查报告已经出炉。调查结果显示，我省全民健身活动状况调查结果稳中有进，持续向好。

一、经常参加体育锻炼人数比例

2022年浙江省经常参加体育锻炼人口比例（不含学生）达到31.04%，相比于2021年的29.58%，增加了1.46%。这一关键指标数据表明我省城乡居民健身习惯不断优化，健身活动参与程度处于全国前列。其中，男性比例为32.4%，女性比例为29.7%，城镇比例为31.7%，农村比例为30.3%，60岁及以上老年人经常参加体育锻炼人数比例为23.9%。整体上看，男性比例优于女性，城镇比例优于农村。

二、体育锻炼时间

浙江省居民每次体育锻炼时间60分钟以上的比例为17.46%，30～60分钟（不包含60分钟以上）的比例为43.30%，30分钟以下的比例为37.24%。

三、体育锻炼强度

浙江省居民参与体育锻炼强度为低强度的比例为30.50%，中等强度的比例为47.18%，高强度的比例为22.32%。

四、主要运动项目

浙江省居民平时参加运动项目最多的是健身走，其比例为51.59%。跑步与广场舞

/ 健身操的参与比例也较高，分别为 15.81% 和 10.28%，其他项目比例较低。

五、体育锻炼场所

浙江省居民经常去的体育锻炼场所前两位为城乡健身步道、户外运动场地，比例分别为 29.6%、28.0%。其他类型场所比例依次为社区行政村体育场地（10.0%）、公共体育场馆（9.3%）、营业性健身场所（3.5%）和学校体育场地（2.8%）。此外，也有 16.9% 的受调查者选择其他类型。

六、体育锻炼指导

浙江省居民在体育锻炼过程中没有指导、自己练习的比例最高，为 59.90%。通过同事、朋友相互指导的比例为 15.10%。通过看资料（书刊、视频）占 7.7%。通过其他接受相关专业训练的人占 4.7%。

七、体育赛事活动形式

浙江省居民参加体育赛事活动的比例达到 33.4%，其中，参加街道 / 乡镇举办的体育赛事活动、单位组织的体育赛事活动和社区 / 村举办的体育赛事活动的比例分别达到 7.6%、7.0%、6.1%。

八、体育信息与健康知识的获取途径

浙江省居民平时获取体育信息健身知识最多的途径是互联网（App），其比例为 31.5%；其次是电视（DVD，录像），其比例为 30.0%。书刊、接受指导培训、学校学习的比例分别仅有 1.9%、2.6% 和 2.5%。有 22.1% 的人群没有从任何途径获取过体育信息健身知识。

九、体育消费

2022 年浙江省人均体育消费达到 2834.8 元。各设区市的人均体育消费差异较大。

十、体育文化氛围感知度

浙江省城乡居民体育文化氛围感知度（包含体育运动喜好度、体育明星关注度、体育比赛观看度和周边居民体育锻炼参与度四项）得分为 72.17 分（满分 100 分），相比 2021 年的 70.86 分，增长了 1.31 分。总体而言，浙江省城乡居民体育文化氛围有待进一步提升与改善。

十一、科学健身知识知晓度

浙江省全民健身科学健身知识知晓度得分为 80.27 分（满分 100 分），相比 2021 年的 79.84 分，增长了 0.43 分。总体而言，大部分居民对科学健康知识了解掌握程度较好。

十二、全民健身满意度

浙江省城乡居民对全民健身的满意度（包含体育场地设施满意度、体育赛事满意度、体育组织满意度、体育健身指导满意度和体育公共服务满意度）平均得分为81.09分（满分100分），相比2021年的76.75分，增长了4.34分。总体较好，显示全民健身公共服务体系与群众对美好生活的向往仍有不少差距，需要进一步提升完善。

十三、对策建议

（一）多措并举，促进城乡体育公共服务均衡化

一是着力破解城乡二元结构，城乡一体设计、一体实施，实现全民健身公共服务内容和形式的统一衔接。二是推进城乡一体发展，主动融入乡村建设行动，利用文化礼堂等场所推进美丽乡村体育设施建设，增加农村地区体育健身设施供给。三是推动薄弱区域体育发展，在扶持政策、赛事资源和产业发展上倾斜，有效促进体育公共服务均衡化。

（二）多元协同，提升老年和女性人群体育参与度与科学性

一是深入挖掘和充分发挥社会力量作用，依托体育社会组织，积极开展适宜老年人、女性参与体育活动。二是积极倡导家庭体育，深入了解老年人、女性体育诉求与偏好，健全完善老年、女性群体"家庭定制"式体育健身指导方案。三是建立健全全民健身分类指导体系，以年龄、性别、运动习惯、健康状况划分，制定更加细致精准的分类指导体系，科学指导老年和女性人群体育健身。

（三）赛事下沉，提高群众性体育赛事丰富度和活跃度

一是建立健全群众性体育赛事体系，培育打造"赛事之城""赛事集聚县""赛事强镇（街道）"，形成良好的群众性体育赛事氛围。二是盘活当地资源，提升社会力量在基层群众性体育赛事中的参与程度，探索完善社会化力量办基层群众性体育赛事的体制机制。三是坚持便民利民，结合地域特色，打造一批老百姓身边的群众性体育赛事活动品牌。

（四）体卫融合，提升城乡居民体育健身科学性

一是切实推进体卫融合发展，充分发挥体育、医疗的资源优势和互补作用，开展国家级运动健康中心建设试点，推广就医诊疗、运动指导"双处方"。二是搭建科学健身指导平台，建立线上线下贯通的健身知识普及平台，提供更多简便易行、科学有效的体育健身知识与方法。三是多途径宣传推广中高强度有氧锻炼和力量练习的健康价值，建立健全中高强度有氧锻炼和力量练习指导体系，引导居民在日常体育健身中适度增加中高强度有氧锻炼和力量练习。

（五）协同共建，打通全民健身公共服务"最后一公里"

一是探索医疗、医保、体质检测等数据共享，打造"健康生活指导员"队伍，推广就医诊疗、运动指导"双处方"。二是探索建立与实施基层体育委员、社会体育指

导员、健康生活方式指导员"三员"工作机制，形成网格管理、服务接地、活动经常的基层体育公共服务体系。三是进一步健全完善以体育总会为枢纽的全民健身组织网络，大力扶持体育俱乐部等自发性群众体育组织。

1.在撰写调查报告之前，为什么要调查研究？常用的调查方法有哪些？

2.就本班同学课外阅读情况进行一次调查，写一篇《关于本班同学课外阅读情况的调查报告》。

第五章 大学生常用应用文写作

第一节 竞聘词

一、竞聘词的概念

竞聘词，又叫竞聘演讲稿，或叫竞聘讲话稿。它是竞聘者为了实现竞争上岗，展露自我具有足够的应聘条件的演讲稿。大至竞选国家领导人，小到竞聘上岗，都要用这种讲话稿。在我国，随着竞争上岗的普遍实行，竞聘讲话稿的写作越来越显得重要。

二、竞聘词的特点

1. 目标的明确性

目标的明确性，是竞聘演讲区别于其他演讲的主要特征。

2. 内容的竞争性

在其他的演讲中，内容尽管可以海阔天空地谈古论今，说长道短，但一般都不是来"显示"自己的长处。

3. 主题的集中性

所谓主题的集中，是指所表达的意思单一，不枝不蔓，重点突出。这就是说，在表达意思时，必须突出一个重点，围绕一个中心，而不要搞多重点、多中心，不能企图在一篇演讲中解决和说明很多问题。

4. 措施的条理性

演讲者在讲措施时一定要注意条理清楚，主次分明。不要像"慢坡放羊"那样，讲到哪儿算哪儿，让人听了如一团乱麻。

5. 语言的"准确"性

准确，一般是指要恰如其分地表情达意。但竞聘演讲中的准确除此以外还有另外两层意思：一是所谈事实和所用材料、数字都要"求真求实"，准确无误；二是要注意分寸，因为竞聘演讲的角度基本上是以"我"为核心，如掌握不好分寸，夸大其词，就会让人产生逆反心理，从而使自己的演讲失败。

三、竞聘词的基本构成与写法

1. 标题

竞聘演讲词的标题有三种写法。一种是文种标题法，即只标"竞聘演讲词"；一种是公文标题法，由竞聘人和文种构成，或由竞聘职务和文种构成，如"关于竞聘××公司经理的演讲"；还有一种是文章标题法，可用单行标题拟制，也可采用正副标题形式，如"让收音机制造厂腾飞起来——关于竞聘收音机制造厂厂长的演讲"。

2. 称谓

即对评委或听众的称呼。一般用"尊敬的各位领导""尊敬的各位评委"即可，也可视现场情况稍有变化。

3. 正文

（1）开头。为制造友善、和谐的气氛，开篇应以"感谢给我这样的机会让我参加答辩""恳请评委及与会同志指教"等礼节性致谢词导入正题。紧接着阐明自己发表竞聘演讲的理由。开头应写得自然真切，干净利落。

（2）主体。这是全文的重点和核心。应围绕以下几个方面展开：

①介绍个人简历。可分两个层次：一层简明介绍竞聘者的自然情况，使评委明了竞聘者的基本条件；第二层紧接第一层对自己与竞聘岗位有联系的工作经历、资历作出系统、翔实的说明，便于评审者比较与选择。

②摆出竞聘条件。竞聘条件包括政治素质、政策水平、管理能力、业务能力以及才、学、胆、识各方面的条件。竞聘条件是决定竞聘者是否被聘任的重要因素之一，应该重点强调。但切忌夸夸其谈，应多用事实说话，"事实胜于雄辩"。可以结合自己前一时期的工作来写，如自己曾做过什么相关的工作。

4. 结尾

一般表明对成败的正确态度；竞争上岗的信心和决心；或希望得到听众的支持，为自己投票。竞聘词最后一般都有"谢谢大家"这个结束语。

学生会竞聘演讲稿

大家好，我是×××，来自××学院××专业×班，我竞选的是学生会文艺部部长一职。

我与文艺有着很深的渊源。我爱文学，更爱古典文学。"神于天，圣于地"的人格理想、"贫而乐，富而好礼"的积极心态和"从心所欲而不逾矩"的人生境界，让我学习到一种朴素、闲适的生活态度；"依于仁，游于艺"以及"独与天地精神往来"的逍遥与淡泊，使我忘记了彷徨，心中充满了自由欢畅。

我爱艺术，更爱音乐。从小一直参加排练工作并接到过许多录音、演出任务，也曾参加过音乐节目的录制。尽管录制过程烦琐，但我从中积累了很多台前幕后的工作经验，并与艺术结下了不解之缘。

我对文艺的热衷使我有信心竞选文艺部部长并胜任这个工作。在文艺部的组织下，同学们可以尽情地施展才华，展示风采，丰富大学生活。作为有志竞选文艺部部长的我，更盼望着有个机会能将所有的精彩汇聚一堂，并用放大镜聚焦每一个快乐。所以我设想举办一届文艺演出，其中的每个节目、每个细节都由全校同学精心策划组织。在此期间，演出活动的主题、会徽将在全校范围内征集。其内容也将是丰富多彩的，比如，在主持和英语演讲项目中脱颖而出的同学将会成为此次文艺演出闭幕式的双语主持人，有表演欲望的同学可以自己当导演彩排话剧，喜欢跳舞的同学会把自己的活力洒满舞台，喜欢绘画的同学可以将自己的青春涂满画纸，喜欢摄影的同学就来把演出活动中的精彩一幕和感人瞬间抓拍下来……每项赛事中胜出的文艺新星都有机会参加闭幕式的演出，在广阔的舞台上展现自己的风采。

在组织好自己部内活动的同时，我会积极配合其他部门的工作。比如，为宣传部提供后勤保障和网络资源，为志愿者部组织的活动出谋划策等。总之，我也会与其他部门合作，尽自己所能把工作做到最好。

如果竞选成功，我会用自己的热情工作于文艺部，服务于学校，为每位同学带来欢乐、愉快的校园文化生活。文艺的魅力不仅是能以理服人，更主要是以情感人。相信我的诚意能够打动大家。请大家给我这个机会，相信我会给大家带来更为丰富的文艺生活。

谢谢大家！

第二节　大学生报告

一、大学生报告的含义

在公务文书中，报告是"下情上达"的重要工具，可以使上级及时了解下级基本情况，并以此作为决策的重要依据。大学生报告是大学生以书面形式将各种情况向班级、系部、学院、学校进行汇报的一种文书，同样具有下情上达的作用。我们通常所说的大学生报告主要包括大学生成长报告、大学生工作报告、大学生调查报告和大学生实习报告。

（一）大学生报告的特点

1.客观性

报告是上级做出决策的依据，上级决策后会再作用于实际工作，因此，客观的报告能促成符合实际的决策，符合实际的决策会再促进工作的开展，反之，将阻碍实际工作的进行。因此，客观性是大学生报告的基础。

2.陈述性

报告是需要向上级汇报工作、反映情况、提出意见与建议的，主要采用记叙、说明的表达方式。大学生报告是大学生向学校汇报工作或自身情况的书面文件，以陈述为主，必要处兼具说明的表达方式。

3.总结性

大学生在汇报时，需要陈述此前的各种情况，并对其进行简要分析，有时要涉及经验的提炼和教训的改进，所以，大学生报告具有一定的总结性。

4.沟通性

大学生将工作或自身情况以书面形式汇报给学校，能使学校及时掌握大学生情况与动态，了解大学生在工作和学习中的成绩与问题，及时进行引导与帮助。因此，大学生报告具有沟通上下级的特点。

（二）大学生报告的分类

1.大学生成长报告

大学生成长报告是大学生将个人的人生成长或某时间段内的成长情况，及对某类问题或某类现象的认知产生变化、获得成长的书面表达形式。

此类报告侧重于大学生个人思想、学习、生活等日常情况的汇报，接近于总结，又与总结不同。总结重在写经验与教训及对未来的打算，而大学生成长报告对经验与教训只是略有涉及，更侧重于对思想、学习、生活等日常情况客观陈述。

2.大学生工作报告

大学生工作报告是大学生针对某项工作或某时间段内的工作进行汇报的书面形式。此类报告侧重写工作的基本情况。

3.大学生调查报告

大学生调查报告是大学生针对某类问题或某种现象进行调查研究、获取数据，再对数据进行分析，从而发现问题、理顺思路、得出结论，找到解决方法的书面形式。

4.大学生实习（见习）报告

实习（见习）报告是在校大学生完成一定专业课程或全部专业课程，根据教学计划进行实习（见习）后，对实习期间的工作学习经历进行描述，向指导教师或专业课教研室及教学管理部门提交的有关实习（见习）收获及其他情况的书面材料。此类报告侧重写专业实习或社会实践的成绩与收获。

二、大学生报告的写法

（一）大学生成长报告

大学生进入一个新的群体或社团，或者需要让群体或社团更好地了解自己时，有两种方式，一是自我介绍，二是成长报告。自我介绍多以口头为主，受口语的局限，往往转瞬即逝，给人的印象并不深刻。大学生成长报告则是一种更正式、更严肃，印象更深刻的方式。尤其是大学生表现突出、被团体要求自我介绍时，大学生成长报告就成了绕不开的文体。大学生成长报告的写法如下：

大学生成长报告开头先介绍个人基本情况，如姓名、性格特征、家庭状况等。

大学生成长报告的主体部分写主要的生活经历、受教育经历、对自身产生重要影响的师长、亲朋好友等，以及他们对性格、认知产生的具体影响与改变。

大学成长报告的结尾需要立足过去展望未来，简略写对过去的总结和对未来的展望。

（二）大学生工作报告

大学是校园与社会之间的过渡与衔接阶段，大学里的学生除了学习这个主要任务之外，还需要承担一定的校园或社团工作。承担这些工作能锻炼大学生沟通协调、组织管理、贯彻执行等能力。而这些校园或社团工作需要定期向学院、学校汇报，这就会用到大学生工作报告。大学生工作报告写法如下：

大学生工作报告开头概述某阶段或某项工作的基本情况，包括工作时的态度、工作的整体状态、工作的主要特点、整体评价等。

大学生工作报告的主体部分，要写主要工作成绩，如果成绩较多，可以分条项写。每项主要工作成绩要介绍工作的基本情况，如开展工作的时间、开展工作的目的、工作中比较独特的方面、创新的做法、工作取得的成效、成功的原因或存在的不足等。

大学生工作报告的结尾首先要肯定工作成绩、肯定团队贡献、肯定其他方面对工作的支持，其次要写对未来的期许与打算。

（三）大学生调查报告

大学生需要具备发现问题、分析问题、解决问题的基本工作能力，也是大学生要培养的基本素质。因此，出现了某些事件或情况后，我们有必要仔细地调查清楚，并写出有价值的调查报告。大学生调查报告的写法如下：

1.大学生调查报告的标题

大学生调查报告的标题可以有四种形式：

（1）陈述式。即直接在标题中陈述调查对象和调查问题。如"当代大学生课余时间使用状况调查""大学生勤工俭学状况调查"。

（2）结论式。即用某种结论式的语言或判断句作为标题。这种标题是将调查的结果以一句话的形式直接呈现在标题中，具有开门见山、一语破的的效果。如"锻炼能力是大学生社会兼职的主要动力"。

（3）问题式。即以一个问题作为标题。这种标题经常出现在揭示和分析某一社会现象产生原因的调查中。如"当代大学生在追求什么"。

（4）双标题。即调查报告的标题由主标题和副标题两部分组成，主标题一般写问题或结论，副标题写关于某现象的调查、对某些人或群体的调查。如"成由勤俭 败由奢——对当代大学生消费状况的调查"。

2. 导言部分

导言部分是大学生调查报告的开头，其主要任务是介绍调查的基本情况。包括调查背景与目的、调查时间、调查地点、调查方式、调查对象及调查的主要内容等。

在具体写法上，大学生调查报告导言常见的有直陈式、悬念式、结论式三种。

直陈式导言是大学生调查报告最常见的开头方式，是直接把调查背景与目的、调查时间、调查地点、调查方式、调查对象及调查的主要内容一一写出来的方式。如，

我国逐渐进入老龄社会，为全面了解老年人的生活状况，加强老年人的社会保障工作，更好地发现和满足老年的生活需求，江城大学社会科学系于2023年5月对某省江城市嘉江区新江社区500位老人的家庭和生活进行了调查。

悬念式导言是先描述某种社会现象或社会问题，然后针对此社会现象或问题产生的原因、造成的影响等提出一系列疑问，最后介绍调查基本情况的开头方式。如，

青年学生的清苦是非常普遍的现象，而根据近年来有关部门的统计，学生的消费水平直线攀升，在校生的月消费在1000元以上，已不是稀奇事。那么促使学生消费水平提高的原因是什么？学生的高消费为他们的家庭和生活带来了哪些变化？针对以上疑问，2023年5月，我们对同城5所高校的2000名学生进行了为期一周的调查。

结论式导言，即在大学生调查报告开头，描述现象、提出问题的同时，写出结论。如：

大学生恋爱是受社会普遍关注的问题，据不完全统计，大学生群体中，恋爱的比例达到30%。恋爱是否会影响学业及大学生未来的发展？导致大学生恋爱的原因主要有哪些？带着以上问题，我们对某市5所高校的2000名学生进行了调查，发现学业较初、高中轻松，远离之前熟悉的社会关系等是主要原因，大学生恋爱会对学业和未来发展产生一定的影响。

3. 主体部分

大学生调查报告主体部分写作的关键在于组织和安排好大量的材料和数据。常见的结构有纵向式和横向式两种结构。纵向式结构是按时间的先后来组织和安排报告的内容，以突出某一现象或问题的发展过程或反映不同时期的变化或差别。横向式结构是按照调查的内容来安排报告的内容，以突出某一社会现象或社会问题的各个方面

4. 结尾部分

大学生调报告的结尾部分要小结调查的过程和主要结果，阐述调查的结论。或阐明产生此类现象或问题的原因、影响以及提出解决办法或建议。

（四）大学生实习（见习）报告

实习实践对大学生是有益无害的，不仅能锻炼、践行专业课程学到的技能，还可以提高大学生的沟通协调、组织管理等能力，帮助大学生尽快融入社会。无论是日常

社会实践还是毕业实习，都值得大学生认真对待、积极参与。

撰写实习（见习）报告能使指导教师较全面、具体地了解学生的实习（见习）收获和有关情况，便于检查理论与实践相结合的教学效果；同时，也有利于作者总结实习（见习）过程中的经验、教训，加深对理论知识与实践技能相结合的重要性的认识，从而进一步提高思想觉悟，树立起坚定的专业思想和良好的职业道德观念。

大学生实习（见习）报告写法如下：

1. 标题

大学生实习（见习）报告的标题有文种式、实习（见习）内容或专业课名称加文种式、单位名称加实习（见习）内容或专业课名称加文种式和正副标题式四种形式。文种式即直接写成"实习报告""见习报告"；实习（见习）内容或专业课名称加文种式，如"新闻专业实习报告"；单位名称加实习（见习）内容或专业课名称加文种式，如"山东体育学院新闻专业实习报告"；正副标题式即正题概括全文的主旨、内容，副题交代实习（见习）的内容、文种等。

2. 署名

在标题下方写明作者所在的专业、班级及姓名。

3. 正文

实习报告的正文一般包含实习目的与意义、实习任务、实习时间、实习地点、实习企业概况、实习内容、实习中资料的收集与总结、实习感想等方面内容。

4. 结尾

实习报告的结尾是对全文进行总结、概括，得出结论；也可以针对实习中存在的问题和不足，提出改进措施与建议；还可以对实习单位和实习指导老师表示感谢，如果正文部分阐述详尽，无须赘言，也可以不写结尾。

三、大学生报告的写作注意事项

大学生报告是大学生常用的文体之一，在写作时需注意以下几点：

1. 大学生报告写作必须实事求是，切忌胡编乱造。只有实事求是，才能发现问题、解决问题，才能促进工作持续发展改进。

2. 大学生报告应重点对个人成长过程、工作内容、调查内容（数据）与分析、实习内容与总结等部分进行阐述，这些是报告的主要内容和关键。

3. 大学生报告写作语言要理性、客观，以陈述为主，可以稍有议论。

4. 大学生报告的写作，需要条理清晰。切实有效、具有实际意义的大学生报告往往需要对某阶段内的工作或某项工作进行陈述、概括、分析、提炼、总结，时间跨度较大，涉及方面较广，这就要求作者在写作前，必须先厘清思路，列出提纲，理顺逻辑，才能对报告内容从容驾驭，才能写出条理清晰、严谨的报告，才能使上级切实、充分地掌握报告内容，做出正确决策。

大学生工作报告

随着期末的脚步越来越近，本学年社团部的工作也接近尾声。我们校学生会全体成员团结努力、积极进取、锐意开拓，社团部工作也取得了骄人的成绩，得到了我校领导及广大师生和同学们的认可。同时社团部的工作也在创新中不断前进，一系列活动开展得有声有色，每次活动后，自我检讨、总结，力求在下次的工作任务中考虑得更细致，想法更全面，社团部将与各部门成员共同努力，使校学生会的工作再上一个新台阶。

一、社团联合招聘大会

金秋送爽，桂丹飘香，又一批怀着梦想的莘莘学子踏进了××大学，为丰富广大学子的课外生活，我校举办了为期四天的社团招新工作。作为活跃校园文化生活的一个重要组织，学生社团是我们广大学子的第二课堂，是学生开发潜能、展现自我的舞台，社团已成为校园内一道亮丽的风景线。广大同学积极响应，纷纷加入自己感兴趣的社团。可以说，招新工作是很成功的。为期四天的招新活动，招新人数达××余人。社团部作为这次活动的承办单位，充分发挥了它的作用。当然，这次活动的顺利进行和圆满结束也离不开学工处、校团委的大力支持和学生会全体成员的共同努力。

促成社团招新活动圆满成功的因素有以下几点：

1.“凡事预则立，不预则废”，正是因为有了充分的准备，这次活动才有了成功开展的前提。

2.密切配合。对各方面工作的积极协助和努力，是活动得以完成的保证。如在活动中我们招新地点因故突然改变，各社团能够很配合地到达另一个临时决定的地点进行招新，更没有因场地问题引发不满和纠纷。

3.分工具体、安排合理。在活动没有开始之前，领队就已经将劳动任务合理分配。如我们社团部男生负责搬东西，女生则负责记录；同时，也注意到工作时间的协调，比如工作实行轮流值班制。

4.各社团负责人态度诚恳、热情且耐心地为新生讲解。

5.招新地点安排合理。各社团的招新地点都结合其社团特色进行了合理的划分。

6.这次活动的成功离不开团委的支持，同时也离不开学生会全体成员的努力。在这次活动中，学生会成员都能够积极地去做事，这种不怕苦、不怕累的精神是值得发扬的。

这次活动虽取得了成功，但也存在一些不足：

1.新场地的卫生情况不好，存在社团负责人吃零食、乱扔垃圾的现象。

2. 部分社团负责人没有在规定的时间到达招新现场。

3. 在归还招新物品的时候，场面比较混乱。

二、五大校区十佳歌手大赛

11月份，精彩上演了十佳歌手大赛。与往年的不同，这次是五大校区联合举办的，规模更大。从宣传到决赛，我们一起并肩作战，把这个属于我们的活动办得漂漂亮亮、红红火火。虽然这次活动的主要负责部门是文艺部，但作为学生会的一分子，我们就是一个集体，我们不分彼此！共同把属于我们的大赛办得有声有色。从初赛到复赛到复活赛再到决赛，历时一个多月，社团部所有成员在每次活动中都积极配合，服从安排，在做事中认真踏实！把属于我们的分内工作做到很好。我们齐心协力，一起为把我们的大赛办得更好而努力着。为选手投票的那几天，虽然天气有点冷，但是我们所有成员做事的热情还是没有减退，我们认认真真，争取不出一点差错！

11月20日，十佳歌手大赛在艺术礼堂圆满落下了帷幕，那一刻，我们内心充满骄傲与自豪！大赛的成功举办说明了团队的力量是巨大的。但在成功的背后也出现了一些问题，如，东西丢了很多；每次活动都不能很好地收尾。我们力争在下次活动中更好地完成工作！

三、"一二·九"爱国运动

12月份，我们最重要的工作就是举办"一二·九"爱国运动。我们举办了接力跑和齐唱国歌等一系列爱国活动。接力跑是一项含有危险性的活动，因为人多而且还要过马路，不过在我们学生会各成员的充分协调下和组织下，此活动进行得井然有序，同时也充分表现了大学生的爱国情操。我们还举办了齐唱国歌活动，展现爱国风尚。此次活动使同学们重温历史，了解历史的使命感，也锻炼了自己，展现了自我！

但在活动中也存在以下不足：

1. 部分成员做事不够积极，存在偷懒的现象。

2. 前期宣传等准备工作不足，许多同学对此次活动的流程不清楚。

3. 因天冷有许多成员没有准时到。

4. 分工不够明细，做事有始无终。

这一年来我们社团部的工作成绩是可喜的，从社团招新到协助各部门组织其他的各个活动，我们部门的表现总体来说还是可以的。我们不怕苦、不怕累，从搬桌椅打扫清洁等一些小事做起，充分发挥团队合作精神，相互照顾、相互体贴，努力把每个活动、每件小事做好。这份辉煌与成就是所有社团部成员心血和智慧的结晶。因为只有对社团活动的发展不断进行总结和思考，我们才能不断进步，社团部才能不断发展，社团部事业的明天才会更加辉煌壮丽！在全体成员的努力下，相信下学年我们的工作会更加出色！

实习报告一

一、实习部门

××市人民政府办公室

二、实习目的

通过实践了解政府办公室文秘的工作内容、工作要求和工作方法，提高自身的秘书工作能力和水平。

三、实习内容

在政府办公室实习期间，我主要承担了以下工作：

1.文件处理：处理各类公文、文件和信函，包括登记、分类、归档和发送等工作。在这项工作中，我学习了如何正确使用各类公文处理软件和办公自动化设备，掌握了文件管理的规范和要求。

2.会议筹备：参与政府会议的筹备工作，包括会议材料准备、场地布置、接待和茶水服务等。通过这项工作，我了解了会议筹备的流程和细节，学会了如何协调各部门之间的工作关系。

3.文书写作：协助起草政府公文、报告和领导讲话稿等文书。在写作过程中，我学习了许多写作技巧和规范，了解了政府公文的种类和格式要求。

4.行政助理：为领导提供行政服务，包括安排行程、处理来电来访和协调各部门工作等。通过这项工作，我了解了政府办公室的日常管理工作，学会了如何处理各类行政事务。

四、实习体会

通过实习，我深刻认识到政府办公室文秘工作的重要性和复杂性。以下是我在实习过程中的体会和收获：

1.工作严谨：政府办公室文秘工作必须严格遵守各项规定和要求，保证工作的准确性和及时性。这就需要工作中要细心、认真，对各类文件、资料和信息的处理要准确无误。

2.沟通协调：政府办公室文秘工作需要与各部门、单位和群众进行沟通和协调，处理好各种关系。这就需要具备良好的沟通能力和协调能力，能够处理好各类事务，协调好各部门之间的工作。

3.文字表达：政府办公室文秘工作涉及大量的文书写作，要求具备良好的文字表达能力和语言组织能力。只有写好公文、报告和领导讲话稿等文书，才能更好地传达政府的决策和意图。

4.团队协作：政府办公室文秘工作是一个团队工作，需要与同事之间相互配合和支持。只有团队协作得好，才能更好地完成各项任务和工作。

5. 服务意识：政府办公室文秘工作是为领导和群众服务的，必须具备良好的服务意识和服务能力。只有提供优质的服务，才能赢得领导和群众的信任和支持。

五、实习收获

通过实习，我不仅掌握了政府办公室文秘工作的各项技能和要求，还学到了如何与人相处、如何处理各类事务、如何应对突发事件等宝贵经验。这次实习让我更加明确了自己的职业发展方向，为将来的工作打下了坚实的基础。同时，我也认识到了自己的不足之处，需要在今后的学习和工作中不断学习和提高，不断完善自己的能力和素质。

六、展望未来

在今后的学习和工作中，我将继续努力，不断提高自己的能力和素质，以适应政府办公室文秘工作的不断变化和发展。同时，我也将积极学习新技术和新方法，不断探索和创新，为政府办公室文秘工作的发展贡献自己的力量。

总之，这次实习让我受益匪浅，不仅提高了自己的工作能力和水平，还让我更加明确了自己的职业发展方向和目标。我相信，在今后的学习和工作中，我会不断努力，不断进步，为实现自己的人生价值和目标而奋斗。

实习报告二

实习岗位：数据分析师

公司名称：××互联网公司

实习期限：2023 年 2 月—2023 年 6 月

一、背景与目标

本次实习旨在通过实践了解数据分析的工作内容，提升自身数据挖掘、分析和解读能力。在实习期间，我参与了公司的用户行为分析项目，通过数据挖掘、清洗、建模和分析，为公司提供业务决策支持。

二、工作内容与成果

1. 项目背景：公司希望了解用户的行为偏好，为产品优化提供参考。

2. 数据收集：我协助团队收集了用户点击、浏览、购买等行为数据。

3. 数据预处理：对原始数据进行清洗、整合，确保数据质量和一致性。

4. 建模与分析：运用 SQL、Python 等工具，构建用户行为模型，发现用户的兴趣偏好和购买习惯。

5. 成果展示：生成数据报告，为公司提供产品优化建议。

经过数据分析，我们发现用户对××产品的购买意愿较高，建议公司在产品推广和宣传上加强力度，以吸引更多潜在用户。同时，针对用户的兴趣偏好，提出个性化的推荐策略，提高用户留存率。

三、经验总结

本次实习让我深刻认识到数据分析的重要性。在实际操作中，我不仅学习了数据挖掘、分析和解读的方法，还对团队协作、项目管理有了更深入的理解。同时，我也意识到数据驱动的决策在商业中的巨大价值。

四、展望未来

作为一名大学生，我将继续提升自身的数理基础和编程技能，以便更好地应对未来的数据分析工作。此外，我还将关注行业动态，学习新的数据分析技术和方法，努力成为一名优秀的数据分析师。

以上就是我在实习期间的工作报告。感谢公司和导师对我的悉心指导，我将珍惜这次宝贵的实践经验，为自己的职业发展打下坚实的基础。

思考与练习

1. 根据自己的成长过程，写一份大学生个人成长报告，要求认真思考，实事求是，发现自我，发展自我。

2. 请对"在校大学生消费情况"进行调查，写一份调查报告，要求必须厘清目前在校大学生消费能力、收入组成、消费结构、消费习惯以及存在哪些消费陋习等。

3. 请根据自己的实习经历拟写一份实习报告，要求符合相应文种写作规范，文字流利畅达。

第三节　大学生毕业论文

一、毕业论文的特点与类别

毕业论文是一种特殊类型的学术论文，要求作者能综合运用所学知识，在专业领域内提出独立的见解。作为教学计划中的重要组成部分，毕业论文是人才培养过程中的关键环节，也是实现专业培养目标的最后一项重要实践性教学任务。作为大学生完成学业的标志性任务，毕业论文要求学生在教师的指导下，综合运用所学的专业知识和技能，独立进行科学研究活动，培养学生的问题发现、分析、解决能力以及科研活动的基本素质和创新意识。

毕业论文是高等院校教学计划的重要组成部分，是学生的学识水平、思维能力、创新能力和写作能力的综合体现。具有以下五个特点：

1. 学术性

学术性要求学生能够分析和概括某一专业领域中杂乱无章的资料文献和理论研究状况；能够识别以往研究所存在的问题和不足，并提出自己的想法和相应的对策。

2. 科学性

毕业论文应该是运用已掌握的知识，以一定的技巧和方法，从现有观点和成果中进行分析综合、归纳推理，得出具有创新性的科学理论。

3. 规范性

毕业论文属于学术论文，同样需要遵循必要的学术规范。在撰写毕业论文时，应严格遵守规定的标准和规范，并熟练运用基本论文格式。

4. 创新性

毕业论文要求作者经过独立思考并形成自己的见解，在前人论述的基础上进行拓展和延伸。不应抄袭、照搬或盲从他人观点，而是鼓励创造性思维，使文章思想深刻、新颖而不是单纯追求奇特。

5. 专业性

毕业论文是学生根据所学专业对该领域某一问题进行专题探讨的结果，在内容上具有很强的专业性，在语言方面，也需要使用专业术语。

毕业论文可以根据不同的标准分为不同的类别，主要包括以下几种，见表 5-1：

表 5-1　毕业论文的类型

分类标准	论文类别
专业内容和性质的不同	社会科学类毕业论文和自然科学类毕业论文
研究方法的不同	理论性论文、实验性论文、描述性论文和设计性论文
议论性质的不同	立论文和驳论文
研究问题体量的不同	宏观论文和微观论文
综合型方法分类不同	专题型、论辩型、描述型和综述型

专题型论文是在综合前人研究成果的基础上，提出新的见解或证明先前的观点是错误的，进而针对某一学科中的学术问题或假设进行讨论的论文形式。论辩型论文则是通过充分的论据，运用判断、推理等辩证形式，对他人在某一学科中的学术问题观点进行分析，揭示其不足或错误之处，并提出自己的观点。综述型论文则是在归纳、总结前人或现代学者对某一学科某一学术问题的研究成果的基础上，进行分析或评论，并提出自己的观点。描述型论文则是对某一客观存在的问题或现象进行分析、描述和说明的一种论文形式。

二、毕业论文的步骤与要点

（一）选题

选题，即选定研究的课题，就是解决"研究什么"的问题，明确研究的目标和范围。以下是一些常见的毕业论文选题的标准和原则。

1. 学术价值

选题应具备一定的学术研究价值，能够为该领域的学术研究做出一定的贡献。选题应能够填补某个领域的研究空白，解决某个问题，或提供新的研究视角。

2. 实践意义

选题应具备一定的实践意义，能够解决实际问题或为实践提供借鉴。选题应与社会、经济、科技等领域的现实问题相关，能够为实践工作提供指导和参考。

3. 可行性

选题应具备一定的可研究性和可实施性。选题应有足够的数据来源和研究方法可行性，能够在规定的时间内完成研究，并能够得出可靠的结论。

4. 兴趣和专长

选题应与研究者的兴趣和专长相匹配。选题应能够激发研究者的兴趣，使其能够全身心地投入到研究中，从而提高研究的质量和效果。

5. 创新性

选题应具备一定的创新性和独特性。选题应能够提出新的观点、新的理论或新的方法，能够在现有研究基础上有所突破。

6. 文献资源

选题应具备一定的文献资源。选题应能够找到足够的相关文献和资料支撑研究，以保证研究的可靠性和权威性。

7. 限制性要求

选题要有正确的政治立场，不得违反国家党政方针和政策。选题还要符合专业培养目标和毕业要求，贯彻毕业论文教学大纲。

在选择毕业论文选题时，可以综合考虑以上标准和原则，根据自身的研究兴趣和专长，结合研究领域的热点问题和实际需求，选择一个既具备学术价值又具备实践意义的研究课题。同时，还要注意和导师进行沟通和协商，听取导师的建议和意见，以确保选题的合理性和可行性。

（二）资料的搜集与整理

在撰写毕业论文时，资料的搜集可以从多个来源获取。以下是一些常见的资料来源，以及每个来源需要注意的问题。

1. 图书馆

图书馆是一个重要的资料来源，可以提供书籍、期刊、报纸等多种类型的资料。

注意事项包括：确保使用权威的图书馆，例如大学图书馆或公共图书馆；熟悉图书馆的分类系统和检索工具，以便快速找到所需的资料；注意查看书籍的出版日期，确保使用最新的资料。

2. 学术数据库

学术数据库收集了大量的学术期刊、会议论文和学位论文等资料。注意事项包括：使用权威且著名的学术数据库，如中国知网、Web of Science 等；使用适当的关键词和筛选条件来缩小搜索范围，获取相关的资料；注意查看论文的作者、机构以及引用次数等指标，以评估其可信度和影响力。

3. 互联网资源

互联网上有大量的网站、博客和论坛提供各种类型的信息。注意事项包括：确保使用可靠的网站，如政府机构、学术机构、知名媒体等的官方网站；对于博客和论坛等个人观点的来源，要谨慎评估其可信度和客观性；验证互联网上的信息时，尽可能从多个来源获取相同或相似的资料，以确保准确性。

4. 采访和调查

采访和调查是重要的研究方法，可以提供实地研究和原始数据等第一手资料。注意事项包括：选择合适的受访者或调查对象，确保他们具有相关的知识和经验；提前制定好采访或调查的问题，并保持专业和客观的态度；注意保护受访者或调查对象的隐私权，并遵守研究伦理规范。

在搜集资料时，还需要注意以下几点：确保资料的可靠性和准确性，尽量使用来自权威机构、学术界或经过同行评审的资料；注意引用和参考资料的规范，遵循学术论文的引用格式要求；对于涉及敏感信息或版权问题的资料，要遵守相关法律和规定，确保合法使用。

（三）拟定写作提纲

在论文写作中，拟订写作提纲是指在开始写作之前，对论文的结构和内容进行规划和安排的过程。它能够帮助作者明确论文的主题、目标和论证思路，使得论文的框架清晰、逻辑严密。

写作提纲要把总论点与分论点初拟出来，总论点可以分为几个方面，分论点之间的逻辑关系是并列式、递进式、还是因果式，有哪些重要的论据，采用何种论证方式等。这些问题都需要在提纲中明确。

在拟订写作提纲的过程中，有几种常用的方法：

1. 逻辑顺序法。按照论文的逻辑顺序，从引言开始，逐步展开，最后总结。这种方法适用于大多数论文，尤其是科学研究类的论文。

2. 问题解决法。针对研究问题或主题，将论文分为几个关键问题，然后逐个解答。这种方法适用于探讨复杂问题的论文，能够使论文的结构清晰明了。

3. 对比分析法。将论文分为几个对比或类比的部分，通过对比和类比的方式来展示论点和论证。这种方法适用于比较研究、案例分析等类型的论文。

在拟订写作提纲时，还需要注意以下几个问题：

1. 提纲的层次结构要合理。主标题和副标题之间应该有明确的层次关系，层次结构要清晰，各个部分之间要有逻辑衔接。

2. 内容要全面且准确。提纲应该包含论文的所有主要内容，要确保每个部分都能充分展开，并且要保证内容的准确性和可靠性。

3. 突出重点和亮点。在提纲中，可以通过加粗、缩进等方式突出论文的重点和亮点，以便在具体写作过程中能够快速获取关键信息。

此外，在拟定写作提纲时，还需要对研究与写作的步骤与时间进行规划安排。在进行研究时，我们应当充分考虑研究内容之间的关系以及其难易程度。一般来说，研究应该从基础问题开始，并按照分阶段的方式进行。对于每个阶段，我们需要明确开始和结束的时间。

（四）撰写初稿

在论文写作中，撰写初稿是指根据研究的目的和论文的结构，将想法和观点以文字形式表达出来的过程。初稿通常是在进行详细的研究和分析后，根据拟定的提纲，结合指导教师的意见和建议，将所得到的结果和论证进行整理、组织，并初步进行写作的阶段。

在撰写初稿时，有几个需要考虑的要点与问题：

1. 适当调整论文的结构

在撰写初稿之前，要先确定论文的结构，包括引言、文献综述、方法、结果和讨论等部分。但在具体的写作过程中，研究与资料可能会产生新的变化，需要对论文结构进行及时的调整。一般来说，已经确定的论文结构不适宜大幅度变动，适当微调即可。

2. 注意语言和风格

在撰写初稿时，要注意使用准确、清晰的语言表达观点和论证。避免使用模糊的词汇或术语，以免引起读者的困惑。此外，要注意遵循学术写作的规范和风格，包括引用和参考文献的格式。

3. 注重论文的逻辑结构

在初稿的写作过程中，要确保论文的逻辑结构清晰、有条理。每一段落应该有明确的主题句，并围绕主题句展开论述。同时，要注意段落之间的过渡和连接，以确保整篇论文的连贯性。

4. 注意论文的论证和证据支持

在初稿中，要确保论文的论证充分、有力，以及所使用的证据和数据可靠。要对每个观点和论证进行充分的解释和支持，以增强论文的可信度和说服力。

5.进行适当的修改和润色

初稿往往存在一些问题，如语法错误、逻辑不清等。因此，在撰写初稿后，要进行适当的修改和润色，以提高论文的质量和准确性。

撰写初稿是论文写作的重要环节，它为后续的修改和完善奠定了基础。通过注意上述要点和问题，可以帮助作者更好地组织思路，提高论文的质量。

（五）修改与定稿

在论文写作中，初稿修改和定稿是确保论文质量和准确性的关键步骤。初稿修改是指在完成第一版论文后，对其进行细致的审查和修改，以改善其内容、结构和语言表达，使之更加准确、清晰和流畅。定稿则是指在经过多次修改和改进后，最终确定并准备好提交的版本。

在进行初稿修改时，有以下几个可注意的要点和问题。

1.结构和组织。检查论文的结构是否合理，段落是否连贯，逻辑是否清晰。确保论文的开头引人入胜，主体部分有条理，结尾有总结和启示。

2.内容和论证。检查论文的内容是否充实且准确，论证是否有力。确保论文的观点清晰明确，论据充足可信，逻辑严密，避免无关信息和模糊表述。

3.语言和表达。检查论文的语言是否准确、简明、流畅。注意语法错误、拼写错误和标点符号的使用。确保用词精准，句子通顺，避免冗长和啰唆的表达。

在定稿阶段，除了上述要点外，还需要注意以下问题：

1.格式和排版。检查论文的格式和排版是否符合要求，包括字体、字号、行距、页边距等。确保论文的标题、目录、参考文献等部分的格式正确。

2.引用和参考文献。检查论文中的引用是否准确，并与参考文献列表相对应。确保引用的来源清晰可查，参考文献的格式符合规范。

3.校对和审查。仔细检查论文中可能存在的错误和疏漏，包括语法、拼写、标点等方面。同时，还要审查论文的逻辑和推理是否严谨，是否存在逻辑漏洞或错误。

总之，初稿修改和定稿是论文写作中不可或缺的环节。在这两个阶段，作者通过仔细审查和修改，改善论文的结构、内容、语言和格式等方面，以确保论文的质量和准确性。

三、毕业论文的规范格式

毕业论文的格式一般由封面、题目、目录、中英文摘要、关键词、论文正文、参考文献、附录、致谢等几部分构成。此外，根据查重率的要求，检测结果重复率≤30%可参加评阅和答辩，不达标的不予评阅和答辩，待检测通过后方可进入后续环节。

（一）前置资料

前置资料指的是论文正文之前的必备材料，方便读者在阅读正文前对作者信息和正文内容等进行简要的了解。

1. 封面

毕业论文封面一般包括学校名称、专业名称、班级、学号和学生姓名、论文题目、指导教师姓名和职称、填表日期等基本信息。论文的题目要求简明，能够准确概括论文的主要观点和内容，一般不宜超过 20 个字。其他信息要求准确，如实填写。

2. 目录

目录是论文正文前所载的目次，要列出论文的各级标题，以及标题所在页的页码。为了方便读者快速查询论文的内容章节，目录不仅要与正文内容相一致，还要求论文标题言之有物，概括标识正文的内容。

一般来说，目录列至三级标题，各级标题采用逐级缩进形式，每级缩进 2 字符，两端对齐。论文的三级标题采用分级阿拉伯数字编号方法：一级标题为"1""2""3"等；二级标题为"1.1""1.2""1.3"等；三级标题为"1.1.1""1.1.2""1.2.3"等。在正文中，各层标题均单独占行书写，序数顶格书写，序数和标题间空一格，末尾不加标点。

3. 中英文摘要

摘要是毕业论文的重要组成部分，它是对整篇论文的简要概括，旨在向读者提供论文的主要内容和研究成果。摘要应该包括论文的目的、方法、结果和结论。

摘要的要求如下：第一，简洁明了。摘要应该简明扼要地概括论文的主要内容，避免冗长和重复，中文摘要 200 字左右。第二，完整准确。摘要应该包含论文的核心信息，包括目的、方法、结果和结论，以便读者了解论文的主要观点和研究成果。第三，语言规范。摘要应该使用准确、简洁、规范的语言表达，避免使用缩写词和专业术语，以保证读者的理解。第四，结构清晰。摘要应该按照逻辑顺序组织，包括背景介绍、研究目的、研究方法、研究结果和结论等部分。

4. 关键词

关键词是摘要的补充，用于描述论文的主题和主要内容，便于读者进行检索和分类。它是读者了解论文主要内容和进行检索的重要依据。

关键词的要求如下：第一，精确描述。关键词应准确描述论文的主题和主要内容，避免使用模糊和泛化的词语。第二，有限个数。关键词应该限制在 3 ~ 5 个，以避免过多关键词的冗余和混淆。第三，词语独立。关键词应该是独立的词语，不应是论文标题中词语的简单重复。

（二）论文正文

正文是毕业论文的主体部分。一般包括引言（前言）、研究对象与方法、结果与分析、结论与建议等内容，写作内容应简练、重点突出，符合本学科、专业的要求。论文主体部分字数（不包括参考文献、致谢和附录）一般要求不少于 5000 字。

1. 引言

引言又称前言、绪论等，是对论题的主旨、研究综述、研究对象、研究方法以及论文的内容加以简要说明，重点交代选题研究的现状，突出选题的现实意义与价值。引言要求要言不烦、简洁明了、引出本论。

研究综述指出前人在该领域相关研究的现状，重点探讨还有哪些问题未得到解决，使读者对文章论述的问题形成总体性的认识。研究对象是研究的主题或问题的具体实例或范围，而研究方法则是研究者用来获取、分析和解释数据的策略和技术。常见的研究方法包括实证研究、问卷调查、实地观察、访谈、实验、案例研究等。研究者需要根据研究对象和研究目的选择适合的研究方法，并确保其科学性和可靠性。

2. 本论

在大学生毕业论文中，本论是指论文的主体部分，是作者对所研究问题进行分析、论证和阐述的核心内容。本论是整篇论文的重点，也是评价论文质量的关键。本论主要包括"提出问题""分析问题"和"解决问题"三大部分。

关于本论的写作，具体要求如下：第一，立论要科学严谨。论文的基本论点要能够反映事物发展的客观规律，是从研究分析中得出的，而不是来源于研究者的主观臆断。第二，观点要突破创新。根据已有的相关研究，以及调查研究所得的信息、数据等资料，提出具有创见性的观点，而不是对以往研究的简单重复。第三，论据要翔实可靠。本论最重要的任务就是组织论证，通过对理论论据与事实论据的整合来证明论文论点的正确性与可靠性，因而本论部分必须有充分的论据作为观点的支撑材料。第四，论证要严密清晰。论文论证的过程要具有很强的逻辑性，通过概念、判断、推理来反映事物的本质和规律，论证的逻辑结构要层次分明、清晰明了。

3. 结论

在大学生毕业论文中，结论是对研究问题或课题的调查、分析和讨论的总结和概括。结论部分是整篇论文的重要组成部分，它不仅对研究结果进行归纳和总结，还对研究问题或课题的意义、局限性和未来研究方向进行思考和展望。

论文结论的写作应符合以下要求：第一，结论应简明扼要地概括研究的主要发现和结果，不宜过于冗长。第二，结论应与论文的目的、研究问题或课题紧密联系，回答研究问题或课题的核心内容。第三，结论应具体明确地表达研究结果，避免含糊不清或模棱两可的表述。第四，结论应对研究结果进行综合分析，指出研究的重要发现、规律、趋势或关联性。第五，结论应符合逻辑思维的要求，避免出现自相矛盾或不合理的论述。第六，结论部分可以对研究问题或课题的未来发展方向和研究价值进行展望，提出建议或启示。

4. 注释

注释即对论文所引材料的出处加以标明，注释对于正文具有引申、佐证、澄明的作用，不仅可以增强论据的说服力，还可以为编辑、读者查阅核对资料提供线索。注释分为脚注和尾注，序码一般用方括号标示。注释要求准确无误，信息齐全，排序规范，一般要求依次写清资料的作者、书名或篇名、出版社或期刊名称、时间期数、页码等。

（三）文末材料

1.参考文献

参考文献是指作者在研究和撰写论文过程中所参考的其他学术文献和资料的清单。参考文献的作用是为了支持论文中的观点、论证和研究结果，并向读者提供进一步阅读和深入了解相关主题的资源。参考文献是毕业论文的重要组成部分，只能引用公开出版的书刊及学术论文。内部资料、产品或公司简介等读者无法查找的非正式出版物不得引用。

参考文献的选择应该基于以下几个原则：第一，学术性和权威性。参考文献应该来自可信的学术出版物、期刊文章、学术会议论文、学术书籍等权威来源。第二，相关性和时效性。参考文献应该与研究主题密切相关，并且应该包括最新的研究成果和观点。第三，多样性和广度。参考文献应该来自不同的作者、学派和研究领域，以展示对于研究问题的全面理解和分析。

参考文献是文中引用的有具体文字来源的文献集合，应该按责任者的字母拼音顺序列出。参考文献类型及其标识代码应根据《文献类型与文献载体代码》（GB 3469—83）规定，以单字母方式标识以下各种参考文献类型。如表 5-2 所示：

表 5-2　参考文献类型

参考文献类型	专著	论文集	报纸文章	期刊文章	学位论文	报告	标准	专利
文献类型标识	M	C	N	J	D	R	S	P

参考文献格式示例：

［1］李玉.浅谈中学生体育教学发展近况［J］.山东大学学报，2001，18（6）：90-102.

［2］王敏.中学体育教学［M］.北京：北京体育出版社，1995，58-72.

［3］田芳.关于体育教学的研究［C］.见：王怀.上海体育学院研究生论文集.上海：上海体育学院研究生部，2004，50-58.

2.致谢

致谢是作者对于完成论文所得到支持、帮助和鼓励的人们表示感激之情的一种形式。致谢部分通常出现在论文的结尾，是作者向那些对其完成论文提供了实质性帮助的人们表达感激之情的机会。在致谢中，作者通常会感谢指导教师、指导员等对其在研究过程中的指导和支持。此外，作者还可以感谢其他教师、同学、朋友和家人等对其论文的完成提供的支持和鼓励。通过致谢，作者不仅能够向他人表达感激之情，同时也能够展示自己的谦虚和感恩之心。

3. 附录

附录不是论文必备的部分，指的是论文主体部分之后的一部分，用于收录一些与论文内容相关的补充材料。附录的目的是使读者更好地理解论文的内容，并提供额外的信息和数据支持。附录通常包括数据和图表、问卷调查表、代码和算法等内容。

附录在大学生毕业论文中起到补充和支持论文内容的作用，是提供额外信息和数据的重要部分。编写附录时，需要将与论文相关的补充材料整理清晰，并注意与论文正文的一致性和易读性。

1. 大学生毕业论文的特点是什么？

2. 毕业论文的选题应该注意哪些问题？

3. 文献资料的收集有哪些来源？需要注意哪些事项？

4. 参考文献的选择有哪些原则？练习不同格式的参考文献撰写。

5. 尝试确定一个毕业论文选题，编写一份详细的论文提纲。

第四节　申　论

一、申论的概念

"申论"一词取自《论语》的"申而论之"。申，即说明、申述、议论，是指分析和说明事理；申论，即具有申述、申辩、论证、论述之意的文体。

如果从字面的一般意义来讲，"申论"一词，肯定是对材料、事件或问题有所说明、有所申述，从而发表见解、进行论证的意思。但"申"字后面既缀上个"论"字，这个词自然就有点像"导论""绪论"那样，可理解为"论说"的某种体式。可是它又并非写作理论中的习惯用语，其含义又有特殊之处。

刘勰的《文心雕龙》是我国最早讲文章体式的一本权威著作，其中《论说》篇指出："论也者，弥纶群言，而研精一理者也。"可见凡融通种种见解而深入阐发某些道理的文辞，一概都可称之为"论"。纵论时事政治的称为"政论"，考辨历史的称为"史论"，总览内容予以阐述的称为"概论"，评优劣、论得失的称为"评论"等，总起来都属于"论"，但每种"论"又各有特点。可见申论考试，是针对给定材料，从自身的观点立场出发进行应对表达的一种考查语言表达能力、分析问题和解决问题能力的考试。

二、申论考试的内容

申论是测查从事机关工作应当具备的基本能力的考试科目。申论试卷由注意事项、给定资料和作答要求三部分组成。主要测查报考者的阅读理解能力、综合分析能力、提出和解决问题能力、贯彻执行能力、文字表达能力。

阅读理解能力——要求全面把握给定资料的内容，准确理解给定资料的含义，准确提炼事实所包含的观点，并揭示所反映的本质问题。

综合分析能力——要求对给定资料全部或部分的内容、观点或问题进行分析和归纳，多角度地思考资料内容，作出合理的推断或评价。

提出和解决问题能力——要求借助自身的实践经验或生活体验，在对给定资料理解分析的基础上，发现和界定问题，作出评估或权衡，提出解决问题的方案或措施。

贯彻执行能力——要求能够准确理解工作目标和组织意图，遵循依法行政的原则，根据客观实际情况，及时有效地完成任务。

文字表达能力——要求熟练使用指定的语种，运用说明、陈述、议论等方式，准确规范、简明畅达地表述思想观点。

三、申论考试的特点

申论是一个测查从事机关工作应具备的基本能力的考试科目，它与其他各类考试科目具有不同的特点。明确这些特点，对于我们解答申论试题具有非常重要的意义。从申论考试的题型设置、材料范围、测试目的、测试标准、测试答案、测试主题等方面来看，具有如下的特点。

第一，测试形式灵活多样。申论考试的题型一般有五种，即概括题、分析题、对策题、应用文写作和文章写作。文体可能是说明文、议论文、应用文中的某一种形式，也可能综合了多种文体。如，2010年国家公务员录用考试《申论》试卷（省级以上）就包含了概括题——"给定资料1"提到，权威部门指出，如果再不采取果断措施，渤海将在十几年后变成"死海"。这里的"死海"是什么意思；分析题——请结合给定资料中的具体事例，谈谈你对"海洋的污染将毁灭鱼儿的家园，但让人类不寒而栗的毁灭绝非仅此而已"这句话的理解；对策题——依据给定资料，谈谈你从下面一段文字（荷兰"围海造田"与我国的"围湖造田"有着相似的初衷，而"退耕还海"与"退耕还湖"都反映了人类可贵的自省。还应该注意到，荷兰人的"退耕还海"虽然只涉及3平方公里的海域，但留给人们的思考却是很宝贵的）中得到哪些启示；应用文写作——假设你是沿海某省省政府工作人员，请结合给定资料，草拟一份《关于将半岛蓝色经济区纳入国家发展战略的报告》的内容要点；文章写作——参考给定资料，围绕"海洋的保护与开发"，自选角度，自拟题目，写一篇文章。

第二，测试资料涉及面广。申论所给定背景资料涵盖了政治、经济、法律、教育等诸多方面的内容，涉及范围极其广泛，题目表述比较准确。申论的背景资料所反映的问题大部分已有定论，也有一些问题尚无定论或存在争议，需要考生自己去理解、分析和判断，并做出结论。

如，2014年国家公务员录用考试《申论》试题（地市以下）的材料有：个人工作、生活、心理和思想状况，地震灾区援助情况，F市心理健康促进工作情况，报纸关于青年心理问题的文章，精神卫生专家的分析资料，国家有关法律，心理健康教育等方面的资料。

第三，测试目的针对性强。申论测试考查的目的明确，针对性很强，即主要考查考生阅读、分析、概括、解决问题的能力。这些能力主要通过对背景材料的概括和分析、根据材料内容提出和解决问题、通过对材料的综合分析进行论证写作等方面体现出来。

第四，测试标准规范有序。申论测试借鉴了发达国家的先进经验，注重对应试人员将要从事行政机关工作和岗位职责所需要的能力素质的考查。在科目设置、考试形式上都是按国际标准设计的，在内容上体现了中国特色。西方一些实行公务员制度的国家的公务员招考，是分类分等、定时定期进行的，采用不同的试卷。我国也将根据用人上的不同要求，逐步做到分类、分等、定期考试。

第五，测试答案没有固定的标准。申论题目都是有关当前政治、经济、法律、教育等社会问题。因此，提出对策或是对对策进行论证，都不会有一个固定的标准答案。如对策题，提出办法要具有针对性和可行性，在不同地区以及发展中的不同阶段，解决问题的办法就不可能一样。文章写作部分，从什么角度论证、采取什么方法，要适合自己的特点，因而也不可能有确切的唯一的标准。

第六，测试主题关注度高。申论考试命题会与整个社会的发展变化趋势相适应，一般是关注社会热点问题。主题具有一定的前瞻性，因此考生要思考解决这个问题有什么意义。如，申论考试的主题有科技与人性问题、心理健康、非物质文化遗产保护问题、文化发展的多重意义、社会道德建设、公共安全、黄河治理和黄河精神、教育与乡村文化建设等方面。

四、申论的答题技巧

一是审题要全面。申论的题目一般都是半命题的，即有些内容做了要求，有些未做要求。接触到题目就要全方位审阅，既要看题目字面，又要思考题目所蕴含的内容，明确作答要求中的限制部分和未限制部分。限制部分必须严格遵守，未限制部分要认真分析判断。

二是审题要细致。审题是作答的前提，题目的文字一定要看清楚，题目的含义一定要把握准确，不然作答就要偏离方向，甚至南辕北辙。这就要求审题时题目的一字一句都不能放过，要像过筛子，细细过滤，题目文字的每一个细节都要审视；要像打探照灯，反复扫描，题目含义的每一个方面和角落都要触及，不能在自己的思考范围内留下关于题意的死角。审题时一定要细看、多看，确定无疑、确实有把握了，才可放下这道题去看别的题目。

三是审题要深刻。审题时，看题目不能只看字面，真正的作答要求往往并不直接体现在试题的文字表述中，而蕴含在语句的内部，要借助逻辑和事理剖析，由表及里，深入思考，有时甚至需要联系上下文，联系左右相关事物才能真正理解题目，准确把握题意。因此，审题在细看几眼的基础上，还要想深一层，不能停留于文字表面的肤浅理解。

同时，以下几点也需要注意：

1. 时刻谨记以下五大原则：谨守身份、完善结构、规范语言、寻找高度、稳中求新。

2. 文章应该具备以下几个方面的特点：标题要符合要求，开头要简明扼要，主体部分应当采用分条形式，条条之间应避免交叉重复。

3. 要熟悉和掌握社会热点，像就业问题、教育问题、民生问题这些热点应该准备好论文或观点，除了了解日常新闻资讯外，还需要认真学习与时政热点紧密联系的理论读物。

申论真题 2021 年山东 A 卷

材料一

文家村是一个有着历史悠久文化和文明传统的古老村庄，该村庄先后被命名为"全国美丽乡村""生态文化旅游示范村""中华优秀传统文化传承发展示范村"，入选首批全国村级"乡风文明建设"优秀典型案例。10 月 28 日一大早，村"文明礼堂"迎来了开放使用后第一对在此举办婚礼的新人，村干部当司仪，村支书当证婚人，志愿者当"忙客"，村文艺队当演员，家风牌匾当贺礼……这场简约而不失浪漫的"中式婚礼"，虽然没有奢华隆重的仪式，却多了不少义务服务的志愿者，更收获了全村数百名乡亲的祝福。"重仁德，讲孝贤，新风尚，比学赶……"婚礼上，一对新人背诵起村里自创的《新编三字经》。村民们说，这《新编三字经》村子里的男女老少都能背。对新人来说，现场背诵更是婚礼上的"既定程序"。婚礼现场，接过村干部递上的"家和万事兴，百善孝为先"家风牌匾和"家训"后，新郎福生动情地说："一直想办一场简单而有意义的婚礼，这种婚庆新风尚应该在我们年轻人中传递下去。"文家村建起了"优秀传统文化展览室"，专门设立"家风墙"，梳理总结了 17 个姓氏家族的家风家训。很多村民主动把家训悬挂于屋子的醒目位置，作为他们自觉遵守的行为准则。"几乎每天都有游人慕名而来，感受村风民情，体验我们村的优良传统。"村支书温桐指着站在"'孝和之村'文明墙"前的游人们说，文明镜框里镶嵌的一个个美德、孝贤故事，吸引了游客们纷纷驻足观看。84 岁的独居老人李成田早晨醒来最期待的事，就是能见到"专职服务队"里的"小兄弟"温桐。"别管雨天还是雪天，小温天天早晨来看我，忙里忙外。"李成田夸个不停。老人的儿子常年在外打工，老伴儿去世后，李成田因年长无人照料，被列入文家村"相约黎明"服务对象名单。温桐则是"相约黎明"志愿者队伍中的一员。他们之间有个约定：每天清晨 7 点半到老人家中，帮老人拾掇家务，陪老人聊聊天。"我们村是有名的孝和之村，通过类似'相约黎明'的活动，让孝善文化在新时代进一步深化和升华。"温桐说。

材料二

穿过潮州古城东门，就来到了跨韩江而立的广济桥，作为世界上最早的启闭式桥梁，自南宋始建以来，广济桥历经千年风雨，成为见证潮汕文化传承发展的活化石。桥头树下，几位老人管弦锣鼓齐鸣，其中一位老人的唱腔婉转悠扬，颇为动人，他们演奏和演唱的正是潮剧。潮剧，又名潮州戏，是用潮州话演唱的一个古老地方戏曲剧种，于 2016 年入选国家第一批非物质文化遗产保护名录。在潮汕文化中，潮剧所起的"成教化，助人伦"的作用，几乎是其他艺术门类难以比拟的，这也是潮剧在后代均能深入民心的原因之一。不少潮剧里的角色故事成为家教中被引以为鉴的最佳例子，滋养潮汕人的人文精神。潮州市近年来积极以文塑城，以文兴旅，文旅结合，使千年古城焕发出全新活力。目前，潮州三山一水护城郭的古城格局依然完整，而且保留有 720 多条古街巷，潮州正以绣花功夫推进古城保育，活化实施微更新微改造，潮州市文化广电旅游体育局伍局长说。

通过政府主导，社会参与的方式，潮州市鼓励社会力量和民间资本参与文物保护与修复，启动海阳县儒学宫、唐伯元旧居等 139 处文化遗迹，31 处文保单位修缮工程，积极探索文保单位活化利用工作，实现从老房子向新平台转变。此外，在传统工艺与非遗传承中，潮州市也积极行动，让潮州文化走出去，设立了广东省首个国家级工作站——中国纺织工业联合会驻潮州传统工艺工作站，带动以潮州刺绣为主的纺织类传统工艺整体性提升。

材料三

在沂南县，曾涌现出"沂蒙红嫂"明德英、"沂蒙母亲"王换于、"火线桥队长"李桂芳等一批英模人物。近年来，沂南县发挥红色文化资源富集的优势，在当地的常庄片区，集中打造了红嫂家乡旅游区暨沂蒙红色影视基地，建设了多处纪念场馆和爱国主义教育基地。"到沂南感悟红色风景"，已成为山东响亮的旅游口号和品牌。如今在山东，对红色文化资源的保护，正在有力助推旅游产业的发展，为乡亲们带来可观的经济收益。在威海市，为发掘当地丰富的文化旅游资源，发挥本地革命文化优良传统，当地政府将天福山革命遗址、马石山抗日战斗遗址等辟建为革命历史发展馆，对胶东育儿所原址民房进行修缮和布展，举办以乳娘精神为主题的红色文化展览。胶东育儿所原址附近的居民张艳翠，家里种了一片苹果园，"以前苹果采摘的季节总犯愁，卖不出去，现在周边的游客多了，十一假期卖出去几千斤。"张艳翠的"好收成"，一定程度上得益于山东开展的"乡村游＋后备厢"工程，威海市文化和旅游局推出了多条红色乡村游线路，配合自驾游行动的开展，促进了农民增收。

材料四

"你看，手机扫码后，将镜头对准空荡荡的古典戏台，屏幕上就会出现虚拟的表演场景，等会儿我上去和演员合影的时候，你记得给我录像啊。"在长三角文博会J省展区，小李兴奋地对同伴说。11月21日，第二届长三角国际文化产业博览会开幕，J省搭建的5G大运河沉浸式体验馆让观众仿佛身临其境，成为第二届长三角文博会最受欢迎的"打卡地"和社交媒体的"网红"。在综合发展区，现场工作人员介绍说："作为大运河的发源地，J省以大运河国家文化公园重点建设区建设为牵引，不断放大大运河IP的产业带动作用，着力打造高显示度的文化标识和亮丽的文化名片。以'大运河国家文化公园'为主题，展示了《中国运河志》、运河美术长卷、大运河国家文化公园Logo系列文创产品、大运河文化旅游发展基金、运河宴、运河老字号企业等内容，让观众深刻感受到文化与其他产业融合发展带来的澎湃动能。"占地560平方米的数字文化产业板块，给现场观众以巨大的震撼，大学生小李感慨道："利用云计算、大数据、人工智能、5G等先进技术手段，展区展示了有线家庭沉浸式体验中心、智能乐器等高端文化装备制造等文化产业新业态、新模式，还有我们年轻人熟悉的游戏电竞。数字科技真是给文化插上了翅膀，新文化业态也给我们带来新的生活体验。"谈起5G大运河沉浸式体验馆带来的震撼体验，J省展团负责人自豪地说："我省文化产业整体亮相长三角文博会，综合发展、创意生活、影视传媒等六大展区，全方位展示了我省文化产业发展的风貌。近年来，我省文化产业增加值总量、规模以上企业数量连续多年位居全国第二位，以数字赋能文化与其他产业的深度融合，加快培育文化产业新业态。到2022年，我省将基本建成现代化产业体系和市场体系，全省文化产业增加值占GDP比重达6%，成为文化产业高质量发展先行区。

材料五

A市各地的文化大院都已经建起来了，经过几年的发展，作用发挥得如何？近日，该市成立调研组奔赴基层，就农村文化大院运行情况进行了专题调研。C区文化和旅游局张副局长：建设基层文化服务中心的初衷是打通政府提供公共文化服务的"最后一公里"，到2019年底，全区农村文化大院（或农家书屋）的拥有数量为500余家。总的来看，经过几年的建设和不断推进，农村基层文化工作发生了巨大变化，基本解决了农民"买书难、借书难、读书难"问题，文化大院硬件和软件建设都有了长足进步。东街村退休工人王大娘：我今年65岁了，孩子们都在外地工作，在家闲来无事时，经常到文化活动室跟同伴打牌。有时候也去图书室借阅养生保健方面的图书，或者跟秧歌队队员一起扭扭秧歌。老人们自发组建了老年票友会，经常聚在一块唱唱京剧、吕剧，我们还参加过市里的比赛呢！如果有专业艺术院团的人给我们辅导一下那就更好了，我们的水平也就上去了。

郑旺村青年村民张军：在村里的文化大院，可以通过电脑登录省新农村网上图书馆，查询相关信息，我是种植花卉的，在家门口的"农家书屋"查不到书本资料时，只要往村里的电子阅览室跑一趟就能查到，非常方便。大姜村村民刘新：文化大院外的健身器材都"缺胳膊少腿"，根本就没法进行体育锻炼，就那么几间文化活动室，还不让去，大队里管着，大队里有事可以去，他们开会可以去。大姜村委会李主任：我们村的文化大院曾是省、市重点推广对象，可是由于专职管理员的待遇无法解决，一般是村"两委"干部值班时兼任文化大院管理员，平常没补助没收入，也就没什么积极性靠在这项工作上，村里青壮年都外出务工了，只剩下了老人、孩子还有一些残障、病人，他们文化程度有限，有的根本就不认字，对图书也没啥需求意愿。大黄村村民王坤：你看看我们村的电子阅览室，桌面上都落满厚灰了。有的电脑都让镇政府拉去了，这里成空壳了，有检查的就弄来，没检查的就都弄回去了，刚启用时，文化活动室都是正常开放的，但后来就渐渐地闲置下来了，就开过几回，即便开也没有专人负责。

宋村村民安玉：文化大院应该成为农业科技的传播中心，农民最需要农业科技，应该借文化大院推广各类农业科学知识。同时，多邀请科技人员下到田间，解决农民生产中遇到的技术难题，另外，还应该在文化大院多办一些演出、图书展销、电影放映等，现在演出的节目总是村里那几样，大家早就看够了。Z镇财政所黄所长：基层公共文化场所难以为继的根本原因还是经费问题。现在的资金来源是国家拨款，省市县配套，但一般配套资金都不到位，钱都用到了重要的地方，比如基建领域。文化大院工作的任务在区县，从书屋选点、图书配送、管理员培训、读书用书工作指导、各种活动开展到督查、考核等，都需要县区文化和旅游局投入大量的人力、物力。但是截至目前，大部分县区文化和旅游局都没有这笔经费的支出，村级农家书屋管理经费紧张的问题更为突出。Z镇基层干部郑华：我们镇现在主要是通过政府向社会力量购买文艺演出，政府从"划桨"转向"掌舵"，但在购买文艺演出时也存在"一买了之"的情况。群众"点菜"到底"点什么""怎么点"的问题还没有真正解决，文化大院提供的文艺产品离真正满足群众口味还有一定差距。

某高校农业与农村发展学院刘院长：农村文化大院出现"空壳"现象是个很严重的问题。文化大院作为最基层文化阵地，它的荒废导致农村这个文化阵地就被其他的占领了。现在农村青少年上网成瘾的问题非常严重。孩子上网的很多，大多数都在打游戏，荒废了学习，在农村地区，许多父母的互联网知识不如子女，对子女的上网活动难以有效监控。我们可以借助文化大院开办一些农村网络学习班，通过培训提升农村家长的网络素养，有效指导和帮助孩子合理上网。市委党校汪教授：基层文化服务阵地的建设十分必要，关键是建成了以后效能怎么发挥。效能发挥好，就是实实在在的阵地，效能发挥得不好，可能就成了一个摆设。文化大院要真正嵌入农村文化生活环境，要注重长期性、普惠性效果。

材料六

"如果有天堂，那应该是图书馆的模样。"这是博尔斯的名言，可以阅读的地方很多，但图书馆所承载的平等、开放、共享的理念，使其成为特别宝贵的公共空间。"图书馆一直在变化，不变的是服务大众的社会角色。在知识与信息社会里，图书馆更要扮演文化动力引擎的角色，要教会大众如何更好地利用知识与信息，同时，图书馆免费向公众开放是城市永远为市民保留的知识绿洲。"国际图书馆协会联合会主席格洛莉亚说，"图书馆的实体空间是独有的，对于未来的城市生活将会越来越重要"。S市图书馆东馆设立了不同功能的主题馆，以阅读人群划分，包含青少年阅读区、无障碍阅读区和为年长人群设计的乐龄阅读区，让图书馆服务覆盖全体市民；以阅读目的划分，法律、音乐、艺术、前沿科技、健康生活等都拥有主题馆。东馆还在独立研究空间、研讨空间、培训教室等配备专业馆员，为科研、创业、决策人群提供以图情一体化为特色的知识服务，服务于市民的终身学习。

对此，格洛莉亚说："这是很有远见的设计，图书馆当然不可能实现所有功能，但我们要追求的就是倾听大众的声音，倾听他们需要什么，最好的图书馆可以提供给读者一切想要的信息。"S市图书馆东馆毗邻该市市民中心，面向世纪公园，与周边的科技馆、东方艺术中心、文化展览馆、博物馆东馆等共同组成具有国际影响力的文化集聚区。"这是一个以阅读为核心，面向所有人的复合型文化中心，我们以建成具有创新性、导向性、带动性、科学性的智能服务网络为目标，成立公共文化服务体系智库、公共图书馆理事会、文化馆理事会等组织，成为公共文化服务体系不可或缺的一环，这里将成为S市的文化地标和智慧灯塔、市民的阅读天堂和精神家园。"S市图书馆陈馆长介绍说。

材料七

今年9月，习近平总书记到"中国V谷"马栏山视频文创产业园考察。"谋划'十四五'规划，要高度重视发展文化产业，总书记还表扬湖南文创很有特色，听得大家热血沸腾。"回顾当时场景，长沙市委常委、宣传部部长陈刚依然难掩激动。总书记特别提到，文化和科技融合，既催生了新的文化业态、延伸了文化产业链，又集聚了大量创新人才，是朝阳产业，大有前途。站在新的时代"风口"，依托于在国内外声名卓著的"广电湘军"，马栏山汇聚了4家主板上市公司、云集了3000多家文创企业的马栏山视频文创产业园以数字视频创意为龙头，成了互联网企业青睐的宝地。从昔日长沙最大的城中村，蜕变成今朝的视频文创产业园，"马栏山速度"令人惊叹。省委、省政府提出"北有中关村、南有马栏山"的愿景：目的就是以湖湘文化为根基、以数字视频为特色、以"文化＋""互联网＋"为手段把马栏山打造成领先全国、具有全球竞争力的媒体融合新地标。今年7月，由国家广播电视总局发展研究中心编制的《中国（长沙）马栏山视频文创产业园产业发展规划》正式出台。按照规划，预计通过5年左右的建设，园区年产值将达千亿元。

现场聆听习近平总书记的讲话后，马栏山视频文创产业园党工委书记邻霖森信心满满，他说，园区将继续推动以新技术、新业态、新产业、新模式为主要特征的新经济蓬勃发展，用"马栏山实践"讲好中国故事。

材料八

曾几何时，一说到文化，总给人以风花雪月、悠然逍遥的印象，先贤有云：行有余力，则以学文。时至今日，我们不得不说：时代变了，文化不再是后台的配角，已经成长为台前的主力。党的十九届五中全会审议通过《中共中央关于制定国民经济和社会发展第十四个五年规划和二〇三五年远景目标的建议》，明确提出了到2035年建成文化强国的战略目标，我国今后文化发展谋篇布局、擘画蓝图。站在"两个一百年"奋斗目标的历史交汇点上，新时代中国特色社会主义文化建设即将开启新的征程。越是接近实现中华民族伟大复兴的目标，就越要重视文化的价值，越要加强文化建设，不断铸就中华文化新辉煌，让更多有新时代特色的文化扛鼎之作，在中国文化的广阔星空中绽放光芒，为我们攻坚克难、砥砺前行提供坚强的思想保证、强大的精神力量和丰润的道德滋养。

问题一

请结合"给定资料1—3"，总结概括部分地区在保护和发展地方特色文化方面的成功做法。（20分）要求：准确、全面、有条理，不超过350字。

问题二

假如你是A市调研组成员，请结合"给定资料5"撰写一份《关于促进农村文化大院可持续发展的工作建议》，供市领导参阅。（30分）要求：结构完整，条理清晰，措施得当，要素全面，不超过500字。

问题三

请根据对"给定资料8"中划线句子"时代变了，文化不再是后台的配角，已经成长为台前的主力"的理解，结合全部给定资料，自选角度，自拟题目，写一篇文章。（50分）

要求：

（1）观点明确，见解深刻；

（2）参考"给定资料"，但不拘泥于"给定资料"；

（3）逻辑清晰，语言流畅；

（4）字数在1000字左右。

参考答案

问题一

一、文家村建设乡风文明

1.传承婚庆新风尚。设立"文明礼堂"，简化婚礼仪式，乡民义务主持流程，家风牌匾当贺礼，传诵《新编三字经》。

2.深化孝善文化。建立"优秀传统文化展览室""家风墙"梳理总结家风家训，"文明墙"宣传美德孝贤事迹；举办"相约黎明"等活动，成立志愿者队伍，为独居老人定期提供帮扶服务。

二、潮州市保护文化遗产

1.潮剧申报非遗，融入教化故事；设立国家级工作站，提升纺织工艺，推动潮州文化走出去。

2.开展精细化古城保育，保留古城格局和古街巷，推进微更新微改造；政府主导，社会力量参与，修缮文化遗迹和文保单位，探索文保单位活化利用。

三、山东省推进文旅融合

1.发挥资源优势，打造红色影视及教育基地，举办文化展览，打造旅游文化品牌。

2.开展"乡村游+后备厢"工程，推出红色乡村游线路，促进农民增收。

参考答案说明：本参考答案首先按照"文家村""潮州市""山东省"三个方面进行分类；其次分别从"建设乡风文明""保护文化遗产""推进文旅融合"三个整体做法方面进行分条撰写；最后在"建设乡风文明"方面，分别从"传承婚庆新风尚"和"深化孝善文化"两个方面分条撰写：在"保护文化遗产"方面分别从"潮剧申报非遗"和"开展精细化古城保育"两个方面分条撰写；在"推进文旅融合"分别从"发挥资源优势"和"开展'乡村游+后备厢'工程"两个方面分条撰写；各条要点在内容上是并列且无交叉的。

问题二

关于促进农村文化大院可持续发展的工作建议

尊敬的市领导：

农村文化大院基本解决了农民"买书难、借书难、读书难"问题，丰富了村民业余文化生活。但仍有硬件设施差、人才及经费不足、管理及服务不到位等问题。为使其持续发展，需贴近农村，注重长期性、普惠性。建议有：

一、保障经费投入

地方财政向文化大院建设倾斜，落实省市县配套资金，缓解经费紧张压力。

二、完善硬件设施

设立电子阅览室，配备电脑，添加农业类书籍和特殊人群读物；增加文化活动室，定期修理更换健身器材。

三、加强队伍建设。增设专职管理人员，保障待遇。

四、开展多样化服务。聘请专业人员，进行艺术辅导；推广农科知识邀请科技人员下田，解决生产技术难题；建立问询反馈机制，根据群众需求购买文艺产品，丰富活动种类；开办农村网络学习班，提升家长网络素养，指导孩子合理上网。

五、加强运行管理。完善并公开文化活动室使用制度，设立开放时间表；强化监督，开展不定期抽查，避免资源占用和荒废。

A 市调研组

×× 年 ×× 月 ×× 日

参考答案说明：（1）格式方面，本参考答案写到了"标题""称谓""正文""落款"。（2）正文部分，一方面从内容来看，围绕着"关于促进农村文化大院可持续发展的工作建议"这一主题，本参考答案的开头先写到了农村文化大院的"意义""问题""总体性对策"，主体部分从"保障经费投入""完善硬件设施""加强队伍建设""开展多样化服务"和"加强运行管理"五个方面主题出发给出了具体的建议。另一方面，形式上，本参考答案做到了分段、分条撰写，整体上条理较为清晰。（3）本参考答案能够结合"工作提纲"的特点，在语言表达上加入"建议有"等词语，做到了流畅。

问题三

奏响文化建设的时代乐章

文化是一个国家和民族的灵魂。习近平总书记指出："要坚持中国特色社会主义文化发展道路，激发全民族文化创新创造活力，建设社会主义文化强国。"站在"两个一百年"奋斗目标的历史交汇点上，更应加强文化建设，传承优秀传统文化，以科技赋能助推文化产业化融合发展，同时推动文化走向民众，实现文化成果共享。

千古文化薪火相传，文化建设需要传承优秀的传统文化。既要保护好物质文化遗产并加以活化利用，也要在承继非物质文化中融入人文精神，以文化人。传统文化是人类历史中的瑰宝，当继往开来、传承发展。潮州古城的保护、海阳县遗迹的修缮，不仅保留了古城古味的历史印记，更在活化利用中深入挖掘其价值功能与精神内核，让古城焕发全新活力。同时，为了更好地发挥传统文化的价值和作用，也要在表演艺术、传统习俗等文化形式中加入一点"人文"色彩，使中华民族最基本的文化基因与当代文化相适应、与现代社会相协调，更好地塑造个人，引导社会。

做好文化产业，为文化建设新征程注入活力。不仅要推动文化与其他产业深度融合，打造特色品牌；更要以科技赋能，塑造文化产业新业态。文化绝不能停留在冷冰冰的文物遗迹或是束之高阁的历史故事，而应积极拥抱产业化浪潮，与其他产业融合发展。正如山东省建设革命历史发展馆，在传承红色革命精神的同时也带动了乡村旅游业等多元产业的协同并进。同时，从故宫淘宝利用互联网社交缔造故宫文化IP，到马栏山视频文创产业园打造特色数字视频讲述中国故事，站在"文化+"和"互联网+"的时代风口，唯有为文化插上数字科技的翅膀，方能实现文化产业真正的突破与长远发展。

在传承优秀传统文化、发展文化产业的基础上，更应坚持以人为本的核心目标和最终立足点，实现文化建设成果由民众共享。

文化建设需完善公共文化服务体系。在注重基层文化建设、倾听民众声音的同时，也要推动文化共享，满足民众多样化需求。我国是农业人口大国，农村人口的文化素质决定了整个国家的文明水平。近年来农村文化大院在提升自身文艺表演宣传能力的同时，也采用了先进的社会采购理念，倾听百姓的心声需求，让文艺百花绽放神州大地。与此同时，城市公共文化服务综合体建设也稳步推进，正如城市多功能图书馆，俨然已成为城市的文化地标和智慧灯塔，丰富的图书和安静的环境，为市民搭建了阅读思考的精神家园。

参天之木，必有其根；怀山之水，必有其源。根之所系，脉之所维，这个根脉就是文化，而文化建设正是认识、了解这个根脉的工具。悠久历史长河里的文化遗珠，如同洪荒烈火淬炼出的精金，亘古风霜琢磨过的美玉，做好文化建设将为弘扬中华优秀传统文化，增强文化自信提供坚强支撑。

文章分析

奏响文化建设的时代乐章【标题优点：首先，范文的标题突出了"文化建设"这一主题。其次，标题在形式上，文字简洁明快。】

（1）文化是一个国家和民族的灵魂。习近平总书记指出："要坚持中国特色社会主义文化发展道路，激发全民族文化创新创造活力，建设社会主义文化强国。"

（2）站在"两个一百年"奋斗目标的历史交汇点上，更应加强文化建设，传承优秀传统文化，以科技赋能助推文化产业化融合发展，同时推动文化走向民众，实现文化成果共享。

【开头的优点：★内容方面。范文的开头是紧扣"文化建设"这一主题展开的。首先，开头点出主题，做到了主题明确。其次，对"文化建设"这一主题进行了分析阐述：（1）先指出了"文化"的重要性；（2）最后指出了本文的总论点。★文字表达方面。使用了"更""同时"等连接词，使语言表达有逻辑性。】千古文化薪火相传，文化建设需要传承优秀的传统文化。既要保护好物质文化遗产并加以活化利用，也要在承继非物质文化中融入人文精神，以文化人。传统文化是人类历史中的瑰宝，当继往开来、传承发展。

（1）潮州古城的保护、海阳县遗迹的修缮，不仅保留了古城古味的历史印记，更在活化利用中深入挖掘其价值功能与精神内核，让古城焕发全新活力。

（2）同时，为了更好地发挥传统文化的价值和作用，也要在表演艺术、传统习俗等文化形式中加入一点"人文"色彩，使中华民族最基本的文化基因与当代文化相适应、与现代社会相协调，更好地塑造个人，引导社会。

【论述段1的优点：★观点句：范文的观点句是紧扣"文化建设"这一文章主题提出的。形式上，它在段首处直接写出，位置突出，容易发现。内容上，关键词突出，内容要点明确，可以明显看出它是从"传承传统文化"入手，指出了如何进行"文化建设"。★论述内容：（1）先介绍了"要保护好物质文化遗产并加以活化利用"；（2）再介绍了"在继承非物质文化中融入人文精神"。注意：以上两个方面层次清晰，论述的针对性强。在论述方法上主要采用了举例子的方式。】

做好文化产业，为文化建设新征程注入活力。不仅要推动文化与其他产业深度融合，打造特色品牌；更要以科技赋能，塑造文化产业新业态。

（1）文化绝不能停留在冷冰冰的文物遗迹或是束之高阁的历史故事，而应积极拥抱产业化浪潮，与其他产业融合发展。正如山东省建设革命历史发展馆，在传承红色革命精神的同时也带动了乡村旅游业等多元产业的协同并进。

（2）同时，从故宫淘宝利用互联网社交缔造故宫文化IP，到马栏山视频文创产业园打造特色数字视频讲述中国故事，站在"文化＋"和"互联网＋"的时代风口，唯有为文化插上数字科技的翅膀，方能实现文化产业真正的突破与长远发展。

【论述段2的优点：★观点句：范文的观点句是紧扣"文化建设"这一文章主题提出的。形式上，它在段首处直接写出，位置突出，容易发现。内容上，关键词突出，内容要点明确，可以明显看出它是从"做好文化产业"入手，指出了如何进行"文化建设"。★论述内容：（1）先介绍了"推动文化与其他产业深度融合"；（2）再介绍了"以科技赋能，塑造文化产业新业态"。注意：以上两个方面层次清晰，论述的针对性强。在论述方法上主要采用了举例子的方式。】

在传承优秀传统文化、发展文化产业的基础上，更应坚持以人为本的核心目标和最终立足点，实现文化建设成果由民众共享。

【过渡段的优点：过渡段旨在从"传承优秀传统文化、发展文化产业"引申到"文化建设成果由民众共享"，起到了承接上文、引出下文的作用。】

文化建设需完善公共文化服务体系。在注重基层文化建设、倾听民众声音的同时，也要推动文化共享，满足民众多样化需求。我国是农业人口大国，农村人口的文化素质决定了整个国家的文明水平。

（1）近年来农村文化大院在提升自身文艺表演宣传能力的同时，也采用了先进的社会采购理念，倾听百姓的心声需求，让文艺百花绽放神州大地。

（2）与此同时，城市公共文化服务综合体建设也稳步推进，正如城市多功能图书馆，俨然已成为城市的文化地标和智慧灯塔，丰富的图书和安静的环境，为市民搭建了阅读思考的精神家园。

【论述段3的优点：★观点句：范文的观点句是紧扣"文化建设"这一文章主题

提出的。形式上，它在段首处直接写出，位置突出，容易发现。内容上，关键词突出，内容要点明确，可以明显看出它是从"完善公共文化服务体系"入手，指出如何进行"文化建设"。★论述内容：（1）先介绍了"注重基层文化建设"；（2）再介绍了"推动文化共享"。注意：以上两个方面层次清晰，论述的针对性强。在论述方法上主要采用了举例子的方式。】

【论述段之间的关系：★内容的内在逻辑：范文论述段1.论述段2.论述段3.分别从"传承传统文化""做好文化产业""完善公共文化服务体系"这三方面，指出了"如何进行文化建设"。★段与段的外在衔接：过渡段起到了承接上文、引出下文的作用。】

参天之木，必有其根；怀山之水，必有其源。根之所系，脉之所维，这个根脉就是文化，而文化建设正是认识、了解这个根脉的工具。悠久历史长河里的文化遗珠，如同洪荒烈火淬炼出的精金，亘古风霜琢磨过的美玉，做好文化建设将为弘扬中华优秀传统文化，增强文化自信提供坚强支撑。

【结尾的优点：范文的结尾回扣了"文化建设"这个主题，并发出呼吁号召，语言精悍，情感真挚。】

公务员考试申论与事业编考试申论的区别

事业编申论与公务员申论是不一样的，二者的区别主要有以下几个方面：

1. 材料字数和试题数量不同。公务员申论试题即公务员申论试题，材料一般在6000字左右，要求结合给定材料，回答3~4个题目。而事业编申论一般给定材料在2000字左右，2~3个题目，与公共基础或行测主观题合在一张试卷上。

2. 材料选择不同。公务员申论的材料往往是来自政府和公众广泛关注的社会问题，来源广泛，如政府文件、社会时评、报刊等等，这些材料尽管纷繁复杂，但大多能够比较直观地反映主题，并不会特别的深奥或者晦涩。而事业编考试中综合写作的材料设置则相对有些晦涩，许多综合写作题的材料往往采用寓言故事的形式呈现给考生，让考生从寓言故事中提炼中心观点，然后自选角度、自拟题目进行写作，这样一来写作的难度大为增加，如果中心提炼错误的话，还有可能导致写作的文章偏离主题甚至完全跑题。

3. 考查核心不同。公务员申论考查五大核心内容，即归纳概括、提出对策、贯彻执行、综合分析、文章写作。事业编申论考核方法同公务员申论相比，只是在考试形式、分值、材料篇幅、题量及试题难度等方面更简单些，题型涉及概括、对策、公文、综合分析、文章写作5个题型中的2—3个。

2022 山东省事业编考试申论

当前，以人工智能、大数据、物联网为标志的第四次工业革命方兴未艾，一些新的业态应运而生。所谓"新业态"是指顺应多元化、多样化、个性化的产品或服务需求，依托技术创新应用，从现有产业和领域中，衍生叠加出的新环节、新链条、新活动形态。

如今，新业态正在释放蓬勃动力。今年的端午假期，消费新业态成为一大亮点。在上海黄浦，一家老字号餐饮品牌根据线上线下的订单需求生产粽子 380 多万只，较去年产量翻番；在湖北秭归，2020 年屈原故里端午文化节"云上"揭幕；在浙江湖州，当地尝试用文旅直播带游客畅游古镇……红红火火的新业态模式，不仅催生了传统佳节的新风尚，而且拓宽了就业市场的新空间，创造了人生发展的新机遇。

随着经济转型升级的推进，灵活多元的新业态带动了新职业，吸引许多年轻人加入其中。近日，上海市崇明区 2020 年第一批特殊人才引进落户公示名单，李佳琦在列。李佳琦之所以获得成功，背后是超乎常人的付出。一年 365 天，他做了 389 场直播，每天晚上七点直播到次日凌晨一点，下播之后去开总结会，然后休息，早上八九点钟再爬起来开始选品，做直播准备。互联网日益发展的现在，为我们的生活提供了更多的可能，任何人都可以成功，都可以成为行业的榜首，只要你足够努力。这让我们看到，在时代的进步和变化当中，每一个人都有机会展现自己的能力，在新兴行业里找到突破点，成为这个时代的人才，在社会的广阔天地大显身手。

最近，浙江杭州快递小哥李庆恒突然走红网络。在从事快递行业 5 年后，他被评为杭州市高层次人才。90 后的李庆恒具有高超的专业本领，能够在 12 分钟内在电脑上完成 19 票件的派送路线设计，凭借过硬的业务能力，李庆恒获得了职业技能竞赛快递员项目的第一名。从入职开始，李庆恒就拜师学艺，平时刻苦钻研业务技能。几乎每一年，他都会参加快递员相关比赛，也获得不少的荣誉。为了比赛，他专程拜有经验的前辈为师，练习了很久才找到各个环节的窍门所在，足见其创新能力和敬业精神非一般人所能及。他还被浙江省人力资源和社会保障厅授予"浙江省技术能手"称号。在当下，只要能为社会贡献价值，为个人积累财富的职业就是好职业，只要在各自职业中表现得足够优秀就能成为人才。

西安小伙儿车虎是一名自由摄影师，他每个月有一半时间从事拍摄，月均下来能有 2 万元左右的收入。疫情期间，车虎的摄影订单受到影响，他选择加入"斜杠"一族，注册成为外卖骑手增加自己的收入。《2020 饿了么蓝骑士调研报告》显示超过一半的骑手拥有多重身份：26% 的骑手同时是小微创业者，4% 为兼职自媒体博主，骑手们还有可能是司机、白领等。当前，移动互联网平台的高速发展显著提高了临时性工作的分配效率，扩大了"打零工"的受众和规模，形成零工经济从兼职送餐送货，到兼职做设计、写作、翻译、分享知识技能，众多像车虎一样的"斜杠青年"都在零工经济中涌现。"新职业让我们见证了中国经济的升级和转型。我们希望形成正循环和飞轮效应：通过新职业推动更多高质量的就业，带来不同细分行业的整体发展，进而带来服务端的消费升级、用户体验升级，这些升级又进一步推动了更多新职业的诞生。"美团点评综合事业部总经理张某表示。

今年的《政府工作报告》指出，电商网购、在线服务等新业态在抗疫中发挥了重要作用，要继续出台支持政策，全面推进"互联网＋"，打造数字经济新优势。这既为青年施展才华、竞展风采提供了广阔舞台，也对青年能力素质提出了新的更高要求。习近平总书记在纪念五四运动100周年大会上的讲话中指出：不论是成就自己的人生理想，还是担当时代的神圣使命，青年都要珍惜韶华、不负青春，努力学习掌握科学知识，提高内在素质，锤炼过硬本领，使自己的思维视野、思想观念、认识水平跟上越来越快的时代发展。

作答要求：

请从给定材料出发，结合实际，以"新业态下的人生选择"为主题，自拟题目，写一篇文章。

要求：观点鲜明，结构完整，内容充实，语言流畅；1000字左右。

第五节　大学生入伍申请书

一、大学生入伍申请书的概念

大学生入伍申请书是申请书的一种，是指在校大学生或应届大学毕业生向军队的相关组织或领导提出入伍请求，并希望得到批准的专用书信。

二、大学生入伍申请书的格式

入伍申请书一般由标题、称谓、正文、结尾、署名和日期五部分组成。

1.标题

可以直接写申请书字样，还可以在申请书前加上内容，即"入伍申请书"，位于全文的第一行正中间。标题的字体可以稍大，也可以和正文一样，但不能比正文的小。

2.称谓

在标题下方空一行或两行处，顶格写明接收入伍申请书的单位、组织或有关领导，如"某某市武装部征兵办公室""尊敬的武装部领导""敬爱的部队首长"等。名称后面加冒号，表示下面有话要说。下一行便要空两格书写内容正文。

3.正文

这是入伍申请书的主体部分，正文的内容一般包括以下几个部分：一是个人简单介绍，包括姓名、性别、年龄、学校、专业等；二是入伍动机，主要写入伍的目的或原因；三是对军队的认识；四是入伍的态度，即表达入伍的强烈愿望以及入伍后如何表现等。这几部分要分段写，每段开头都要空两格，以便看起来条理分明、结构清晰。

4.结尾

入伍申请书一般都需要写结尾，但结尾都是用惯用语，如"恳请领导能接受我的申请""请领导研究批准我的请求"等。也可用"此致敬礼"等礼貌用语，"此致"一词需要在正文下一行空两格书写，"敬礼"写在"此致"下一行，顶格书写。

5.署名和日期

申请人姓名写在结尾下一行或两行右侧，在署名的下方写上申请书的写作时间，要求年、月、日俱全。

大学生入伍申请书

敬爱的部队首长：

您好！我是一名拥有绿色梦想、在××学院体育系就读的大一新生。怀揣着对实现自己愿望的信心和对部队生活的美好憧憬，我给您奉上这份入伍申请书，并郑重向您提出加入中国人民解放军的申请。我志愿加入中国人民解放军，在此，我谨向党和祖国承诺：自愿献身维护祖国统一以及世界和平的国防事业，义无反顾地维护中国共产党的领导，坚决服从上级指挥，全心全意为人民服务，做到服从命令、严守纪律、忠于职守、努力工作、英勇战斗、不怕牺牲，在任何情况下，决不背叛祖国，决不叛离军队。

自1927年建军以来，在中国共产党的领导下，我们的军队与中国人民一起，经过艰苦卓绝的奋斗，顽强抵抗了列强侵略，为我们的国家铸就了一座坚固的钢铁长城。没有共产党，就没有新中国。没有我们强大的人民军队，就不会有今天这个经济高速发展、人民安居乐业、繁荣富强的中国。国防是国家兴旺的基石，强国必先强军，没有强大的军队和国防，任何国家富强的愿望都只能是空中楼阁，因此，部队是任何一个怀有强国梦想的年轻人的最佳去处。

从小我就有参军的愿望，这个愿望在我心里发酵了十几年。有人说，如果一个人能把他的愿望在心里保持十年不变，那么他的愿望一定会实现，这是因为他心里有着对这个愿望执着的目标和信念。对于参军，我就是有着这样一种执着的信念。参军对于一个人的心理、身体以及意志品质都是一种锻炼。我希望通过在军队的学习和训练，培养自己坚强的意志和心理，让自己能够以一种成熟刚健的心态踏入这个社会，更深刻地理解为人民服务的道理，培养自己助人为乐的奉献精神和对党、对国家、对人民的热情与忠诚。部队不仅是一个可以教人成长的地方，同时还是一个让人实现梦想的地方。还记得看过的《士兵突击》中，许三多怀揣着连长告诉他的"不抛弃，不放弃"的梦想一路奋斗，最终完成了自己人生的巨大转折。通过在部队的学习和训练，相信自己不仅可以实现起初参军的个人梦想，更可以实现服务人民、保卫祖国、建设国防的崇高理想。"不需要你认识我，不渴望你知道我。我把青春融进，祖国壮丽的江河"。作为一个希望为中国国防事业献出一份力量的青年，我觉得参军是我最好的选择。

如果有幸进入部队，我一定做到严守纪律，听从上级安排，不怕吃苦，艰苦奋斗，求真务实，脚踏实地，坚决完成上级布置的所有任务。我愿意到军营基层最艰苦的环境工作，利用自己学习的科学文化知识和一颗全心全意为人民服务的赤诚之心，与其他战友通力协作，坚定不移地实现自己确立的报国之志，全身心投入到现代化军队建设中去，做一名合格的军人，为祖国的国防事业贡献自己的微薄之力。

请组织考验我，请人民监督我，也请首长能够批准我的申请。

此致

敬礼！

申请人：×××
2021 年 2 月 10 日

例文2

大学生入伍申请书

某某市武装部征兵办公室：

我叫×××，男，22 岁，现为湖南××学院电子信息系应用电子技术 2018 级 1 班应届毕业学生。在就业压力面前，我选择了部队，这不是为了逃避社会激烈的竞争，而是为了升华自己的人生。这个时候做出这个抉择，也是不想让自己的人生留下任何遗憾。在做出这个决定前，其实我已经有了出路，毕业就可以上班，但我一直向往军队的火热生活，那是我的梦想，是我渴望进入的另一所大学。进入绿色军营，磨炼自己的坚强意志，培养自己坚韧不拔吃苦耐劳的精神和遵纪有素的优良品质，对自己的身心是难得的锻炼，是人生不可多得的经历，是一笔宝贵的财富，可以说，军营是一个重塑人生的训练场。我是一名00后，在父母的呵护和优越的环境中长大，参军是对自己的一次巨大挑战，但也是一次宝贵的锻炼机会。我迫切希望自己能够成为军队的一员，因此，在大学毕业之际，我郑重奉上我的入伍申请书，自愿加入中国人民解放军，自愿献身祖国的国防事业。

中华民族正处在伟大复兴的关键时期，国家安全和发展面临的风险挑战与日俱增。必须高度警惕国家被侵略、被分裂、被颠覆的危险，高度警惕改革发展稳定大局被破坏的危险，高度警惕中国特色社会主义发展进程被打断的危险，重点防控那些可能迟滞或中断中华民族伟大复兴进程的全局性风险。习近平主席说："强国必须强军，军强才能国安。"一个强大的国家必定要有一支能够维护国家主权、安全、发展利益的强大军队，没有强大的军队便不能成为强大的国家。因此，只有建设一支强大的军队才有能力维护国家的主权、安全和发展利益，有能力护航中华民族的伟大复兴。作为一名当代大学生，我有义务有责任积极投身到祖国的国防建设中，献身国防事业，时刻准备战斗，英勇顽强去捍卫祖国的每一片天空，每一片海洋，每一寸土地，维护人民生活的安宁与幸福。

我接受过正规的高等教育，有良好的科学文化素质，同时也拥有一颗全心全意为人民服务的赤诚之心。我所学专业为应用电子技术，相信在绿色军营里一定会有我更广阔的用武之地。如果这次我能够入伍，我将以科技强军为己任，充分利用自己在高校所学的专业知识，为军队的国防事业做出最大的贡献。我会将个人的理想追求与祖国的命运紧密结合在一起，把祖国的安定和人民的幸福作为自己人生的最高追求，时刻准备着为国防事业奉献终身！

恳请领导能接受我的申请，谢谢！

申请人：×××

2022 年 5 月 18 日